百色学院教育硕士专业学位建设系列丛书

少数民族地区高等教育的探究与实践

凌绍崇 著

北京理工大学出版社
BEIJING INSTITUTE OF TECHNOLOGY PRESS

版权专有　侵权必究

图书在版编目（CIP）数据

少数民族地区高等教育的探究与实践 / 凌绍崇著. —北京：北京理工大学出版社，2019.3

ISBN 978 – 7 – 5682 – 6800 – 4

Ⅰ. ①少…　Ⅱ. ①凌…　Ⅲ. ①少数民族教育 – 高等教育 – 研究 – 中国　Ⅳ. ①G759.2

中国版本图书馆 CIP 数据核字（2019）第 037644 号

出版发行 / 北京理工大学出版社有限责任公司
社　　址 / 北京市海淀区中关村南大街 5 号
邮　　编 / 100081
电　　话 / （010）68914775（总编室）
　　　　　（010）82562903（教材售后服务热线）
　　　　　（010）68948351（其他图书服务热线）
网　　址 / http://www.bitpress.com.cn
经　　销 / 全国各地新华书店
印　　刷 / 保定市中画美凯印刷有限公司
开　　本 / 787 毫米 × 1092 毫米　1/16
印　　张 / 18　　　　　　　　　　　　　　　　责任编辑 / 李玉昌
字　　数 / 320 千字　　　　　　　　　　　　　　文案编辑 / 李玉昌
版　　次 / 2019 年 3 月第 1 版　2019 年 3 月第 1 次印刷　责任校对 / 周瑞红
定　　价 / 88.00 元　　　　　　　　　　　　　　责任印制 / 李志强

图书出现印装质量问题，请拨打售后服务热线，本社负责调换

《百色学院教育硕士专业学位建设系列丛书》

编委会

主　编　吴先勇

副主编　凌绍崇　杨秀富　黄翠华

编　委　黄日健　黄启明　肖福流　黄建雄

　　　　宋　贝　张如静　冯　浩

凌绍崇，男，1955年生，壮族，广西田东县人，百色学院教授、研究员。历任右江民族师专党委副书记、百色学院副校长等职；广西高校人文社会科学重点研究基地老区精神与老少边地区发展研究中心主任，广西教育科学重点研究基地负责人，自治区级教师教育学科教育学教学团队带头人；广西民族大学硕士研究生导师；广西作家协会会员；广西陶行知研究会副会长，研究方向为民族文化与民族教育，革命文化与老区发展等；主持并完成厅级以上课题10余项；出版专著（独著、主编）15部，合著、参著16部；发表学术论文60余篇，散文、随记、书评100多篇；获领导批示或有关部门采纳的咨政报告10余篇；有多项成果获奖。曾获广西高校优秀党务工作者称号。

百色学院教育硕士专业学位建设系列丛书
自治区级教师教育学科教学团队基金项目
广西教育科学重点研究基地百色学院基地基金项目
广西高校人文社会科学重点研究基地老区精神与老少边地区发展研究中心基金项目

前　言

《少数民族地区高等教育的探究和实践》的出版，是作者40多年来在民族教育特别是民族高等教育探索和实践中的研究成果之一。

我国民族教育是社会主义教育事业的重要组成部分。在少数民族地区办学，基础比较落后，师资力量薄弱，设备简陋，条件艰苦，但可塑性大。可贵的是，有一批献身于社会主义民族教育事业的教师和其他教育工作者，以自己的行动推进了民族教育事业的发展。岁月留痕，他们留下了青春，留下了轨迹，也留下了一些经验和闪光的思想。作者正是这支队伍中的一员。

教育是一项神圣的事业，是培养人的活动。教育改革是实现社会主义教育目的的重要措施，是实现教育现代化的根本途径。立德树人，培养更多更好的德智体美劳全面发展的社会主义现代化事业的建设者和接班人，需要教育工作者的共同努力。

科学理论是对历史性客观规律的正确反映。认识从实践中来，又回到实践中去。实践是客观规律性与主观能动性统一的基础。经验是客观规律的基础，规律是经验的提炼。从实践中寻找规律，这是科学研究的方法。通常所说的理论，就是对规定范围的现象进行规律的判断。行与知，是认识与实践的关系，是我们长期以来讨论、认知、践行的问题。行与知，是理论与实践的探索；民族教育改革行与知，是民族教育改革探索和实践的必由之路。

40多年来，作者一直从事民族教育工作，服务于一所民族地区院校，在教育改革行与知中进行了有益的探究和实践，取得了一定的成就，积累了一定的教育教学经验，形成了教育理念。

作者所在的百色学院位于滇黔桂边缘地带的中心城市百色，是当年邓小平、张云逸、韦拔群领导百色起义的地方，是集老、少、边、山于一身的区域。学院已经走过了80年的风雨历程，作者就在那里生活了40多年，经历了学院发展的不同历史时期，参与了学院改革、建设和发展的全过程，这是一件幸运的事情。在这过程中，作者作为一名教育工作者，有许多思考、认识、见识、见解、实践、归纳的过程与环节，其中有许多实践证明已经产生了实际的教育效益，能够把它总结归纳起来，并且分类整理，从而予以提炼、提升，这是十分有意义的。

书中的内容，分为宏观战略篇、教学改革篇、教育实践篇、行知合一篇、科研探究篇、治学励志篇等六大类。这几类文辑既可自行统一成一体，形成系统，又可单独成篇，均有一定的学理性、学术性、实用性。

本书可为在少数民族地区教育系统工作的行政管理干部、教师和其他专业技术人员提供教育教学工作的参考，也可作为有志于民族教育工作的青年大学生的学习参考读物。

目　录

第 1 辑　宏观战略篇

1.1　新常态下民族地区高校如何推进依法治校的思考 …………………… 3
1.2　加强生态教育与创建"绿色大学"的探讨 ………………………………… 15
1.3　民族地区院校办学必须走内涵发展的道路 ……………………………… 20
1.4　实施清洁工程与构建和谐校园的思考 …………………………………… 24
1.5　高校领导干部如何讲政治 ………………………………………………… 30
1.6　以改革精神谋划学院新发展 ……………………………………………… 36
1.7　新常态下要有新作为 ……………………………………………………… 39
1.8　新时代要有新担当 ………………………………………………………… 41
1.9　为评建工作和培养应用型人才做好后勤保障 …………………………… 45
1.10　弘扬伟大的抗战精神与办好人民满意的教育 ………………………… 49
1.11　优先发展教育与促进教育公平的探讨 ………………………………… 53
1.12　谈高校系部领导应具备的六个意识 …………………………………… 58

第 2 辑　教学改革篇

2.1　教育必须要创新 …………………………………………………………… 63
2.2　谈谈民族师专的办学特点 ………………………………………………… 65
2.3　谈大学精神 ………………………………………………………………… 69
2.4　再谈大学精神 ……………………………………………………………… 72
2.5　谈本科课堂教学的智慧与创新 …………………………………………… 76
2.6　推进高校思想政治教育工作的意见 ……………………………………… 80

2.7 中欧文化比较漫谈 ·· 83
2.8 关于与东盟合作办学的思考 ···································· 90
2.9 体育教学之见解 ·· 94
2.10 学校体育工作之我见 ·· 97
2.11 论积极推进民族传统体育运动的开展 ························ 99
2.12 对学校艺术教育的见解 ······································ 101
2.13 论艺术的价值 ·· 104
2.14 军民是胜利之本 ·· 106
2.15 论大学生军训 ·· 108
2.16 论国防教育与人才成长 ······································ 110

第3辑 教育实践篇

3.1 新教育理念与服务意识 ·· 115
3.2 浅谈教育实习 ·· 124
3.3 就业与成才 ·· 126
3.4 美育与成才 ·· 129
3.5 论全员育人与优良校风的培育 ································ 131
3.6 新时期学校共青团工作的探索与创新 ························ 137
3.7 谈学生工作的几个问题 ·· 140
3.8 论文明宿舍建设 ·· 143
3.9 论学生干部的桥梁和纽带作用 ································ 146
3.10 谈课外读书活动与成才 ······································ 149
3.11 论校庆文化 ·· 151
3.12 论校友工作 ·· 155
3.13 试论学校档案工作 ·· 158

第4辑 行知合一篇

4.1 论学陶师陶与知行合一 ·· 163
4.2 让读书成为一种习惯 ·· 168

4.3 优秀是一种习惯 …… 171
4.4 让陶花在八桂大地遍地盛开 …… 173
4.5 激情、智慧、超越是一种精神 …… 175
4.6 勤奋是一种积极的人生态度 …… 177
4.7 文学的生命力来源于生活 …… 179
4.8 激励自己与奋发成才 …… 182
4.9 奋发学习是成才的基础 …… 184
4.10 谈坚定信念与廉洁从政 …… 188
4.11 论群众观与服务意识 …… 191
4.12 反腐倡廉警示教育的体会 …… 196

第5辑　科研探究篇

5.1 关于壮学研究的几点思考 …… 201
5.2 "老区精神与左右江革命老区振兴发展"学术研讨会综述 …… 206
5.3 试论高校新型智库建设 …… 211
5.4 高校智库要助力地方发展 …… 213
5.5 修史修志在于创新崇实 …… 215
5.6 老区高校思想政治教育研究要有自己的特色 …… 217
5.7 高校思想政治工作之见解 …… 219
5.8 民族地区高校科研要有自己的特色 …… 222
5.9 地方高校科研要力求于创新 …… 224
5.10 浅谈壮族非物质文化遗产保护与开发工作 …… 226
5.11 关于对《德保县志（1990—2005年）》书稿部分内容的评审意见 …… 231
5.12 谈谈对"教学做合一"思想的理解和认识 …… 235
5.13 广西陶行知研究会成立三十周年大会暨陶行知教育思想研修班综述 …… 238
5.14 新时代教师队伍建设刍议 …… 242

第6辑　治学励志篇

6.1 让雷锋精神永驻校园 …… 247

6.2 青年学生要努力谱写人生新篇章 …………………………………………… 250
6.3 为党的事业贡献青春才华 ………………………………………………… 252
6.4 赈灾捐资是一种情怀 ……………………………………………………… 256
6.5 新学期的期望 ……………………………………………………………… 258
6.6 在先进性教育学习动员阶段学习讨论交流会上的讲话 ………………… 260
6.7 谈弘扬百色精神 …………………………………………………………… 264

后　记 ……………………………………………………………………………… 267

第1辑　宏观战略篇

民族地区院校是我国高校的重要组成部分。发展民族高等教育，意义重大。在中国特色社会主义新时代里，在新常态下，如何推进民族地区高校依法治校，如何加强生态文明教育、构建社会主义和谐校园，是一个重大的理论和现实问题。本辑《新常态下民族地区高校如何推进依法治校的思考》《加强生态教育与创建"绿色大学"的探讨》《实施清洁工程与构建和谐校园的思考》《优先发展教育与促进教育公平的探讨》探究了民族地区高校办学坚持的社会主义方向问题；《以改革精神谋划学院新发展》《新时代要有新担当》《新常态下要有新作为》《高校领导干部如何讲政治》《谈高校系部领导应具备的六个意识》对高校领导干部应具有的学识、素质、能力进行了有益的探讨；《弘扬伟大的抗战精神与办好人民满意的教育》《优先发展教育与促进教育公平的探讨》阐述了办学应坚持的教育目标。

1.1 新常态下民族地区高校如何推进依法治校的思考[①]

依法治国是党领导人民治理国家的基本方略，依法治校是依法治国在学校的具体体现。新常态下民族地区高校推进依法治校，是深化教育改革、推动教育发展的重要内容，也是构建和谐校园、和谐社会的重要保障。作为革命老区、民族地区高校，我们要以法治思维建立依法治校新常态，实行依法治教，把依法治国理念落实到学校教学、科研、服务、育人等各项工作中，把教育管理和办学活动纳入法治轨道，进一步提高学校各项工作的科学化、规范化、法治化水平，这是新常态下推进依法治校的主要任务。

一、怎样认识依法治校新常态

认识新常态下推进依法治校的重要性，是弘扬社会主义法治精神、彰显法治意识的基础。依法治校是依法治国方略在教育领域的本质要求，其实质是实现高校的法治化。

（一）什么是新常态

"新常态"一词，首次见诸报端，是习近平总书记2014年5月在河南考察时提出的："我国发展仍处于重要战略机遇期，我们要增强信心，从当前我国经济发展的阶段性特征出发，适应新常态，保持战略上的平常心态。"这一讲话，意义重大。

什么是"新常态"？所谓的"新"，就是"有别于旧质"；所谓的"常态"，是指时常发生的状态。那么，"新常态"就是指不同以往的相对稳定的状态，这是一种趋势性、不可逆的良性的发展状态。

新常态已经成为我们国家治国理政新理念。在2014年年底召开的中央经济工作会

[①] 本文系作者2015年6月19日在百色学院红城大讲台"学习习近平总书记系列重要讲话精神"系列专题中的讲座内容。《人民网》2015年6月25日作了新闻报道。时任校党委委员、副校长。

议上，中央领导对经济发展新常态作了系统阐释。全面加强师生的法治教育，增强法律意识，大力弘扬和践行社会主义核心价值观，把法治思维、法治精神、法治观念内化为每一位师生员工的自觉意识，外化为行动。这是贯彻落实党的教育方针的体现。当前，法治已成为教育改革与发展的新常态，依法治教、依法治校是依法治国在教育领域最核心、最本质的要求。我们既要主动适应和引领经济发展的新常态，又要把握高校自身发展的新特征、新常态，切实抓好高校推进依法治校这项工作。

怎样认识依法治校新常态？从中国特色社会主义法治理论出发，我们必须首先明确高校"依法治校"的基本意义。依法治校的实施对高校的建设、改革和发展起着重大的推动作用。依法治校是学校管理方式的重大改革。学校管理者依法治校，势必推进学校管理方式的重大变革，即从封闭的集权式管理向开放式的民主化管理转变。所以说，依法治校不是"以法治校"，即不能简单理解为用法律手段来办理学校一切事务，而是将法律作为学校实施管理的依据和最高权威。依法治校的实质是实现高校的法治化。可以说，依法治校是深化高校综合改革、提高教育质量的重要渠道。

新常态下实现新作为，就要进一步增强使命感和责任感。基层党组织是开展"四个全面"战略布局理论学习和实践的组织者，责任重于泰山。在新常态下，党员干部必须坚持以人为本，始终牢记全心全意为人民服务的根本宗旨，站在人民的立场上把握和处理好改革涉及的重大问题，始终把实现好、维护好、发展好人民群众的根本利益作为思考问题和开展工作的根本出发点和落脚点，带领人民群众全面建成小康社会。要坚定理想信念，传递正能量。坚定共产主义理想和中国特色社会主义信念，是党的思想政治建设的核心内容，也是党员干部讲政治、讲党性的精髓和灵魂。党员干部要在各项工作中发挥好带头、带动作用，加强党性修养，动员和激励身边的人员共同为实现中华民族的伟大复兴而奋斗终生。

新常态下实现新作为，就要立足于实干，做到"三严三实"。习近平总书记告诫全党"空谈误国"，只有实干才能兴邦。"领导干部要严以修身、严以用权、严以律己，谋事要实、创业要实、做人要实。"基层党组织和党员干部要用实干兴邦的精神成就"中国梦"，推进"四个全面"。对历史负责、对人民负责，就要实干，而不能空谈。要有"踏石有印、抓铁有痕"的劲头，"喊破嗓子不如甩开膀子"。在民族复兴之路上，能留下怎样的印迹，不是取决于说了什么，而是踏踏实实地干了些什么。全面深化改革，需要我们有攻坚克难的勇气；全面依法治国，需要我们有勇于担当的精神。要有多一些抢抓机遇的主动意识，多一些勇立潮头的拼搏精神。实现新作为，作风建设永远在路上。"实干"就是不断凝聚力量，把老百姓的冷暖放在心上，想他们之所想，急他们之所急。诸如，高校基层党组织要以全心全意依靠教职工民主办学为核心，充分发挥广大教职工建设学校的积极性、主动性、创造性，努力使学校制定和实施的各项方针政策和措施能更好地体现师生员工的利益，不断推进学校各项事业的科学发展。中国梦，归根到底是人民的梦。党员干部心系百姓办实事，共谋伟业求实效，倾心聚力推动各项事业又好又快发展，真正为广大人民谋取福祉，这才是新常态下所具有的实干精神。

新常态下实现新作为，就要做到勇于创新。当年，25岁的邓小平在领导百色起义、龙州起义时，就从实际出发，运用实事求是的马克思主义思想路线，创造性地加强了左右江革命根据地党的建设和根据地制度建设，开辟了一片新天地。今天，在新的历史时期，在"四个全面"新常态下，我们同样要大力弘扬创新精神，大胆创新思维方式，大胆创新管理方式，保持奋勇争先、敢争第一的激情，解放思想，实事求是，与时俱进，全面从严治党，加强党的建设，团结带领广大人民群众凝心聚力，开创工作新局面。当前，我们广西遇上了好的机遇，基层党组织要认真学习贯彻习近平总书记一系列重要讲话精神，主动适应经济发展新常态，营造风清气正的政治生态，强化责任担当，创新争先，锐意进取，确保各项事业不断推向前进，把本地区本单位的各项工作搞得有声有色。

"四个全面"新常态下实现新作为，这是一种意识和境界，一种精神，一份责任。新常态，新动力。认识新常态下依法治校，就是将责任铭记在心里，通过"三严三实"教育活动，学校管理者应将新常态下实现新作为的责任扛在肩上，将工作做起来，将事情办得更好，这才是党员干部应该有的基本素质。

（二）依法治校提出的背景——依法治国

为什么要进行依法治校？我们知道，依法治校是依法治国方略在学校管理中的体现，其理念的提出具有深刻的时代背景。我国是社会主义法治国家，社会主义法治理念教育在高校法制教育中具有核心地位。社会主义法治理念的基本内涵是什么？那就是"依法治国、执法为民、公平正义、服务大局、党的领导"。它们之间是相辅相成、不可分割的有机整体，构成了社会主义法治理念的完整理论体系。这是中国特色社会主义法治的基本理念。

党的十八届四中全会对依法治国做出周密部署，也对高校全面推进依法治校提出了新的要求。全会审议通过的《中共中央关于全面推进依法治国若干重大问题的决定》是指导和推动全面推进依法治国、建设社会主义法治国家的纲领性文件。而今在"四个全面"蹄疾步稳之际，依法治校是高校落实"全面依法治国"基本方略的必然要求，也是"全面依法治国"在高等学校治理中的具体体现，堪称建设现代大学制度、构建新型大学关系的根本保证。可以说，依法治校已成为大学发展的内驱动力、重要根基和必然选择。

实行依法治校，就要熟悉和了解教育法律法规，制定好学校规章制度，做到合理合法，学校的规章制度不能和国家的法律法规相抵触。实行依法治校，在学校规章制度建立后，应该做到公开，使每一个相关对象都知晓，这是一个必需的程序。

实行依法治校，更是一种提高高校管理水平的有效抓手。长期以来，有些高校"重学科、轻管理"，被人称为"一流的学科、三流的管理"。依法治校工作是否抓得准，首先取决于对"依法治校"的理解和认识是否到位。实施依法治校，着重要求高校管理者在工作中重视其管理行为的规范性、正当性与合法性。过去一提起依法治校，就容易被误解为主要是治"治校者"，而不是治"被治校者"。就是说，如果学校制定大量的罚则去处罚教师和学生，将"依法治校"等同于"依罚治校"，这是认识上和定位上的错误。

如今，我们强调依法治校，就是强调制度建设、重视遵守规则，强调正当程序、彰显公平理念。可以看出，依法治校是实现学校管理科学化、规范化、现代化的重要途径，也是实现学校由经验管理到科学管理的必由之路。依法治校强调将法的精神渗透到学校的各项管理制度中去，变成师生遵纪守法的自觉行动。因而，依法治校需要渗透到学校工作的方方面面。

（三）新常态下依法治校的基本内涵

法治是什么？它是一种意识形态和社会文化现象。高校管理的法治化包括国家对高校实施管理的法治化、高校自我管理的法治化两个方面，这二者的目标都是要建设一个法治化的校园环境。依法治校，不但是一种制度模式，而且是一种理性精神。通过依法治校，使全体师生员工认同学校理念、遵守学校制度，使实现依法治校的文化浸润、植入、渗透并扎根在学校的各个方面，从而逐步培育出一种"法治"的"文化"和"传统"，为高水平现代大学建设目标下的优良管理提供理念支撑、制度保障和文化培养。

法治是一种治国方略。依法治校就是在民主的基础上，依照宪法和法律的规定，运用法律手段、经济手段和行政手段等来治理、管理学校的各项事务，使学校各方面工作逐步走上规范化、法制化、现代化的正确轨道。

依法治校是一种管理模式，是研究现代学校管理制度的，不单单是指学校法制教育方面的内容，它的具体内涵可以概括为决策机制、规范化管理和民主监督。

一是科学的决策机制，即自主化管理的科学、规范的决策机制。在办学过程中，高校应依法独立行使本校教育决策，组织好教育教学活动。"齐心协力抓内涵，一心一意办教育"，落实学校法人地位，实施学校章程，履行法律规定的义务，依法独立行使组织教育教学活动的权力。学校的办学、管理和教育、教学等一切行为都要遵循既定的制度和规定,避免随意性、盲目性的决策,使学校事业得到科学的健康的发展。

二是制度化的管理。高校的教育教学活动等一切办学行为都要遵循既定的制度和规定,对学校公共权力进行制约和平衡。制度化的管理,要体现在制度的合法性、合理性、程序性、完善性、针对性上。学校管理者在管理中要准确把握权利与义务、民主与法治、实体与程序、教育与惩戒的平衡,实现目的与手段的有机统一;体现法治要求对学校工作全局、管理全程的统摄与指导,对学校具体办学活动、管理行为的系统规范。这就需要进行制度化和规范化的管理。而规范化管理主要体现在管理行为要规范,要明确管理方案和程序,实现管理目标。在实施依法治校中,学校管理者就要考虑通过怎样一个路径才能便捷地达到管理目标,达到事半功倍的效果。

三是广泛的民主监督。高校的重大决策、规范化和管理事务要尊重师生的意见,实施民主管理。校务委员会、校长办公会、学术委员会、教职工代表大会等要认真履行职责,积极发挥好作用。要以有利于学生全面发展为根本出发点,改革、完善人才培养和评价制度,健全教学、研究与学习制度,促进学校管理重心与方式的转变。在对师生的权益保护中,要体现依法治校的管理理念,对师生的合法权益进行充分保障。

(四) 新常态下依法治校的重要性与紧迫性

依法治校是高校落实依法治国基本方略的必然要求。依法治校的本质含义是学校管理者在学校管理中体现法治精神,并以法律为最高权威,学校制定的各项规章制度、规范性文件必须与法律法规相一致。依法治校对学校的建设和发展意义重大。在新常态下实行依法治校,是一项紧迫的政治任务。

首先,是学校改革和发展的需要。依法治校是建设现代学校制度、构建新型政校关系的根本保证。实行依法治校,在学校树立法律至上、尊重章程、依法依章办事的理念与要求,实现法律、规则面前人人平等,实现办学活动有法可依、有章可循。这是高校管理、治理的基本要求。实施依法治校是深化教育改革、实现教育现代化的需要。通过依法治校,切实转变办学和管理的理念、方式与手段,为建设现代学校制度奠定坚实基础。依法治校就是在学校中深入贯彻科学发展观,落实依法治国基本方略,使学校的办学宗旨、教育活动与制度规范符合民主法治、自由平等、公平正义的社会主义法治理念要求,有利于学校建设、改革和发展,有利于维护全校师生员工的合理权益,有利于促进优秀人才的培养。

其次,是办好人民满意的教育的迫切需要。高校实施依法治校,治理、章程、文化、能力缺一不可。依法治校是完善学校内部治理结构、提高管理水平与效益的关键所在。要突出法治原则对学校治理方式与手段的总体要求,重在制约和规范管理权力的行使。学校管理者要增强法治思维意识,努力提升法治思维能力,用法治思维和法治方式来管理、治理学校，实现制度建设的制度化、系统化、科学化，推动学校教育教学事业健康发展，在法治的轨道上推动学校各项工作。

再次，是培养更多更好优秀人才的需要。紧紧围绕和服务于学校人才培养、提高教育质量的根本任务，体现学校办学特色，关注师生的需要。通过依法治校，增强全校师生员工遵纪守法意识和依法办事习惯。

最后，是建设和谐校园环境的需要。和谐的校园环境，必须是法治化的校园环境。这个法治化和谐的环境，是以理性、民主、契约、自由为氛围，以科学、高效、和谐、规范为动力，它要求高校的办学理念契合法治精神，高校的运行体系以良好的制度为支撑，高校的文化系统以师生权利为主导。要把法治文化建设作为校园文化建设的重要内容，推进和谐校园的建设。

二、目前高校中依法治校的基本现状

高校实施依法治校，是全面贯彻党和国家教育方针的必然要求。教育是国家行政管理的重要部分，国家的法治化离不开教育的法治化。学校是育人的场所，是教育事业的重要组成部分。学校的法制建设、安全和稳定、正常的教学秩序等，直接关系到教育教学任务的完成，关系到人才培养的质量。

（一）当前高校依法治校的现状

依法治国已经成为我们国家管理的根本方略，依法治校工作越来越受到重视。早在2003年，教育部就颁布了《教育部门关于加强依法治校工作的若干意见》；2012年，教育部印发了《全面推进依法治校实施纲要》，要求推进依法治校进程。而今高校在国家法律法规及相关文件指导下，于办学理念、制度建设、民主建设、普法教育、师生权益保护等方面有计划地推进依法治校，也确实取得了一定成效。主要体现在：依法治校理念形成了更加广泛的共识，依法治校逐渐成为高校办学、理事的基本观念和工作目标，管理的制度化、规范化、民主化和法治化已经成为高校的共同认识；依法治校工作机制基本建立；各种规章制度建设逐步完善。目前，各高校已经基本形成了"章程—学校基本制度—部门规章制度—单位内部管理制度"四个层面的较为完备的制度体系，这是好的现象。

（二）存在的不足

高校依法治校虽然取得了一定成效，但由于历史与现实等多种因素影响，仍然存有一些缺憾，由此又衍生出种种问题，制约了高校依法治校的工作进程。就宏观管理来说，出现了高校管理行政化、高校办学功利化、高校培养同质化现象，如行政与学术连体、职位拔高绩效影响度等，使行政权力凌驾于学术权力之上，限制了学术生产力；一些高校过于功利，盲目跟风赶潮，热衷于搞"短平快"；有的高校不顾自身条件，办学规模求大，设置专业求全，既分散了抓优势学科的时间和精力，也造成了教育资源的重复配置和极大浪费，特色型高校的特色被"稀释"。在宏观管理方面，学校的法治观念和依法管理的意识还比较薄弱；一些学校的依法治校还没有完全成为自觉行为，对照起来，与依法治国基本方略的要求还有一定的差距。在微观管理方面，一些学校的依法治校的制度和措施还不健全；法制规章的执行力不强，监督工作不到位，"人治"的现象仍然存在。当前我国高校行政体制中存在的最大问题是学校内外一些法律关系不明晰，权责严重失衡；高校内部管理关系不顺，权责不明确。其一，学校与管理人员、教学人员、工勤人员的关系不太明确。其二，学校与学生之间的关系也不清楚。在高等教育大众化之后，高等教育实行成本分担政策，学生消费者色彩逐步增强。在这种新情况下，高校与学生之间是行政关系还是契约关系，法律对此并没有明确的规定。在这方面，传统思维依然强势，法治人权观念淡薄。正因为它们之间的法律关系不清楚，权责配置不平衡，大量的侵权行为得不到追究，在高校学生管理过程中，仍存在着侵犯学生权益的现象。其三，相关的规章制度落实不到位，使依法管理流于形式，社会治理资源没有得到充分的利用，还严重地影响依法治校的效能。管理方式老一套，管理模式僵化。其四，校内外各种资源不能得到有效的利用，使法制管理难以形成合力。我们知道，管理的松懈、松弛，必然会严重削弱管理的战斗力。按老规矩办事的现象还是普遍存在的。例如开展学生思想政治教育工作，有的还是按旧模式办事，讲得多，做得少，不少思想政治工作者很少深入学生班级、宿舍和实际进行调研、有的放矢，学生工作存在管理松懈、懒散等因素。其五，有的高校校纪校规尚不完善，校园法治文化还有缺失，执纪的监督制约还不够有力，缺乏责任追究措施等。所有这些问题，都影响高校依法治校的推进，应该引起我们的高度重视。

三、高校推进依法治校的措施

实施依法治校是一项系统工程，是学校改革发展的一项重要任务。在新常态下，如何提高认识，适应法治新常态，推进依法治校，这是高校党委、行政和管理工作者面临的新课题。作为革命老区高校，我们要弘扬老区精神，坚持社会主义办学方向，坚持党和国家的教育方针，认识和把握我国高等教育发展的新常态，要进一步解放思想、凝聚共识，把思想和行动统一到党中央的决策上来，统一到习近平总书记系列重要讲话精神上来，全面加强高校党的建设，主动适应经济发展新常态，全面深化改革，全面推进依法治校,加快推进高等教育现代化的步伐。

(一) 牢固树立推进依法治校的理念

依法治校是依法治国方略在学校管理中的体现,其理念的提出具有深刻的时代背景。学校的根本任务是培养德智体美全面发展的社会主义现代化事业的建设者和接班人。实行依法治校,就是要贯彻落实党和国家的教育方针。树立法治理念、追求法治精神,让法治成为师生的信仰,这是依法治校追求的目标。学校管理者应树立依法治校观念,学校管理者树立法治观念,认清依法治校的必要性和迫切性,是实施依法治校的前提和基础。依法治校的本质在于法治、在于民主。我们要站在新的历史起点上,面对我国高等教育发展新常态下的新形势、新特征、新趋势,我们必须在认识上要到位、观念上要适应、方法上要对路。依法治校,是依法治国重要组成部分。推进依法治校,就是要牢固树立依法办事、尊重章程、法律规则面前人人平等的理念,建立公正合法、系统完备的制度与程序,保证学校的办学宗旨、教育活动与制度规范符合民主法治、自由平等、公平正义的社会主义法治,这是非常重要的。学校管理者要把依法治校上升到依法治国的高度,对其加以认识和实施。建设社会主义法治社会,高校肩负着历史重任,应该比任何时候都凝集共识,开创未来。

(二) 加强制度建设

制度是事业发展的根本。依法治校的实质是实现高校的法治化。推进依法治校,首先要有科学完备的法律制度体系。邓小平指出:"为了保障人民民主,必须加强法制。必须使民主制度化、法律化,不因领导人的改变而改变,不因领导人的看法和注意力的改变而改变。"[①] 可以看出,制度稳定性是人们的意志共识所为。制度产生于社会实践中,是人们对客观事物发展规律的理性认识和把握,制度建立后也不是一成不变的,体制、机制和规程的出现,制度形成的过程和完善,就是主观与客观相结合的过程。制度具有长期稳定、统揽全局、规范系统、指导强制的特质。以制度管人、管事、管权,充分发挥制度的规范和引领作用,为进一步推进依法治校奠定良好的基础,为学校的发展提供坚实的制度保障。

健全完善学校各项规章制度,是推进依法治校的重要措施。什么是制度?制度是在一定的历史条件下形成的政治、经济、社会、文化等方面的体系,要求团体或社会成员共同遵守并按一定程序办理的规程和机制。宏观的如社会制度、政治体制、经济体制、文化体制等;中观的如工作机制、机构设置、组织形式等;微观的如会议制度、工作制度、学习制度、办事程序、措施规定等。

---

① 邓小平. 邓小平文选(第二卷)[M]. 北京:人民出版社,1994.

高校实行依法治校，最重要的是加强制度建设。依法治校之"法"应从广义理解，它不仅包括一般意义上的法律和教育法律法规，还包括规章制度等学校制定的各项自治性规范。学校的规章制度是什么？就是我们平时说的校规校纪。学校所开展的各种教育活动，要求全校教职工遵守的内容、规范的行动都叫规章制度。

学校的校规校纪等同于制度，不仅对教育对象，对管理人员同样有效。制度对谁都是一样的，应一视同仁。有了规章制度才能有法可依。实践证明，国家政策只要和法律相一致，就要贯彻执行；学校的规章制度只要和法律不矛盾，也必须继续遵守，这对国家法律是一种有效支持，也对学校管理产生推动作用。所以说，建立健全学校规章制度是依法治校的重要任务。

要将学校章程作为学校改革发展、实现依法治校的基本依据，作为统领学校各项制度建设的核心。当前，要认真贯彻落实《中华人民共和国高等教育法》等法律法规，坚持依法治校，结合学校章程的制定，推进现代大学制度建设，以建立、完善学校章程为契机，全面修订学校各级各类规章制度，并根据改革发展需要完善配套制度，进一步健全、完善有利于激发学校发展活力、加速推进学校发展的制度体系，全面推进依法办学、依法治校。制定完善的章程应当包括校名、层次、规模、基本制度、重要的财务制度等。章程是什么？学校章程就相当于执照，是学校内部的"基本法"，在学校内部制度体系中最具有权威性和约束性。学校依照章程自主管理，政府依照章程判断学校是否依法办学，所以说章程很重要。推进依法治校必须推进依章治校，我们要重视章程制定和实施。只有这样，才能积极推进治理体系现代化，提高学校教育质量和科学管理水平。

（三）加强法治教育

法治教育是学校教育工作重要的组成部分，必须认真抓紧抓好。高校管理者只有牢固树立依法治校的办学理念，把依法治校纳入学校工作的重要议事日程，充分认识到依法治校的重要性、必要性和紧迫性，依法治校才能成为学校管理的一种自觉行为，行政管理才能在法治轨道上顺利前行。习近平总书记指出："要深入开展法制宣传教育，在全社会弘扬社会主义法制精神，传播法律知识，培养法律意识，在全社会形成宪法至上、守法光荣的良好氛围。"① 这就给我们在实行依法治校中指明了方向。

学校的根本任务是培养人，理应加强法治教育。其一，要完善法治知识课程，巩固法治教育、廉洁修身教育进课堂的教育制度，通过开设思想道德修养与法律知识课、模拟法庭、法律知识竞赛等形式，教育大学生学习法律基本知识，坚持德育为先导，坚持用马克思主义法学思想和中国特色社会主义法治理论全方位占领法学教育和法学

---

① 中共中央宣传部. 习近平总书记系列重要讲话读本 [M]. 北京：学习出版社，人民出版社，2014.

研究阵地,推动中国特色社会主义法治理论进教材、进课堂、进头脑。其二,创新高校法治人才培养机制。培养造就熟悉和坚持中国特色社会主义法治体系的法治人才及后备力量,是依法治校的重要措施。只有坚定政治立场,严守政治纪律,才能不断提高政治敏锐性和政治鉴别力,筑牢拒腐防变的思想防线。其三,营造法治教育的环境。通过各种生动活泼的形式来引导学生学法、守法,把依法治国、依法治校和人才培养有机结合起来,营造学法、守法和用法的良好氛围,建设和谐安全文明的校园环境。其四,加强法学师资队伍建设,重点打造一支政治立场坚定、理论功底深厚、熟悉中国国情的高水平法学专业人才队伍。其五,使师生自觉做到学法、尊法、信法、守法、用法,增强广大党员干部、师生的法治意识。

(四)理顺各种关系,提高学校管理水平

依法治校的本质在于法治、在于民主。实行依法治校,就是要严格按照教育法律的原则与规定开展教育教学活动,维护学生合法权益,营造符合法治精神的育人环境,提高学校依法处理各种关系的能力,不断提高学校管理者和教师的法律素质,形成良好的法治气氛。在学校教育工作中,依法治校虽然体现的是一种理念,但其实是一项重要的措施。自然,依法治校是一种管理手段与措施,它虽然强调的是依法办事,但并不排除在学校管理中运用行政手段、经济手段及其他手段。在学校管理工作中,学校面临着许多复杂的关系。如学校与教职工、学校与教育对象,学校与政府部门之间的法律关系。在工作中,如何运用法治思维和法治方式管理学校,这是学校管理工作者需要考虑的问题。

一是坚持党委领导下的校长负责制,完善学校治理体系。高等学校要积极构建"党委领导、校长负责、教授治学、民主管理"的高校内部治理结构;完成大学章程的修订和颁布,优化学术委员会体系建设,落实教授治学。健全院系党政联席会议运行机制,不断提升二级院系治理的科学化水平。坚持党的领导是社会主义法治的根本特征。党委领导下的校长负责制是我国高校贯彻党和国家教育方针,坚持社会主义办学方向的根本保证。贯彻落实党委领导下的校长负责制,建立健全党委统一领导、党政分工合作、各方协调运行的工作机制。2014年,中共中央办公厅印发《关于坚持和完善普通高等学校党委领导下的校长负责制的实施意见》,为党委领导下的校长负责制明确了任务和要求。首先,党委统一领导高校工作,这是根本保证。这是我们的国体政体所决定的。依法治校必须坚持党的领导,党的领导必须依靠依法治校,这两者是密不可分的。确立党委在学校的领导核心地位,才能确保学校办学的社会主义办学方向,才能确保符合广大师生员工的根本利益。其次,校长负责是关键。依法治校必须发挥校长的行政领导作用。校长主持学校行政工作,校长既是党委的重要决策者,也是党

委决策的执行者。在校党委领导下，校长负责实施党委会有关决议，行使法律赋予的职权，全面负责全校教学、科研、行政管理等工作，完成学校的教育目标和工作任务，这都必须依法治校。再次，健全党委与行政议事决策制度。进一步明晰党委职责和校长职权之间的关系，促进党委决策、行政运行机制的民主化、规范化、科学化。其四，完善协调运行机制。健全以学术委员会为核心的学术管理体系与组织架构，发挥教职工代表大会及群众组织作用，健全师生员工参与民主管理和监督的工作机制。其五，基层落实是重点，任何好的机制贵在落实。校内各单位要主动构建适应学校发展目标、激发建设活力的制度体系，把依法治校工作贯彻落实到各个具体领域和环节中去，推进依法治校的进程。

二是依法理顺各种关系，建立合理规范的格局。就是说，在依法理顺政府与学校的关系、落实学校办学自主权的基础上，形成教育行政部门依法行政，学校依法自主办学、依法接受监督的格局，为学校教育教学活动创造良好的环境。

三是坚持师生的主体地位。全面推进依法治校，必须突出师生员工的主体地位，师生员工是学校的主人翁，这一点不能忽视。恪守以人为本，让广大师生员工共享学校改革发展成果，牢固树立法律意识，充分发挥办学积极性，让大家认识到国家法律法规和学校规章制度既是维护自身合法权益的武器，也是自己必须遵守的行为规范。在办学中，完善学校各项民主管理制度，发挥教职工代表大会在学校民主管理中的作用，实现学校管理与运行的制度化、规范化、现代化，依法保障学校、教师、学生的合法权益，这是突出师生员工的主体地位的重要措施。

四是要正确处理好法律和道德的关系。习近平总书记指出："要坚持法治教育与法治实践相结合，广泛开展依法治理活动，提高社会管理法治化水平。要坚持依法治国和以德治国相结合，把法治建设和道德建设紧密地结合起来，把他律和自律结合起来，做到法治和德治相辅相成、相互促进。"[①] 使法治与德治相辅相成、相得益彰的思维成为科学决策的依据，从而促进学校教育活动的开展。

（五）构建校园法治文化，建设和谐校园

加强高校法治文化建设，是推进依法治校的应有之义。加强法治理念教育，是构建校园法治文化的内在要求。高校法治文化是指高校管理者和其他师生员工对于高校法律生活所持有的以价值观为核心的思维方式和行为方式的总和。大学校园需要法治文化，它应当树立法律至上、限制公权、公平正义、保障人权的基本理念。加强高校法治文化建设，大力营造校园法治文化氛围，必须把法治精神和法治教育融入师生整体素质提升和核心价值观培育的全过程，让社会主义法治精神深入贯彻到学校教育活

---

① 习近平. 习近平谈治国理政［M］. 北京：外文出版社，2014.

动的各个层面，成为凝聚起依法治校、依法治教的强大力量。高校是高层次人才培养的重要基地，要把法治作为解决校内矛盾和冲突的基本方式，妥善处理学校内部各种利益纠纷。在解决矛盾和冲突中，要注意合法合理地运用信访、协调、调解、申诉、仲裁等解决问题的办法，还要特别注重和发挥教代会、学生团体和法制工作机构在处理纠纷中的作用。依法建立健全校内纠纷解决机制，就必须以法治文化为基础，对外维护学校权益，对内维护师生员工的权益。

1.2 加强生态教育与创建"绿色大学"的探讨[①]

党的十八大明确提出大力推进生态文明建设,把生态文明建设放在突出地位,努力走向社会主义生态文明新时代的新要求。作为实现全面建设小康社会奋斗目标的新举措,倡导在全社会牢固树立生态文明观念,加强生态文明宣传教育,增强全民节约意识、环保意识、生态意识,形成合理消费的社会风尚,营造爱护生态环境的良好风气,这是非常必要的。教育的发展与时代有着内在的、直接的、多方面的关联,生态文明建设趋势必然对生态教育提出新的更高的要求。生态教育是以生态学为依据,传播生态知识和生态文化,提高人们的生态意识及生态素养,塑造生态文明的教育。创建绿色大学,是新时期赋予高校的责任与使命。实施生态教育,切实推进"绿色大学"创建活动的开展,加强生态文明建设,具有重大的深远意义和现实意义。

一、生态教育与创建"绿色大学"的提出

生态教育源于人类对20世纪中叶以来日益严重的生态危机的深刻反思。国外的研究从20世纪60年代开始,1976年,美国学者克雷明(Cremin. L. A)的著作《公共教育》最早正式提出"教育生态学"一词。国内教育生态学研究始于20世纪80年代末90年代初,虽然起步较晚,但它的胚胎早就根植在我国古代的教育中。近年来,国内外教育生态学的研究从侧重研究教育环境与人的行为的关系扩大到教育生态学的各个层面。虽然国内外生态教育几乎同步发展,但在生态教育发展的深度和广度上,国内与国外存在一定的差距。从目前情况来看,我国的生态教育已经引起了各个高校的重视,开设了课程,增加了教育内容,加强了生态教育数据环节,营造了良好的生态教育环境气氛。但是也应该看到还存在一些问题,如有的学校对此重视还不够;大学生的生态教育缺乏系统性,教育内容零散、随意;教育形式单一,工作机制不健全;大学生的生态教育实践环节基本缺失,教育效果不佳。生态教育的欠妥同时也影响了

[①] 本文系作者2012年10—11月在国家教育行政学院第42期高校领导干部进修班(主体班)学习时的交流论文。时任校党委委员、副校长。

"绿色大学"创建活动的进程,这些需要引起我们的重视。

绿色大学(green university),其概念是,大学对电、石油、天然气、水和化学物质等资源的使用量非常可观,为了减少大学在运作时对环境产生的不良影响,后来逐渐延伸至发展环境教育以提升所有人员的环境意识,将永续发展与环境保护的观念融入大学的教育中,充分发挥大学教育的功能。"绿色大学"创建活动始于1998年清华大学提出的建设"绿色大学"的计划,后被国家环保总局批准为全国示范工程。2001年5月,中共中央宣传部、国家环境保护总局和教育部联合颁布了《2001—2005年全国环境宣传教育工作纲要》,提出了"在全国高等院校逐步开展创建'绿色大学'活动"的要求。2010年10月27日至28日,"2010绿色大学建设国际研讨会"在清华大学召开。教育部、环境保护部等相关国家部委,北京大学、南开大学、日本东北大学等多所国内外知名高校百余名领导和专家学者出席了本次会议,共同探讨"绿色大学"理念,交流建设经验,引起了社会的广泛关注。

所谓"绿色大学"建设,就是围绕生态教育这一核心,将可持续发展和环境保护思想落实到大学的各项活动中,融入大学教育的全过程。在高校中开展创建"绿色大学"活动,不仅使各高校校园环境得到明显改善,而且主要是提高大学生的环境意识,增强大学生的生态知识,提高大学生生态文明素养和整体素质,这是一项有益的活动。近年来,各高校在开展这项活动中,态势良好。如百色学院积极开展"绿色大学"创建活动,加强生态教育,师生员工的环保素养不断提高,"从我做起,爱我校园,保护地球"成为全院上下的共识;采取了一系列的生态教育活动实践的措施,推进了"绿色大学"创建活动的开展,取得了良好的成绩,并于2010年获得"广西绿色大学"称号。由此可见,"绿色大学"的创建已成为高校教育改革、建设和发展的趋势。

党的十六大以来,"绿色发展"的理念逐渐进入党的执政视野,目前已经在中国生根发芽。在过去10年间,从巴厘岛到哥本哈根、德班,在历届气候大会上,中国带头许下绿色发展的庄严承诺并切实履行。中国正逐渐告别"黑色发展",走上"前人种树、后人乘凉"的绿色发展之路。继十七大报告之后,十八大报告再次论及"生态文明",并将其提升到更高的战略层面,将其与经济建设、政治建设、文化建设、社会建设并列,构成中国特色社会主义事业"五位一体"的总体布局。党的十八大报告指出,必须把生态文明建设放在突出地位,融入经济建设、政治建设、文化建设、社会建设各方面和全过程,坚持生产发展、生活富裕、生态良好的文明发展道路,努力建设美丽中国,实现中华民族永续发展。这就给我们指明了方向,描绘了美好的蓝图,同时也给高校教育教学工作提出了更高的要求。

用绿色理念培养人,加强生态教育,创建"绿色大学",是新时期高校一项重要的基础性工程,是赋予新时期高校的新的历史使命。由此用绿色校园陶冶人,用科技意识开展环境科学研究和推进环保产业，建设"绿色校园"、开展"绿色服务"、培养"绿色人才"，必将推动和谐社会建设，促进经济持续发展。

二、生态教育和"绿色大学"的创建与生态文明建设的内在联系

生态教育和"绿色大学"的创建与生态文明建设之间有着密切的联系。其主要体现在如下几个方面。

一是加强生态教育与创建"绿色大学"，是新时期高校一项重要的基础性工程。高校的根本任务是培养社会主义现代化事业的合格的建设者和接班人。生态教育是高校教育的一项重要工作，其主要承接生态文明建设对教育内容更新的要求，以生态知识作为教育的一项主要内容，培养学生的生态意识，提高学生的综合素质。而创建"绿色大学"，就是通过加强生态教育，营造良好的育人环境，培养学生的生态意识，普及生态知识，从而使学生乃至全体教职工能够自觉保护、建设我们所处的育人环境，发挥高等学校人才培养、社会服务、科学研究、文化传承创新功能的作用，以达到社会示范的目的。

二是加强生态教育与创建"绿色大学"，是对大学生进行素质教育的必然要求。社会的发展与人的发展是协调一致的，社会的发展程度与人类的整体素质总是保持在同一水准上。加强高校生态文明建设，是促进大学生全面发展的基本要求；而加强生态教育，是对大学生进行素质教育的必然要求。创建"绿色大学"，目的是使学生在生态文明教育环境的熏陶下，接受良好的教育，树立生态文明价值观，培养生态文明的意识，使其成为一名促进生态文明建设、促进社会和谐发展的合格人才。

三是加强生态教育与创建"绿色大学"是生态文明建设的重要组成部分。生态文明建设包含的内容非常丰富，其中的加强生态教育，开展创建"绿色大学"活动，是生态文明建设的重要内涵。高校生态文明建设，首要在于教育。学校的根本任务是培养人，要把生态教育与德育内容紧密地结合起来，认真实施生态德育。高校在建设社会主义文化强国中起着文化传承和创新的作用，而开展生态教育与创建"绿色大学"活动，正是高校生态文明建设的关键所在，是文化建设的基础工程。因而理应统筹协调，使之得到和谐发展。

三、加强生态教育，切实推进"绿色大学"创建活动

加强生态教育，推进"绿色大学"创建活动，是加强生态文明建设，落实科学发

展观的重要举措,是深化教育教学改革,促进学校改革、建设和发展的有力措施。为了做好这项工作,必须努力做到以下四点。

(一) 把加强生态文明建设作为实践科学发展观的重要途径

党的十八大报告指出,必须树立尊重自然、顺应自然、保护自然的生态文明理念,这是推进生态文明建设的重要思想基础,体现了更为全面的价值取向和更为深刻的生态伦理。开展生态文明教育是科学发展观的重要内涵,而生态文明建设是实践科学发展观的重要途径。科学发展观是建设美丽中国的理论指导和保障,实现可持续发展、建设和谐社会的目标,归根结底是人与自然的和谐发展。实现人与自然和谐相处,要求我们着眼于"自然—人—社会"这个大系统的协调和统一,走出人类中心主义误区,促进人与自然和谐共处、协调发展。坚持科学发展观,就是要坚持以人为本,正确处理经济发展与社会发展的关系,正确处理物质文明、精神文明、政治文明与生态文明的关系,就是要促进经济社会和人的全面发展。高校实践科学发展观,重点在于深化教学改革,提高教育教学质量。按照科学发展观的要求,需要我们不断创新教育观念,推进学校改革、建设和发展。生态文明是一种全新的思想观念。生态文明价值观认为不仅人是主体、有价值,自然也是主体、也有价值。实现人与自然的和谐,要始终把环境保护放在科学发展的优先位置,更加自觉地实施环保优先、生态优先的发展方针,自觉地把生态文明建设纳入高校教育教学工作中。加强生态教育,推进"绿色大学"创建活动,正是加强了生态文明建设,并把它作为实践科学发展观的重要途径抓紧抓好。

(二) 把加强生态教育作为建设节约型校园的重要举措

建设节约型校园,是建设"绿色大学"的一项重要内容。加强生态教育、建设节约型校园的关键,就是要树立科学发展和生态文明的意识,在全校上下积极倡导节约办校、节约发展的新理念。针对不合理的开支观念和浪费现象,应加强引导和教育。建设"美丽中国",不仅需要我们每一个人从自己做起,比如节约用水、节约用电、绿色出行等,也需要在全社会形成关注生态和环境保护的整体氛围。建设生态文明,实质上就是要建设以资源环境承载力为基础、以自然规律为准则、以可持续发展为目标的资源节约型、环境友好型社会。要把节约型观念纳入校风教育,作为校风建设的一项重要内容,把建设节约型校园、"生态文明,健康成才"的理念与加强和改进大学生思想政治教育结合起来,把"节约每一滴水、节约每一度电"作为学校师生员工的社会责任和自觉行为,使广大师生员工树立节约办学、勤俭办校的科学发展观,养成节约习惯,做到节能低碳排放,形成科学创建节约型校园的良好氛围;弘扬艰苦奋斗精神,增强生态节约意识,努力构建节约型校园,为创建"绿色大学"打下基础。

(三) 把生态教育实践活动作为创建"绿色大学"的重要环节

开展生态教育实践活动,实质上是创建"绿色大学"的一个重要环节。增强学生的生态意识,弘扬生态文明,正确理解生态文明观,实践是一个非常重要的环节。从某种意义上看,实践比书本知识更能启迪人的心灵,更能培养人们对自然生态的情感,更有助于人们树立生态文明的信念。高校应根据自身实际和学科特点,创建和巩固生态教育基地,切实开展生态文明教育的实践活动。学校应该要求学生从我做起,从细小的事情做起,在活动中提高学生的生态意识,弘扬绿色精神,启迪心灵智慧,把生态教育实践活动贯穿于大学生活的全过程。在安排学生参加社会实践和教育实践活动时,要注入生态文明建设的内容,让学生做绿色种子、建共同家园。

(四) 把加强生态教育作为构建和谐校园的重要内容

构建和谐校园与建设"绿色大学"有着密切的联系。"以人为本"是科学发展观的核心,应在学校工作中体现出以师生为本的思想。师生是立校之本、兴校之源,要把生态教育融入学校各种活动之中。建设和谐校园,建设优美的育人环境,需要有一个良好的工作、学习、生活环境。要把环境建设提高到落实科学发展观的高度来认识,继续实施校园清洁工程,搞好校园文化建设,建设和谐校园,正是创建"绿色大学"的目标要求所在。高校后勤工作要以满足学生的合理需求为出发点和归宿,营造出有利于学生学习和生活的宽松和谐的校园环境。诸如加大投入搞好文化景点、校园雕塑、名言碑牌、环境绿化建设,优化育人环境,增强校园的观赏性、艺术性和高雅性,提高学校的品位。目前,百色学院澄碧校区扩建工程正在紧张而有序地进行中。建设好新校区,对于改善学校的基本办学条件、优化资源配置、提高教育教学水平和人才培养质量将起到重要的作用。新校区规划与实施要体现出开拓创新、理念前沿、绿色生态的理念,兴建与自然和谐共生的建筑,营造适宜幽美的育人环境,使之成为一个绿色、生态、节能、环保和可持续发展的新校区,为构建和谐校园,提高教育质量做出努力。

1.3 民族地区院校办学必须走内涵发展的道路[①]

受学校党委、行政的委托,趁今天这个机会,我想与大家谈一谈地方院校办学要走内涵发展的道路和有关筹建百色学院的情况和问题。

今年上半年,我们迎来了三批专家到学校来检查指导申本工作。一是区内专家组的非正式考察;二是区外专家组的非正式考察;三是全区高校设置委员会专家组的正式考察。三个专家组对我们学校的总体印象和评价是好的,但还需继续努力。专家组认为自治区、百色市都对百色学院的筹建非常积极,力求要办,争取要上,因为这才符合高等教育的发展需要。专家组认为,在百色设立百色学院是必要的,符合全区高校合理布局,符合区域社会和经济发展的需要,上级一定是支持的;右江民族师专教职工精神面貌是好的,在艰苦的条件下,能为民族的振兴做出重大的贡献,这是令人敬佩的;通过多年的努力,学校办学质量逐步提高,办学水平较好,这是值得肯定的;从目前的条件上看,校园面积、师资力量等方面达到或基本达到要求,建筑面积、仪器设备、图书资料等经过努力,在明年10月份前是可以达到要求的。同时,专家组还把桂林、贺州、梧州、钦州等地的经验给我们做了介绍,希望地方政府能加大投入,希望学校再加一把劲,力促申本成功。

专家组的认可,对我们来说是一个鼓舞和激励。这几年,我们学校在申本工作中做了许多努力。这是我们学校教育改革的一个创举、教学质量的一次提升、学校办学的一个飞跃,是大家共同努力的结果。我们知道,申本的过程就是一个办学质量提高、提升的过程。从目前的情况看,我们虽然取得了很大的成绩,但离党和人民的要求、离上级的要求还有一定的差距,就是说,离本科标准还有一定的差距。诸如建筑面积不够,教学行政用房不足,师资队伍后劲不足,图书资料还未达标,教学质量、科研水平有待提高等。按照申本工作的程序,如果今年自治区高校设置委员会评审投票这一关能通过,那么,明年下半年全国高校设置委员会专家组将到校进行正式考察。我们可以算一算,从现在起,距离全国高校设置委员会专家组进校考察时间还有不到一

[①] 本文系作者2004年7月9日在全校教职员工大会上讲话的主要内容。时任校党委副书记、百色市筹建百色学院领导小组、右江民族师专申办百色学院领导小组办公室主任。

年半的时间。在任务重、时间紧的情况下，我们应该怎么办？为此，我谈谈以下几点意见。

一、积极做好申本工作，向高标准看齐

我们要围绕着办一所什么样的学院、如何办好这所学院，积极地开展申本工作。申本是学校的一件大事，机遇难逢。办好学院就是办大学，这是一个标准。标准是国家水平，不可能降低。从专科到本科，这是一个跨越，也是一次飞跃。本科的水平自然按本科的标准来衡量。可以说，申本的过程就是提升、提高的过程，这是质量，马虎不得。作为民族地区院校，我们的基础与发达地区院校相比是比较薄弱的，但升本的标准是不能降低的。我们在目前办学中所未达到的几项指标，一定要在短时间内达到。这不仅是数据的填充、加法的运算，更是我们办学的基础和条件。申办本科、筹建学院是大家的事情，不是少数人的事情，只有大家都支持，全校师生齐心协力，才能办得到。众人拾柴火焰高，办事才能水到渠成。只有打好基础，才有发展的希望。只有学校有了发展，我们的事业才有发展。只有事业有了发展，我们的国家和民族才有前途和希望，个人也才有前途和希望。没有什么比用自己的双手和智慧建造自己的精神家园，从事自己所热衷的事业之中，更让人感到欣慰的了。大家共同参与，团结奋斗，我们的目标就一定能够实现。

为了民族振兴的需要，为了老区发展的需要，办一个让人民满意的大学，告慰老区人民，我们一定要有所作为。本科院校与专科学校是不一样的，百色老区的发展，需要有一所综合性大学。百年大计，教育为本。大学是兼容并包的，大学之大，大楼、大师、大气也。申本也是我们大显身手的时候，只有学校发展，事业发展了，个人也才有希望。如果没有前人的努力，没有几代师专人的努力，没有包括在座全体教职员工的共同努力，就没有今天学校的辉煌，就没有百色老区教育的发展，就没有区域社会的进步和经济的发展。

办好一所本科院校，需要有一个更高的标准，这不仅是数的变化，更是质的提升。而质的提升，不仅靠加法，更重要的是有一个新的跨越。这种跨越，需要有拼搏的精神、改革的勇气、科学的态度、扎实的作风。这就需要每一个教职员工不断地学习，不断地充实自己，不断地适应高等教育改革发展的需要，唯有自己的素质和能力提高了，学校的整体水平才能提高。在实践中不断地提高自己，这是学校所希望的。

二、积极推进学校改革、建设和发展

地方院校办学要走内涵发展的道路，这是毋庸置疑的。教育改革是大方向。申本

的范畴，就是我校教育改革的重要内容。就是今后我们升本了，也还是需要不断探索，不断创新，这样才能适应社会发展的需要。从目前我们申本的情况来看，申本的过程，就是提升、提高的过程。地方院校要立足于专业结构建设，拓宽专业，走内涵发展的道路。学校的教育教学改革要不断适应社会发展的需要，服务地方。从单科的师专，到综合性的学院，从专科到本科，要有一个飞跃的过程、一个适应的过程。我们要积极创造条件，不断适应这个过程。要不断增设新的专业，办学才会有活力。过去有一句话说："有条件要上，没有条件创造条件也要上。"在一定的条件下，这是符合事物发展规律的。没有这种决心和勇气，什么事情也不可能办得成功。

三、团结协作，争先创新，努力做好本职工作

今天，我们学校的每一件工作都关联到升本。申本是一个过程，升本是一种提升。本科的办学指标和条件，是需要我们加倍努力才能办得到的。每一个人都涉及申本工作，每位师生员工都是学校的形象。在工作过程中，需要我们的努力和付出，甚至做出牺牲，诸如材料的收集、个人资料的整理，分配制度的改革、资金的筹齐，轻重缓急的调剂，许多工作需要从大局、全局考虑。一些问题的解决，需要以大局来考虑。在改革过程中，避免不了出现这样或那样的问题，而解决问题的办法，只能在发展中去解决。因此，我们一定要统一认识，心往一块想，劲往一处使，同甘共苦，同舟共济，同心协力。不讲不利于团结的话，不做对学校改革和发展不利的事。党员更要严于律己，在工作中作出表率。一个人只有融入团队、集体中，融入学校中，融入事业中，才能干出一番大的事业来。

我们目前办学的问题和困难是暂时的。在学校发展的关键时刻，只要我们咬紧牙关，就一定能有所突破。团结就是胜利，坚持就是胜利。走一步就是前进一步，退一步就倒退十步。停滞不前就是倒退，倒退是没有出路的。勇于探索的人，是会有办法的。在前进的道路上，总有这样或那样的问题和困难，但办法总比问题和困难多，这是辩证法。"只要给我们一个机会，我们就能够把地球支撑起来！"这种志气是豪迈的，无私才能无畏。我们要看到自己的力量，要树立信心。只要我们一如既往，我们的目标一定能够实现。

我们需要咬紧牙关做最后的冲刺，从现在到年底，应该是申本工作最艰苦的阶段。暑假也快来临了，这是个好机会，可以集中精力搞一些事情。暑假的时间不算短，是关键的环节，我们要把它当作第三学期来使用。大家多辛苦些。玉林师院、河池学院的同仁对我们说，升本是好事，但要脱一层皮呢。脱皮没有什么可怕的，推陈出新嘛。没有这样的勇气，什么事也干不成。

申本工作与我们每一个人息息相关,每一个人都应为学校的发展做出自己的贡献。从教师的知识结构和专业结构来说,我们应该力争成为双师型的人才。而目前这个知识结构占比例的人很少。这是个硬指标,不仅现在需要,就是今后升本了,同样也需要。

希望全体教职员工一同为申本,为学校改革、建设和人民教育事业的发展,做出自己应有的贡献。

1.4　实施清洁工程与构建和谐校园的思考[①]

实施清洁工程与构建和谐校园意义重大，校园清洁与和谐校园的建设，包含着高校内涵发展的道理。下面，我就校园清洁工程的意义、校园清洁与和谐校园的内涵，实施校园清洁工程，推进校园和谐发展的措施谈谈我的认识。

一、实施校园清洁工程的意义

开展"城乡清洁工程"是自治区党委、政府的重大决策。实施"城乡清洁工程"，创造干净文明城乡环境，构筑美好和谐社会，是广大人民群众的愿望。校园及周边环境清洁工程是实施城乡清洁工程的重要内容，是构建社会主义和谐社会的重要组成部分。我们要充分认识实施校园"清洁工程"的重要意义，切实搞好清洁工程，为建设和谐校园而努力。

（一）实施校园清洁工程，是建设和谐校园的需要

建设和谐校园，建设优美的育人环境，需要有一个良好的工作、学习、生活环境。要把环境建设提高到落实科学发展观的高度来认识，认真实施校园清洁工程，搞好校园文化建设，建设和谐校园。

校园文化建设大体上分为物质文化和精神文化两个层面。物质文化是校园文化建设的载体，从形态上可以分为两种类型。其一是环境设施文化，包括校园布局、建设风格、校园绿化、美化环境、生态宿舍环境和各种的学校活动设施。其二是制度文化，包括学校的组织机构、管理体制、生活娱乐、活动方式、行为规范、规章制度等。精神文化是学校长期形成的一种特定的精神环境和文化氛围，是校园文化的核心。和谐校园建设是团结协作、积极向上、充满生机与活力的一种文化建设，是以人为本的校园人文建设，是一种理想的、健康的、科学的精神建设。广大师生员工要自觉维护校园环境的清洁，遵守公共道德和社会秩序；各单位、各部门要各负其责，共同努力，营造一个安宁文明和谐的校园环境。

[①] 本文系作者2007年1月在学校党委中心学习组学习会上作中心发言。时任党委委员、副校长。

（二）实施校园清洁工程，是衡量城乡文明程度，提高学校声誉和品位及学校办学水平的需要

城乡环境的好坏直接体现一个城市的品位，反映一个地区的文明程度和管理水平。城乡环境是城镇、农村形象的重要标志，也是衡量人民群众生活质量和水平的一个重要标准。一个市容整洁、市民文明、市场秩序井然的地方，必然是一个管理到位、体制良好、人员素质高的地方。同样，一个校容整洁、学生文明、教育有序的地方，必然是一个管理到位、体制良好、人员素质高的校园。

构建和谐、文明、舒适、洁净的环境，不仅仅是简单地打扫卫生的问题，更是密切关系到优化发展环境。在学校中开展持久清洁卫生运动，彻底改变学校卫生清洁面貌，为青年学生的健康成长提供保障具有重要的意义。在学校中开展清洁工程行动，既是改善学校卫生环境的有效措施，也是办学管理水平的体现。开展"城乡清洁工程"，是党委、政府的重大工作，抓与不抓，抓好与抓坏，是讲不讲政治、抓不抓落实、执政能力强不强的表现。开展"城乡清洁工程"也是考察干部作风实不实、党性强不强的重要体现。进一步深入开展"城乡清洁工程"，是我们实践"三个代表"重要思想、全面贯彻落实科学发展观的一个具体体现。开展这项活动，也是提高学校声誉和品位及学校办学水平的有力措施。进到一个学校，人们首先看到的是校园环境和人的精神面貌，如百色学院校园2006年10月被评为"自治区文明小区"；同年年底，被自治区评为"安全文明合格单位"，为学校新的发展奠定了基础，也增添了大家的信心。因此，校园环境建设，是学校办学水平的综合体现。

（三）实施校园清洁工程，是培养合格人才的需要

清洁问题小事不小，古人云："一屋不扫何以扫天下？"培养学生劳动态度、劳动习惯，从小事、从实事做起，"不积跬步，无以至千里，不积小流，无以成江海"，任何工作都是从一件件小事做起，积小胜为大胜，由此来带动相关工作开展。试想，如果举手之事都不愿做或做不了，又怎么干大事担当重任呢？

学校是教书育人的地方，是培养人才的摇篮。学校无小事，事事是楷模。学校是人才成长的摇篮，在倡导文明新风、促进社会和谐方面应充分发挥示范和带头作用。在学校里，学生无不受到校风教风学风潜移默化的影响，受到环境的熏陶。实施校园清洁工程，学生参加劳动，得到了锻炼，培养了素质和能力，养成良好的卫生习惯，形成优良的思想品质，这正是教育的功能。学校的根本任务是培养德智体美劳全面发展的人才，因此，学院必须通过各种有益的活动来达到教育人、塑造人的目的。实施校园清洁工程，是学校教育工作的重要组成部分，是培养合格人才的迫切需要。

二、校园清洁与和谐校园的内涵

和谐社会需要和谐校园。和谐校园内涵必然与校园清洁有很大的关系。一个优美的适宜的育人环境，必然是清洁恬淡优雅的地方。

什么是和谐社会？和谐社会是顺和、协调、稳定、有序的社会，是充满活力的社会，是以实现人的全面发展、巩固党执政的社会基础为核心价值取向的社会。什么是和谐校园？党中央提出构建和谐社会的设想，学校作为社会的一个组成部分，也应紧跟着这一课题创建和谐校园。"和谐校园"，一句话说，就是学校环境的和谐。环境包括硬环境、软环境，又称物化环境和人文环境。一所学校的物化环境包括校园场地、校舍建筑、设施设备、绿化美化、馆室建设、内外装饰、室内陈设、园林建筑小品、现代技术装备等。它们是通过有序管理来体现和谐的。人文环境，包括办学理念（教育观念、办学目标、培养目标、办学特色），运行机制（管理模式、规章制度、监督评估），人文精神（校训、校风、教风、学风建设和文化体育艺术活动等），它们是通过内在、本质、构成性的关系来体现和谐的。和谐校园建设的核心是协调校内外的各种关系，通过构建和谐校园，大大提高学校的内在凝聚力、外在吸引力和向心力，营造良好的育人环境，提高人才培养质量，保证学校全面协调可持续发展。

目标的提出是建设和谐社会的需要。一个良好、平安、和谐的校园对社会起着示范作用和服务社会的功能作用。建设和谐校园，一要发展，不发展谈不上和谐；二要依法治校，依法治教；三要以人为本，即育人以学生为本，办学以教师为本；四是改善条件，提供良好服务；五要整治环境，做到优雅宜人。

和谐的校园，必然具有和谐的校园文化。这是一种巨大的无声的力量，是最优秀的隐性课程，它可以陶冶学生的情操、启迪学生心智，促进学生德智体美的全面发展。和谐校园建设是团结协作、积极向上、充满生机与活力的一种文化建设，是以人为本的校园人文建设，是一种理想的、健康的、科学的精神建设。美化校园、丰富师生的文化生活的校园文化生活建设理念，应该以创建和谐社会、安全文明校园为目标，加强综合治理宣传。建设和谐校园，应该以校风校貌为突破口，构建良好的校园环境，绿化校园、加大治理宣传，加强学校及周边治安综合治理工作，标本兼治，营造平稳、有序的育人氛围。

校园文化的形成过程，是一个不断积累的内化和外化交互作用的过程，需要全体师生员工的认同和外界的认可。校园的和谐稳定，是保证学院教学、科研、生活等方面正常进行的前提和保障。

和谐校园与校园清洁是紧密结合在一起的。要加强对校园物质环境的规划，根据学校的传统和培养目标建设品质高雅的人文景观，用优美的校园环境激发师生员工对学校的热爱之情。要增强环境保护意识，使师生员工认识到没有环境便没有教育和环境育人。营造积极高雅向上的校园文化环境，对学生素质的提高和全面发展起着不可替代的作用。

三、实施校园清洁工程，推进校园和谐发展

实施校园清洁工程，建设和谐校园，关键在落实。应该指出，虽然我院在环境建设中取得较好的成绩，但离上级的要求和与兄弟先进院校相比，还有很大的差距。如在环境方面存在的突出问题有：一是环境卫生清洁体制还存在漏洞，还有不少的卫生死角；二是有些地方还存在脏乱差的现象；三是乱扔纸屑、乱扔垃圾的现象还时有发生等，这些问题的存在，既影响了环境清洁，又影响了校园和谐发展。解决这些问题，就是要认真实施校园清洁工程，建设和谐校园。因此，学院以创建和谐社会、安全文明校园为目标，加强综合治理宣传，加强学校及周边治安综合治理工作，标本兼治，营造平稳、有序的育人氛围。我们把开展"校园清洁工程"当作一件大事来抓，把该项工作提高到培养文明人，构建和谐社会、和谐校园的高度来认识，积极投入"城乡清洁工程""校园清洁工程"活动中去。各职能部门领导要真抓实干，真正负起责任来，认真整治我校的卫生死角，积极配合社区搞好校园周边的环境卫生。全院师生员工都要自觉地按照安排和要求，结合本职工作，做好每一项工作。强化师生员工的清洁卫生意识，把和谐校园建设和"城乡清洁工程"有机地结合起来，使得校园更加整洁美丽、平安和谐。

实施校园清洁工程，推进校园和谐发展，必须突出几个"新"。

（一）要有新的理念

要提高认识，树立教育新理念。要把校园清洁工程提高到环境建设、校园文化建设和构建和谐社会、和谐校园的高度来认识。树立以人为本、"一切为了学生，为了一切学生，为了学生一切"的理念，增强服务意识，做到"教书育人，管理育人，服务育人，环境育人"。利用有限的教育资源，提供优质的服务。

（二）要有新的目标

积极开展清洁工程活动，使之形成"绿色、环卫""人人动手、个个有责"的良好卫生氛围，有力推进校园的和谐发展。要向新的目标看齐，如创"自治区卫生学校""自治区文明学校"的目标。要认真贯彻《中华人民共和国食品卫生法》及《学校卫

生工作管理条例》，按照上级的要求，加强对食堂、小卖部的食品卫生和环境卫生的管理。对食堂周边环境要随时清扫，保持干净，达到无污水、无粉尘、无杂草、无"四害"的要求。严把进货渠道关，学生饮用水、食堂食用水要保安全、保卫生，使食堂、小卖部环境卫生和食品安全卫生得到保障。做到学校卫生管理组织和制度健全，保洁制度、宿舍卫生制度、教室卫生制度、食堂卫生制度、厕所卫生制度、预防传染病制度、突发公共卫生事件报告制度健全，所有制度上墙并得到贯彻落实。只有高的目标，才能达到应有的标准。

（三）要有新的机制

清洁工程的实施，不但要发动群众干得轰轰烈烈，而且要建立一个长效机制。"城乡清洁工程"是一项长期的工作，学院要制定卫生工作的长效机制，包括建立健全监督、管理、激励在内的工作责任制。

进一步强化德育工作，优化校园环境，着力营造和谐向上的育人氛围。进一步加大督查力度，逐步形成长效管理机制。坚持每月开展一次以上的全面清洁卫生运动，逐步建立完善多部门快速联动机制，采取定期检查和突击检查、明查和暗访相结合的方式。不能仅仅头痛医头，脚痛医脚，要有新的行为。要教育同学们从我做起，从学习、生活细节开始，树立文明、卫生的理念，共建绿色和谐的节约型校园。如开展以"清洁校园"为主要内容的文明修身活动，旨在强化大学生文明意识，培养从我做起，从身边小事做起的良好习惯。

（四）要有新的措施

实施城乡清洁工程，是检验干部作风、领导班子执政能力的一个有效标志。深入实施"城乡清洁工程"，确实具有十分重要的意义。该工程，对群众是民心工程，对企事业是信心工程，对城市是管理工程，对发展是环境工程，对干部是作风工程。因此，领导干部要提高到这样的高度去真抓实干。要明确任务，落实责任；要按照自治区和百色市的部署要求，健全机构，落实人员和必要经费，为清洁工程提供有力机制保障。逐步制定完善各种规章制度与实施细则，使清洁卫生管理工作制度化、规范化、经常化。

（五）要有新的评价制度

在实施清洁工程中，要做好督促检查，考核评估，奖罚并举。对优秀单位的评比实行卫生一票否决。对卫生不达标的单位，责令其限期改正。

(六)要有新的投入

"校园清洁工程"是一项长期性的任务,要整合财力资源,千方百计筹集资金,加大公用设施建设和维修的投入,增加环卫设施和设备。在此基础上,不断完善环卫硬件设施,搞好校园绿化和美化工作。

校园清洁工程工作艰巨,工作繁重。让我们把思想和行动统一到自治区党委、政府的统一部署上来,振奋精神,坚定信心,强化措施,持之以恒地做好各项工作,为建设和谐校园、和谐社会,为促进广西的经济发展和社会进步做出应有的贡献。

1.5　高校领导干部如何讲政治[1]

高校领导干部要做到讲学习、讲政治、讲正气。"三讲"中，讲学习是前提，讲政治是关键，讲正气是保证。"三讲"是紧密相连和相互统一的，核心是讲政治。

政治的内涵是什么，为什么要讲政治？这是每个党员干部都要弄清的问题。下面，我就这些问题谈谈自己的认识和体会。

一、讲政治的内涵

什么是政治？所谓政治，就是一定的阶级或社会集团，基于其根本利益，调节与其他社会力量的关系，谋取和维护国家政权，并运用政权治理国家和社会的全部活动；也可以引申为政党、政府在国家生活、政治关系方面的大政方针，或者说，整个社会和国家发展的大局。

由政治的内涵可以知道，政治调节和规定着不同类型人们的利益关系，关系到国家政权和社会制度的性质，决定着一个社会、一个民族的发展方向。马克思主义历来强调政治的地位和作用，我们党向来善于从政治高度思考和把握问题。一个政党，如果不讲政治，离开了自己的政治纲领、政治路线和政治目标，也就不是一个政党了。《中共中央关于在县级以上党政领导班子、领导干部中深入开展以"讲学习、讲政治、讲正气"为主要内容的党性党风教育的意见》总的要求是推动县级以上党政领导班子和领导干部深入学习邓小平理论和党的十五大精神，提高政治素质、加强党性修养、端正思想作风，增强在改造客观世界的同时改造主观世界的自觉性，从而在提高干部素养的学习中加强党的团结，在认真实践全心全意为人民服务的宗旨、大力弘扬求真务实言行一致的优良作风等方面收到实际效果。这些方面，都与讲政治息息相关。在讲政治的问题上，江泽民总书记多次强调"领导干部一定要讲政治"，明确指出"我这里所讲的政治，包括政治方向、政治立场、政治观点、政治纪律、政治鉴别力、政

---

[1] 本文系作者1999年9月在学校党委中心学习组"三讲"教育学习会上的发言。时任校党委副书记。原载于《右江民族师专校报》1999年9月24日第3版。

敏锐性"。我们讲的政治，是"讲马克思主义的政治，讲建设有中国特色社会主义的政治，讲实现维护和发展人民群众根本利益的政治"。这就是我们讲政治的内涵所在。

二、讲政治的重要性和必要性

（一）确保中国共产党人奋斗目标的实现必须讲政治

中国共产党的建立，本身就是一个重大政治事件。党从她诞生那一天起，就高举反帝、反封建、反官僚资本主义斗争的大旗，领导中华民族为推翻"三座大山"、创建新中国进行了艰苦卓绝的斗争。中国共产党成立之后的历史，首先就是从事政治斗争的历史。为了实现党的奋斗目标，我们党开创了一条在农村建立革命根据地和以农村包围城市，最终夺取政权的道路。在广西右江，邓小平、张云逸领导的百色起义的成功极大地鼓舞了右江地区的群众。在以前，很多右江的农民都当过赤卫军。红七军队伍扩大到近万，优秀壮族儿女跟随红七军北上。为什么我们的革命得到民众的拥护？这是因为党的利益与人民的利益是一致的。当时最大政治就是武装夺取政权，推翻"三座大山"，因而得到人民的支持和拥护。二十八年的新民主主义革命的胜利，说明了中国共产党创造性地运用了马列主义的基本理论，把它同中国革命的具体实践相结合，形成了毛泽东思想，找到了夺取中国革命胜利的正确道路；说明了中国共产党是全心全意为人民服务的党，是敢于并善于领导人民百折不挠与敌人斗争的党；说明了中国共产党有一支讲政治的人民军队。由此可见，新民主主义革命的胜利关键在于有一个毛泽东思想指导下的讲政治的党和一支讲政治的人民军队。

党完成了新民主主义革命的任务和奋斗目标后，党的最大政治是什么？毫无疑问，党在夺取政权后从农村进入城市，最大的政治不再是武装斗争，而是把工作重点转移到现代化建设上来。新中国成立后的一段时间，我们正是这样做的，后来在探索社会主义道路的过程中，我们走了一些弯路。党的十一届三中全会后，我国进入了以改革建设为主要特征的新的历史时期，产生和形成了邓小平理论，这是马列主义的普遍真理同中国革命具体实践相结合产生的"第二次飞跃"。围绕"什么是社会主义，怎样建设社会主义"这一主题，我们党把工作重点转移到现代化建设上来，邓小平指出"把社会主义现代化建设作为最大的政治""解放思想是当前一个重要政治问题"，同时强调，中国实现四个现代化，必须在思想政治上坚持四项基本原则；坚持"一个中心，两个基本点"是党的基本路线，这个基本路线是党在社会主义初级阶段的奋斗目标，就是新时期要讲的最大政治。

(二) 建设社会主义现代化必须讲政治

社会主义现代化建设要有强有力的政治保证条件，最主要的是要有坚固的政治保障。首先，我们坚持党的基本路线一百年不动摇，就是高举邓小平理论的旗帜不动摇。旗帜就是方向，旗帜就是形象。为经济建设和社会发展提供政治保证，第一位是方向的保证。领导干部讲政治，最重点最根本的就是坚持社会主义方向。因此，我们要全面贯彻执行建设有中国特色社会主义理论和党的基本路线。其次，搞好改革、发展、稳定三者的有机统一。在高校，我们把学校搞好，就是为改革、发展、稳定做出自己的努力。再次，坚持全党思想上、政治上的高度统一和组织上、行动上的高度一致。面对着改革的攻坚阶段，我们应该在行动上认真执行中央的方针政策和决策，维护大局，以实际行动为推进改革开放和社会主义现代化建设提供重要的政治保证。

(三) 在错综复杂的国际环境下必须讲政治

当前世界出现了政治格局多极化、全球经济一体化的趋势，和平与发展仍然是世界两大主题。冷战结束后，霸权主义和强权政治依然存在，以强凌弱。我们坚持社会主义，就是对世界进步潮流的鼓舞和支持。在这样的形势下，我们必须讲政治。在国际关系的原则问题上一定不能含糊，在思想上、政治上牢牢把握主动权。

(四) 提高干部队伍的整体素质必须讲政治

一支高素质的干部队伍，是事业成功的关键。我们干部大多数是好的，但尚有相当一部分干部的素质存在着这样或那样的不适应，有些还存在相当突出的问题。如理想信念动摇，政治观念淡薄，个人利益严重，作风漂浮，更有甚者，贪赃枉法，索贿行贿。这些问题出现的原因，就是不讲学习、不讲政治、不讲正气，不注意提高自己的思想政治素质，头脑中缺乏马克思主义和社会主义的政治，放松世界观改造和党性锻炼。大量事实证明，加强党的建设，关键是抓好领导班子和干部队伍建设，而关键则在于抓好思想政治建设。因此，讲政治是加强干部队伍的迫切要求，是提高高校领导干部素质的需要。

三、高校领导干部如何讲政治

(一) 树立坚定的理想和信念，坚持社会主义办学方向

坚持辩证唯物主义和历史唯物主义，这是任何时候都不能动摇的。高校领导干部

应该努力成为马克思主义的政治家和教育家，站得高、望得远，对社会主义、共产主义的信念要坚定不移，要坚持社会主义办学方向，坚持德智体美全面发展的教育方针，全面推行素质教育，把学生培养成为合格的社会主义事业建设者和接班人，这就是政治。

教育改革是我国改革开放事业重要的组成部分，深化教育改革，推动学校的发展，提高办学质量和办学效益，这是全新的事业。每个改革的推进，改革的深入，我们都应该站在党和人民的立场上。我们办事情、想问题，都应该自觉地把"人民拥护不拥护""人民赞成不赞成""人民高兴不高兴""人民答应不答应"作为出发点和落脚点，要站在全心全意为人民服务的公仆立场上，为人民多办实事。

在学校工作中，我们要坚定不移地高举邓小平理论的伟大旗帜，把握正确方向，用马克思列宁主义、毛泽东思想、邓小平理论武装青年学生，帮助青年学生树立建设有中国特色社会主义理论，坚持党的基本路线不动摇的信念，确立正确的世界观、人生观和价值观。把他们培养成才是我们的责任，也是对高校领导干部讲政治的要求。

（二）认真贯彻执行党的路线、方针、政策，保持政治上的清醒和坚定

工作中要全面贯彻"一个中心，两个基本点"的基本路线，全面推进学校改革和发展。要把中央的精神和本地、本校实际紧密结合起来，深入了解本地、本校的特点，力戒主观主义和形式主义。我校是一所民族师范高等专科学校，在办学上具有高教性、示范性和民族性的特点，因此，改革要本着"解放思想、实事求是"的原则，从实际出发，确定教育改革和发展思路。前不久，教职工代表大会通过的"在下世纪初，把我校办成一所本科民族师范学院"的思路是可行的，符合国家关于"二级示范体系"的要求，其实现的关键在于自己的努力。在学校的发展过程中，只有认真贯彻党的路线、方针、政策，保持政治上的清醒和坚定，不偏差、不偏移，少走弯路，勇于进取，学校的改革才能健康地发展，预定的目标才能实现。

（二）发挥思想政治工作的优势，加强社会主义精神文明建设

抓好思想政治工作是我们的优良传统，是我们的一大优势，绝不能丢掉。讲政治，就是要发挥思想政治工作的优势，加强政治思想教育，防止忽视思想工作的倾向。多年来，我校在对学生进行爱国主义、集体主义、社会主义教育方面取得了显著成绩，应继续发扬。但我们的工作还有许多不足，还有待完善。作为高校领导干部，我们有责任抓好思想政治教育工作，对坚持以德育为首、以人为本、以教学为中心达成共识，努力推进思想政治工作的科学化、规范化和制度化。10年前，一代伟人邓小平就告诫说："十年来最大的失误就是教育，我这里说的是政治思想教育。"江泽民总书记在谈到素质教育内涵时强调,"要说素质,思想政治素质是最重要的素质"。在一些青年学生中存在的拜金主义、追求享乐、道德滑坡,应引起我们的高度重视,我们应加强对其进行相关的教育。

怎样发扬思想政治工作优势,加强社会主义精神文明建设呢?其一,抓好"两课"、抓好邓小平理论的"三进",使邓小平理论入眼、入耳、入心。其二,抓好日常的政治思想教育工作。其三,继续开展"建文明校园,做文明学生"活动。其四,活跃校园文化。其五,树立全员育人意识,开展全面的思想政治教育工作。

(四)为人师表、爱岗敬业,全心全意为人民服务

讲政治,就要全心全意为人民服务。在高校,那就是为师生着想,热爱学生,投身于教育事业之中,为师生员工办实事。如果我们不能做到有所作为,只想名利地位,追求舒适享受,那就会迷失方向,就会忘记党的宗旨。如果思想松懈,就会多讲实惠,多考虑自己,就放松了世界观的改造,思想就会发生质变。因此,高校领导干部要严格要求自己。

学校是神圣的地方,我们要使这块净土不断净化,让文明之花永远开放。教师是为人师表的,高校领导干部更是榜样中的榜样,所以高校领导干部必须身体力行。在新的形势下,高校领导干部要讲学习、讲政治、讲正气,改造主观世界,要在全心全意为人民服务上下功夫,强化公仆意识,做人民的孺子牛。一事当前,首先要为党的事业、人民的利益着想,在提高自觉性上下功夫,为学校、为国家、为社会、为人类多做贡献。

(五)搞好领导班子建设,提高干部队伍素质

讲政治,就是对各级领导干部提出更高更严的要求。讲政治,就是要搞好领导班子建设,使之成为坚强的战斗堡垒,成为团结带领群众奋发向上的核心。党员领导干部的素质,大致由理论、文化、业务、政治因素构成,其中最重要的是政治素质,它是成为高素质领导干部的先决条件。

高校党政领导班子和领导干部一定要讲政治,要把自身建设好,把干部管理好。从我校情况来看,总体是好的,但也存在着这样或那样的问题,需要我们从讲政治的高度加强领导班子的建设,对干部进行"严格要求、严格管理、严格监督",不断提高干部队伍的政治素质和整体素质。

(六)按党章办事,严格遵守党的纪律,坚持和健全民主集中制

一是在讲政治纪律中,高校领导干部要带头学好党章,遵守各项规定,并负责在

本组织中贯彻党章，站在全党利益的高度，同一切违反党章的现象作斗争。二是坚持和健全民主集中制。科学严谨地体现民主集中制原则的基本精神和基本要求，是我们党对民主集中制理论和实践的一个新发展，高校领导班子要认真贯彻民主集中制原则，坚持党委领导下的校长负责的重大问题和重大事项，必须经过党委会集体研究决定，然后由党委或行政组织实施，党委要按有关规定明确职责，支持校长行使行政工作的指挥权，不包揽具体行政事务。这内涵要弄清楚，规定要执行，关系要理顺，这是我们事业顺利进行的保证，一定要贯彻执行。三是在维护政治纪律中，要坚决反对自由主义，增强纪律观念，维护党的团结。领导干部要做到"慎独"，即在无人监督的时候，也能自觉地执行党的纪律，保持较高的思想境界。通过"三讲"、通过学习党章加强思想政治教育，解决"不想腐败"的问题；加强民主监督，解决"不敢腐败"的问题；加强制度建设，解决"不能腐败"的问题。

（七）高校领导干部讲政治要体现在自己的日常学习、工作和生活中

"三讲"就是要具体落实在行动上，讲政治就是在日常学习、工作和生活中体现出来。一个人的能力有大小，领导干部所负担的工作也不一样，但讲学习、讲政治、讲正气是一样的。领导干部的工作与大局有关，与方向、与党的形象有关。师范无小事，事事是楷模。讲政治，不是讲在嘴上，而是落实在行动上。其实，我们每天日常的学习、工作、生活都要与讲政治相关。"小节无过""小节无所谓"的思想是要不得的。不严格要求自己的干部，就容易摔跤；只有严格要求，只有讲政治，才使"讲学习"深入持久，才能保持正气。通过"三讲"，使自己在思想上有明显提高，政治上有明显进步，纪律上有明显进步，意识上有明显增强，作风上有明显转变，永葆共产党员的青春，为党和人民多做贡献。

1.6　以改革精神谋划学院新发展[①]

2008年春节期间，胡锦涛总书记在视察广西、视察百色时，强调在继续解放思想上迈出新步伐，这对广西当前的各项工作具有十分重要的指导意义。自治区党委决定在全区开展继续解放思想的大讨论活动，非常重要、非常及时。我们如何在新的历史起点上，继续解放思想，坚持改革开放，推动科学发展，促进社会和谐，推动学院又好又快发展，这是我们面临的新课题。

一、在新的起点上谋划新的发展

胡锦涛同志提出"努力在继续解放思想上迈出新的步伐"的要求，就是向全党发出号召，要继续解放思想，在新起点上谋划新发展。我们现在正处在历史的新机遇中，就广西来说，全区经济发展实现了"六个首次突破"，标志着广西经济发展上了一个新台阶。党中央、国务院重视广西发展，胡锦涛同志视察了广西，国家出台了《广西北部湾经济区发展规划》，说明北部湾经济区发展已上升为国家战略，这是新的起点、新的机遇。就百色学院来说，升本已两年，学院完成了专升本的转变，建立了本科院校正常的教育教学运行机制，这也是新的起点、新的机遇。目前，我们考虑的应该是如何建设创新校园、和谐校园，如何实现学院第一次党代会提出的建设区域性中心本科院校的目标，各项工作如何达到教育部本科教学水平合格评估的要求。在新的起点上进行思想大讨论，抓住大机遇，促进大发展，这是新的课题。我们每个人都要反思，都应积极进取，都朝共同的目标促进学院的发展。

二、新的思想解放要促进大发展

继续解放思想，就要做到求真务实。我们要克服因循守旧观念，强化改革创新意

---

① 本文系作者2008年3月5日在校党委中心学习组会上的中心发言。原载《百色学院报》2008年第1期。时任校党委委员、副校长。

识,克服自满保守思想,增强危机忧患意识,进一步转变发展理念,完善发展思路,创新发展举措。如果我们思想不解放,只一味对过去的工作成绩津津乐道,那就会拖了改革的后腿。改革向纵深发展,势必遇上这样或那样的问题。我们要努力学习新的东西,学习科学理论,学习业务知识,在实践中学习,在实践中摸索,向先进学习,善于了解外面的世界,学习兄弟院校办学先进经验。党中央提出和谐社会的理念,科学发展观的思想和全面建设小康社会的目标,其最大意义就是解决公平、正义的问题。公平、正义既是第三阶段改革的目的,也是中国改革的最终目的。推动这场宏大的改革,需要答复"究竟为了谁,为了什么"的问题。我们最终目的只有一个,即让中国人活在一个公平、正义、和谐的社会中。我们发展教育,加快我院建设,目的也是落实优先发展战略、人才强国战略和科教兴国战略,促进社会进步和经济发展。一句话,为了促进教育公平,为了实现和谐社会和小康社会的目标,我们要在全国、全区一盘棋上考虑问题,把培养更多更好的社会主义现代化事业的建设者和接班人作为根本任务,树立全局观念,顾全大局,从大局出发,从全局、整体上看问题、想方法,把学院列入社会的发展规划中,促进学院大发展。

三、解放思想要促进新思维方式的变革

我们要结合学院实际,冲破传统思维方式的束缚,革除体制机制的弊端,使一切创新观念得到尊重,创新知识得到承认,创新举措得到鼓励,创新成果得到肯定,这样创新才能得到发展。在新的历史起点上继续解放思想,既要打破思想禁锢和思想局限,又要重于思维方式的变革。我们有时候习惯于按经验办事,习惯于片面思维,墨守成规,往往遇上了新问题就不知所措。新的思想解放要有新思维、新理念、新思路、新措施。我们应该明确,改革永无止境,要坚持冲破一切妨碍发展的旧观念,坚持革除一切影响发展的体制弊端,使思想有一个大的解放。学校是产生新思想、出智慧、育人才的地方,理应在解放思想上有新的突破,理应在改革步伐上迈得大一些。

四、继续解放思想要有敢为人先的精神和争当一流的勇气

敢为人先、争当一流,这是改革精神和创新勇气。社会大发展必须以思想大解放为先导,我们要勇于变革、勇于创新。这几年,我们学院虽然发展较快,拥有了两个校区,升了本,开办了17个本科专业、39个专科专业,学生达到近6 000人的规模,学院的发展上了新的台阶,但与同类院校相比还有一定的差距。在全国700多所本科院校中,我们应该寻找自己的位置,找准自己的坐标。思考我们的专业是否有特色,

如何打造新的学科,如何办出自己的优势和特色等问题。特色是什么?特色就是竞争力,就是生命力;特色就是优势,就是质量,就是水平;特色就是人无我有、人有我优。我们要站稳脚跟,走内涵发展的道路,走具有区域特征的特色化办学之路,狠抓教学质量,丰富办学内涵,规范办学行为,提升办学品质。我们要继续解放思想,改革需要探索,需要试行,改革需要付出代价,多种利益之间可能会发生冲突。改革的重点是什么?就是要抓住发展不放松。只有发展,才能解决我们存在的问题;只有发展,才能在新一轮改革中站住脚跟。在发展问题上,如何做到科学发展,又好又快发展,如何围绕着高校培养目标,围绕着学校发展规划,围绕着本科教学水平合格评估建立良好运行机制,建立和谐校园,这是需要我们认真考虑的。我们要树立改革意识,吸引社会资金,解决经费的不足问题,解决高学历、高职称人才的应聘问题,解决学院的扩建和发展问题。别人能做到的,我们应该做到;别人做不到的,我们也应该做得到。只要有利于坚持办学的社会主义方向,有利于学院的建设和发展,有利于人才培养,我们都大胆干、大胆闯。解放思想,归根到底是把人的活力、创造力、各种潜能和聪明才能开发出来。

五、解放思想要实实在在地解决问题

新的思想解放,不能停留在口头上,要最终体现在工作作风和工作成效上,要体现在发展环境的不断改善上,要体现在办学质量上,要体现在每一个人的行动中。办学质量是高校的立校之本,是学校的生命线,提高教学质量是高校发展永恒的主题。就后勤保障来说,要树立全心全意为人民服务的思想,增强服务意识,切实转变工作作风,搞好优质服务;要推进后勤服务改革社会化的进程;要优化机制,建立高效的管理服务保障体系。树立"一切为了学生,为了学生一切,为了一切学生"理念,优化育人运行结构,营造良好的育人环境。

改革是永恒的课题,解放思想本身就是一个永恒的主题。一个地区、一个学校不改革,不继续解放思想就不会发展;一个人因循守旧,不学习、不跟上时代的步伐就会落伍。通过这次继续解放思想大讨论,增强我们的改革意识,以改革精神谋划学院新发展,才能加快学院改革和建设发展步伐。

1.7　新常态下要有新作为[①]

党的十八大以来，以习近平同志为核心的党中央从坚持和发展中国特色社会主义全局出发，提出并形成了"四个全面"的战略布局。在"四个全面"新常态下，基层党建如何适应新常态实现新作为，这是一个新的课题。3月9日，自治区党委常委、组织部部长周新建同志在自治区党委党校、广西行政学院春季学期开学典礼上的讲话，就深刻阐述了这个问题。听了周新建同志的讲话，我思想上得到很大的收获。

新常态下实现新作为，就要进一步增强使命感和责任感。基层党组织是开展"四个全面"战略布局理论学习和实践的组织者，责任重于泰山。在新常态下，党员干部必须坚持以人为本，始终牢记全心全意为人民服务的根本宗旨，站在人民的立场上把握和处理好改革涉及的重大问题，始终把实现好、维护好、发展好人民群众的根本利益作为思考问题和开展工作的根本出发点和落脚点，带领人民群众全面建成小康社会。要坚定理想信念，传递正能量。坚定共产主义理想和中国特色社会主义信念，是党的思想政治建设的核心内容，也是党员干部讲党性的精髓和灵魂。党员干部要在各项工作中发挥好带头、带动作用，加强党性修养，动员和激励身边的人员共同为实现中华民族的伟大复兴而奋斗终生。

新常态下实现新作为，就要立足于实干。习近平总书记告诫全党"空谈误国"，只有实干才能兴邦。基层党组织和党员干部要用实干兴邦的精神成就"中国梦"，推进"四个全面"。对历史负责、对人民负责，就要实干，而不能空谈。要以"踏石留印、抓铁有痕"的劲头，"喊破嗓子不如甩开膀了"。在民族复兴之路上，能留下怎样的印迹，不是取决于说了什么，而是踏踏实实地干了些什么。全面深化改革，需要我们有攻坚克难的勇气；全面依法治国，需要我们有勇于担当的精神。要有多一些抢抓机遇的主动意识，多一些勇立潮头的拼搏精神。实现新作为，作风建设永远在路上。"实干"就是不断凝聚力量，把老百姓的冷暖放在心上，想他们之所想，急他们之所急。诸如，高校基层党组织，要以全心全意依靠教职员工民主办学为核心，充分发挥广大教

[①] 本文系作者2015年3月参加中共广西壮族自治区委员会党校第3期自治区管理干部研修班（主体班）学习时的交流心得体会。原载广西区党校《新境界》第65期。时任校党委委员、副校长。

职员工建设学校的积极性、主动性、创造性,努力使学校制定和实施的各项方针政策和措施更好地体现师生员工的利益,不断推进学校各项事业的科学发展。中国梦,归根到底是人民的梦。党员干部心系百姓办实事,共谋伟业求实效,倾心聚力推动各项事业又好又快发展,真正为广大人民谋取福祉,这才是新常态下所具有的实干精神。

新常态下实现新作为,就要做到勇于创新。当年,25岁的邓小平在领导百色起义、龙州起义时,就从实际出发,运用实事求是的马克思主义思想路线,创造性地加强了左右江革命根据地的建设,开辟了一片新天地。今天,在新的历史时期,在"四个全面"新常态下,我们同样要大力弘扬创新精神,大胆创新思维方式,大胆创新管理方式,保持奋勇争先、敢争第一的激情,解放思想,实事求是,与时俱进,全面从严治党,加强党的建设,团结带领广大人民群众,凝心聚力,开创工作新局面。当前,我们广西遇上了好的机遇,基层党组织要认真学习贯彻习近平总书记参加广西代表团审议时的讲话精神,主动适应经济发展新常态,营造风清气正的政治生态,强化责任担当,创新争先,锐意进取,确保各项事业不断推向前进,把本地区本单位的各项工作搞得有声有色。

"四个全面"新常态下实现新作为,这是一种意识和境界,一种精神,一份责任。新常态,新动力。将责任扛在肩上,将工作做起来,将事情办得更好,这才是党员干部应该有的基本素质。

1.8 新时代要有新担当[①]

在学习贯彻党的十九大精神的过程中,我们在第一时间收看了十九大召开的实况直播,聆听了习近平总书记代表第十八届中央委员会向大会做的题为《决胜全面建成小康社会 夺取新时代中国特色社会主义伟大胜利》的报告,后来又把报告看了几遍,认真地进行了学习,提高了思想认识,觉得报告极具震撼力、穿透力、感召力,很感人、很振奋人心、很鼓舞斗志。我们一定要把学习贯彻党的十九大精神作为当前和今后一个时期的首要政治任务,在学懂弄通做实上下功夫,切实把思想统一到十九大精神上来,把力量凝聚到实现十九大确定的各项任务上来。

一、认真学习领会十九大精神,新时代要有新担当

党的十九大是在全面建成小康社会的决胜阶段、中国特色社会主义进入新时代的关键时期召开的一次十分重要的大会。十九大是党和国家事业发展史上的一个重大里程碑,是迈向中华民族伟大复兴的重要一步,在政治上、理论上、实践上取得一系列历史性成就,是我们党新时代开启新征程、续写新篇章的政治宣言和行动指南。大会通过了关于《中国共产党章程(修正案)》的决议,习近平新时代中国特色社会主义思想写入党章;大会选举产生新一届中央委员会和中央纪律检查委员会;党的十九届一中全会选举产生了以习近平同志为核心的新一届中央领导集体。这些重大理论创新的提出和形成,最根本在于有以习近平同志为核心的党中央的坚强领导,最关键在于有习近平总书记这个党的核心、人民的领袖。我们坚决维护、捍卫、追随这个党的核心、人民的领袖。

十九大报告是一个举旗定向、引领复兴、兴党强国的政治报告,必将指引我们胜利开启新时代中国特色社会主义的伟大航程。报告是新时代中国共产党人的"宣

[①] 本文系作者2017年11月2日在百色市社会科学界联合会学习党的十九大精神座谈会上发言的内容。时任广西特色新型智库联盟成员单位、广西高校人文社会科学重点研究基地老区精神与老少边区发展研究中心主任、教授、研究员。

言书",明确做出了"中国特色社会主义进入了新时代"的重大政治判断,郑重宣示了以习近平同志为核心的党中央坚定不移走中国特色社会主义道路的鲜明立场,具有重大政治意义;报告是中国人民团结奋进的领航灯,确立新时代中国特色社会主义思想为我们党必须长期坚持的指导思想,是理论上的重大突破、重大创新、重大发展,具有重大理论意义;报告是中华民族决胜全面小康、建设社会主义强国的动员令,以强大的前进定力、实践伟力规划了到2035年基本实现现代化、到21世纪中叶建成富强民主文明和谐美丽的社会主义现代化强国的总蓝图、总部署,具有重大实践意义。

学习贯彻十九大的报告,首先要认认真真、原原本本地学,要结合习近平同志在贵州代表团发表的重要讲话、在闭幕会上发表的重要讲话、在新一届中央政治局常委见面会上发表的重要讲话和党章修正案,坚持读原文、学原文、悟原文,完整准确地领会党的十九大提出的新思想、新论断、新要求,既要知其然,更要知其所以然,真正学通贯穿其中的马克思主义立场、观点、方法,真正学透洋溢在字里行间的中国共产党人的初心和使命。

学习贯彻党的十九大精神,必须站在新时代坚持和发展什么样的中国特色社会主义、怎样坚持和发展中国特色社会主义的高度,深刻理解把习近平新时代中国特色社会主义思想确立为党必须长期坚持的指导思想的重大意义。

要紧紧围绕习近平新时代中国特色社会主义思想这个主线,讲清楚党的十九大的鲜明主题,讲清楚习近平新时代中国特色社会主义思想的丰富内涵,讲清楚党的十八大以来党和国家事业发生的历史性变革,讲清楚中国特色社会主义进入新时代的重大意义,讲清楚我国社会主要矛盾变化的深远影响,讲清楚"两个一百年"奋斗目标,讲清楚坚定不移全面从严治党的重大部署,把广大干部群众的思想和行动统一到党的十九大精神上来。

新时代要有新气象,更要有担当精神,要有新作为。我们学习领会十九大的精神,就是立足本职,做好各项工作;我们要站在新的历史起点上,不忘初心,牢记使命,明确任务,负起责任,撸起袖子加油干,一步一个脚印,把每个阶段的任务完成好。工作做好了,那么,我们就离目标更近了。

二、用习近平新时代中国特色社会主义思想武装头脑

在高校,我们要用习近平新时代中国特色社会主义思想武装青年大学生头脑,立德树人,把他们培养成为德智体美全面发展的社会主义现代化事业的建设者和接班人。学习贯彻党的十九大精神,最根本的任务就是学习贯彻习近平新时代中国特色社会主

义思想，深刻理解把习近平新时代中国特色社会主义思想确立为党必须长期坚持的指导思想的重大意义。习近平新时代中国特色社会主义思想是党的十九大报告的灵魂，是我们党划时代的重大理论创新，是马克思主义中国化的最新成果。从"八个明确"到"十四条坚持"，习近平新时代中国特色社会主义思想构成了系统完整的科学理论体系，深刻理解这一思想的时代背景、历史地位、科学体系、精神实质、实践要求，深刻理解贯穿其中的坚定信仰信念、鲜明的人民立场、强烈的历史担当、求真务实的作风、勇于创新的精神和科学方法论，我们才能把握其鲜明的继承性、创新性、时代性、指导性。

我们一定要认真领会、牢牢把握习近平新时代中国特色社会主义思想的精神实质和丰富内涵，积极做新思想的传播者、宣传者、践行者，着力抓好习近平新时代中国特色社会主义思想"进课程、进学科、进学术、进培训、进读本、进头脑"的问题。

青年是国家和民族的未来。"青年兴则国家兴，青年强则国家强。青年一代有理想、有本领、有担当，国家就有前途，民族就有希望。中国梦是历史的、现实的，也是未来的；是我们这一代的，更是青年一代的。中华民族伟大复兴的中国梦终将在一代代青年的接力奋斗中变为现实。全党要关心和爱护青年，为他们实现出彩人生搭建舞台。"作为一名教师，一名社会科学研究工作者，我们要在武装头脑、指导实践、推动工作上取得新的实效，激励青年发奋成才，报效祖国，这是我们应有的使命和责任。

三、认真落实党的十九大精神，办好人民满意的教育

党的十九大报告指出："建设教育强国是中华民族伟大复兴的基础工程，必须把教育事业放在优先位置，深化教育改革，加快教育现代化，办好人民满意的教育。"报告中的这句话，开启了加快教育现代化、建设教育强国的历史新征程。面对新时代，我们任重而道远。

我们每个教育工作者都需要在深入学习全面贯彻党的十九大精神过程中，认真学习习近平新时代中国特色社会主义思想，特别是习近平教育思想，用新思想指导今后教育事业的改革发展，以新思想指导新实践、引领新征程；优先发展教育事业，狠抓学习领会不放松、融会贯通不放松、实践转化不放松，把党的十九大精神、习近平新时代中国特色社会主义思想转化为优先发展教育的生动实践，把握教育历史定位，明确教育根本任务，理解教育本质要求，突出教育中国特色，推动优先发展教育事业。我们要按照党的十九大的要求，"加强师德师风建设，培养高素质教师队伍"，办好人民满意的教育，让改革发展成果能够更多更公平惠及全体人民，让每个孩子都能享有

公平而有质量的教育，系统推进育人方式、办学模式、管理体制、保障机制改革，使各级各类教育更加符合教育规律、更加符合人才成长规律、更能促进人的全面发展，为决胜全面建成小康社会，夺取新时代中国特色社会主义伟大胜利、实现中华民族伟大复兴的中国梦提供有力的人才支撑。

1.9 为评建工作和培养应用型人才做好后勤保障[①]

评建工作是学校教学水平合格评估的重要内容，培养应用型人才是新建本科院校的培养目标。评建工作是促进学校改革、建设和发展的关键环节。在评建工作和培养应用型人才工作中，做好后勤保障既是学校工作的重要组成部分，又是影响到全局的大事。

一、后勤工作在高校管理中的地位与作用

学校后勤管理工作是学校工作的重要组成部分，后勤工作的好坏直接影响学校教育教学工作的顺利进行。学校后勤工作是学校整体工作的一部分，它从一个侧面担负着全面贯彻党的教育方针，培养德智体美全面发展的应用型的各类建设人才的重要任务。

建设和创造良好的学习和生活环境，不断改善办学条件，完善教学设备，服务师生生活，为完成学校的教育任务和培养目标做出自己的贡献，使教育改革的步伐不断加快。而后勤工作的社会化、服务化的改革则是学校教育改革的重要组成部分。

学校是培养人、教育人的地方，多出人才、出好人才，是教育改革的根本目的。因此，学校的后勤工作必须围绕这个目的做好各项工作，为教育改革服务。可以看出，一是学校的发展离不开后勤工作。这几年来，我们学校各方面工作取得了长足的发展，实现了几个转变，上了几个台阶。其中2个食堂、6栋学生公寓获得了自治区标准单位，学校获得优秀卫生学校、后勤工作先进集体、广西森林校园、绿色大学、全区节水节电示范单位、全国节约型示范单位称号。二是后勤工作体现出党的宗旨和党的群众路线。关心学生就是关心群众，就是体现全心全意为人民服务的宗旨。三是实现了社会价值和个人价值的统一。这无不说明了后勤在学校工作中的作用是很大的。

[①] 本文系作者2014年8月24日晚在有142名干部职工参加的"总务后勤部门2014年暑假员工业务培训班"上作专题辅导讲话的主要内容。时任校党委委员、副校长。

二、高校后勤工作面临的机遇和挑战

1. 新形势给包括后勤工作在内的高校管理带来新的课题，可以从几个方面体现出来。一是"三个转变"，即低层次向高层次办学转变、封闭式办学向开放式办学转变、管理学校向经营学校转变。二是"三种模式"，即捆绑式专业建设模式、"订单式"人才培养模式、引入民营机制的经营学校模式。三是"三个跨越"，即多校区、多学科跨越，从一个校区、单个学科的管理到多个校区、多个学科的管理。四是"三个多"，即多元：本科、预科、高职、中职、留学生，还有附中、附小和幼儿园；多种方式：改变教育方式、管理方式、服务方式；多种状态：学校管理工作应由粗放、被动、散漫、自我中心状态向精密、主动、高效、服务的方向转变与发展。

2. 新形势新任务给包括后勤工作在内高教管理带来新的模式。新的管理模式是"人＋制度＋创新"模式，叫"通用管理模式"。人本管理使企业能够存在，制度管理使企业能够发展壮大，创新管理使企业经久不衰。企业管理是这样，学校管理何尝不是如此呢？

学校升本后要建立学校管理新模式，必须以更新管理理念为前提。要积极探索适应本科教育需要的校内管理模式，继续实施规范化、精细化和富于人性化的管理，以"教育就是服务"为基本理念，进一步完善、修订制度等，全面营造"校以育人为本、师以敬业为乐、生以成长为志"的办学氛围，着力建构现代管理模式。

受传统习惯和经验主义的影响，学校工作常常重管理轻服务。"管好学生"经常成为学生工作者的口头禅。在严格规章制度管理、强调自律与他律的同时，将管理变为更深层次的服务，真正把"管理育人""服务育人"落实到日常学生工作中去，扎扎实实地提高服务质量。

3. 后勤工作社会化给学生管理工作带来新的问题。高校后勤工作社会化，实际上是建立一种教育成本分担机制。目前，我国大多数高校实现了高校后勤工作社会化。高校按市场经济规律运作，开放学校市场，允许社会上的人员、资金、技术、设备开发校内市场，这些经营者进入高校市场的主要目的是盈利，而学生在缴纳各种费用的同时也树立了教育投资意识，对学校教学生活条件有了更多更高的要求，这就使二者容易产生矛盾。比如，学生宿舍管理实行公寓化管理后，不同年级、不同专业、不同班级的学生混合居住，就给学生管理工作带来了很大难度，以前按班级、院系管理的模式难以取到应有的作用。随着高校招生规模扩大，许多高校原有的校园难以满足学生的学习生活需求，各高校纷纷在原有校园外建设新校区，造成同一专业学生或者同一院系学生分开接受教育，严重冲击了以前按院系管理的模式。在这种新的形势下，探索新的学生管理模式将是学生管理工作面临的新课题,必须牢固树立以人为本的管理观念。

其一,转变管理理念,树立"以学生为本"的教育管理思想。以人为本是科学发展观的本质和核心,也是我们的执政理念和要求。牢固树立和落实科学发展观,必须把"以人为本"的理念贯穿到经济社会发展的各个方面。高校是培养高素质人才的基地,高校学生管理工作是实现这一目标的重要保证,作为高校管理工作的重要组成部分,它是一个学校管理水平高低的重要标志,也在很大程度上决定着学校综合水平和学生素质的高低。

创新高校学生管理,最重要的是转变学生管理理念,树立"以学生为本"的教育、管理思想,变管理为服务。首先,要树立服务意识,传统的大学办学理念强调的是对人学生进行严格规范的管理,学校各部门扮演的是管理者的角色,往往导致学生情绪上的对立。因此,要改变过去把学生管理工作看成"管理学生"的错误认识,变管理为服务。学生管理部门要培养"以学生为本"的服务意识,一切为学生利益着想,了解学生中存在的主要问题是什么,学生普遍关心的问题是什么,学生迫切需要解决的问题是什么。其次,要体现学生的主体地位。要根据"依法治校、科学管理"的要求,一方面明确地告诉学生,他们在学校里享有什么样的权利,在充分享有权利的同时不能忽视应尽的义务;另一方面,对学生的合法权益要予以维护,针对学生的决定,要做到程序正当、证据充足、依据明确、定性准确、处分恰当,学生对学校的处理享有陈述、申辩和申诉权,学校要有明确的程序并予以确保。

其二,高校管理的"以人为本"应该重点落实在学生身上。在目前形势下,在学生身上体现"以人为本"就是要全方位地关心学生、爱护学生,一切管理工作都要从学生发展的角度出发,提供必要的条件满足学生成长成才的需要;还要紧紧围绕学生就业,把增加和提高学生就业的数量和比例作为各项管理工作的重要目标。这就要求我们对长期以来所形成的管理学生的"定式"进行反思,关键是观念要更新。强调以人为本和学校的严格管理本身没有矛盾,但是如果墨守成规,始终坚持"老一套",在目前形势下就不一定行得通,甚至适得其反。现在,在学生管理上学校遇到的难题和挑战是很多的,问题就出在观念和方法上。迫切需要我们以学生为本,强化服务,科学管理,用心思考教育,用情感化学生。

其三,转变管理观念,增强为学生服务的意识,实现从单纯管理向服务管理转变。长期以来,由于高等教育管理体制上的原因,我国高校与学生之间形成一种过分依赖的主从关系,学校是主动的教育者和管理者,学生则是被动的受教育者和管理者,反映在学生管理工作中,就是力求通过各种规章制度来"管住"学生,以为学生受教育就应该以服从为主,对某些事关学生切身利益的事情关注较少,对学生的意见听取较少。随着我国教育体制尤其是高等教育体制的改革，高等教育市场化理论在我国也被更多人提了出来。既然高等教育走向市场，就要服从市场的运作规律。高校要在生源市场和就业市场上有一席之地就必须为学生提供高质量的教育和服务，为社会提供高素质的人才，必须不断地更新管理理念，提高服务质量，必须进行教育的改革特别是学生管理理念的改革。要实现从单纯管理向服务管理转变，单纯管理只是为管理而管理，为完成任务而完成任务，但对服务管理来说则是不同的。党的宗旨就是全心全意为人民服务，我们要当好"人民的勤务员"当好"后勤部长"。

管理有规律，管理重协调。管理水平应体现在提高处理各种利益冲突和内部矛盾的能力上，体现在理顺和理旺人的心气上。各项管理都要注意调动人的积极性和主观能动性，各项管理都要注意维护人的合法权益和切身利益。管理无小事，管理连人心，积极审慎的管理和高度人性化的管理本质上是一致的。因此，在学校升本后要建立学校管理新模式，必须以更新管理理念为前提。

三、高校后勤工作者应该具有的素质和能力

高校后勤工作者要努力做到"一二三四五"。一是一种精神：实干精神；二是两个基本点：服务与责任；三是三种素质：思想道德素质、业务素质、身心素质；四是四勤：手勤、眼勤、脑勤、腿勤，即本领和能力问题；五是五种意识：全局意识、服务意识、质量意识、节约意识、安全意识。这几个数字组合的体现，是由高校后勤工作的特点所决定的。

可以看出，后勤工作有事务性、服务性的一面，同时又有其思想性、教育性的一面。应该说学校后勤工作的好坏直接关系到学校能否保持正常的教育秩序，能否提高教学质量。学校的中心工作是教学工作。为教学服务、为师生生活服务是学校后勤工作的基本原则。要保证学校教学工作的顺利进行，不断提高教学质量，需要各方面特别是学校内部的各项工作的支持与合作，后勤人员要以主人翁的精神深入实际，主动服务，决不能等待配合、等待服务，要主动为教学劳作，为保证教学计划的完成提供有效的必要的物质条件。现代大学生需要的不是粗放型的管理者，他们需要的是思想品格的塑造者，灵活思维的点拨者。在学校里，后勤行政人员担负着管理育人、服务育人的重任，同时要关心师生生活，做好为师生生活服务的工作，尽量减少师生的后顾之忧，使他们能够集中精力搞好教学。因此说，为师生生活服务，也就是为教学服务。

1.10 弘扬伟大的抗战精神与办好人民满意的教育[①]

在新的学年到来的时候，我们纪念中国人民抗日战争胜利60周年，牢记历史、不忘过去、珍爱和平、开创未来，弘扬伟大的抗战精神，办好人民满意的教育，培养合格的建设人才，是很有意义的。

60年前，经过中华儿女的英勇斗争，无数人流血牺牲，终于取得了抗日战争的伟大胜利，这是世界反侵略斗争史上以弱胜强的光辉范例。贫穷、落后的中国战胜了貌似强大的日本法西斯，中华民族取得近代以来第一次反侵略战争和民族解放战争的彻底胜利。抗战的胜利，是人民的胜利，是正义的胜利，更是伟大抗战精神的胜利！抗战成为中华民族由衰败走向振兴的重大转折点。在抗日战争中，中国共产党以鲜明的态度、科学的方略、坚决的行动，始终站在抗日斗争的最前线，成为领导全民族团结抗战的中流砥柱，为民族独立和人民解放作出了巨大牺牲，赢得了各族人民的信赖和拥护。抗战胜利后，中国人民在中国共产党的领导下，仅用了短短几年时间，就彻底推翻了"三座大山"，建立了新中国，开辟了中华民族发展的历史新纪元，为实现中华民族的伟大复兴创造了前提条件。

什么是抗战精神？抗战精神就是体现中国共产党为国挺身而出的牺牲精神，勇敢杀敌、奋不顾身的战斗精神，无所畏惧、不屈不挠的英雄精神；是抗战中不分党派、不分老幼、不分南北，为国家和民族命运抗争的全民族认识上的高度统一，是不畏强暴、不屈不挠、前仆后继、同仇敌忾、追求民族解放的精神。具体表现为，万众一心、共御外侮的民族团结精神，天下兴亡、匹夫有责的爱国情怀，百折不挠的顽强意志，愈挫愈勇的必胜信念，不畏强敌、以死报国的民族气节，宁为玉碎、拼死奋战的英雄气概，联合世界反法西斯力量的国际友好合作精神。

抗战精神是以爱国主义为核心的民族精神的时代体现，是中国共产党团结带领全国各族人民实现民族独立和人民解放伟大斗争实践中的精神结晶。民族精神是在历史发展过程中形成的，是世代相传而不断发展的。抗战精神正是中华民族精神在

[①] 本文系作者2005年9月2日在百色市座谈会上的发言稿。时任校党委副书记。

抗日战争这个特殊的历史时期的体现。一个民族的兴亡，往往和这个民族能否坚持弘扬本民族的主体精神有着极其密切的关系。经历了数千年风雨沧桑的中华民族，在艰难崎岖的发展历程中，之所以始终立于不败之地，不断显示出顽强旺盛的生命力，就是因为我们有着优秀的民族精神作为自己生存和发展的强大的内在动力。抗战胜利的原因固然很多，但其中一个重要原因就是中国人民为抗战精神所鼓舞。

伟大的抗战精神，是中华民族源远流长的爱国主义精神在抗日战争中的升华，是伟大民族精神的具体体现。有了这种精神，就能自强不息、百折不挠，就能万众一心、众志成城，就能一往无前、不怕牺牲，就能压倒一切敌人、压倒一切困难、敢于斗争、勇夺胜利。这种精神，是中华儿女用鲜血和生命浇灌的精神之花，是中国人民敢于和一切敌人血战到底的英雄气概，是中华民族"富贵不能淫，贫贱不能移，威武不能屈"的浩然正气。这种精神，在民族优秀文化的沃土中孕育，在抗日战争血与火的洗礼中铸就，在全体中华儿女的团结奋斗中发展，是中国人民抗暴御侮的力量源泉。

在抗战中，右江儿女发挥了重要的作用，做出了重要的贡献，是中华民族抗战的组成部分。在八路军、新四军中，有百色的优秀儿女冼恒汉、欧致富、黄惠良、朱鹤云、黄新友、朱立文、谢扶民、阮平、李志明等担任旅团级指挥员率部与日寇浴血奋战；新四军第五师副旅长朱立文中弹牺牲，气壮山河；右江红军游击队组编两个团开赴抗日前线；广大青年学生参加抗日义勇军、学生军；不少志士在中国军队痛击日寇中光荣殉国；广大军民谴责日军飞机对百色等地的狂轰滥炸，积极发展生产，支援前方将士英勇杀敌；广西省立田西师范（右江民族师专前身）在抗日烽火中诞生，校歌中"以铁血主义培养卫国英雄""抗战胜，建国成"的歌词脍炙人口。所有这些，汇入了中华民族抗战的洪流中，体现了百色人民的抗战精神。

今天，中华民族用鲜血和生命铸就的抗战精神，仍然和井冈山精神、长征精神、延安精神、西柏坡精神一样，与百色起义精神一样，充满无限生机和活力，是值得我们永远继承和弘扬的宝贵精神财富和取之不尽、用之不竭的力量源泉。60年过去了，当我们以自强不息的姿态昂首迈入全面建设社会主义小康社会伟大征程时，深深感到抗战烽火所铸就的抗战精神，如日月经天弥足珍贵，值得中华民族世世代代发扬光大。我们要进一步弘扬伟大抗战精神，紧紧抓住战略机遇，加快发展。

伟大的事业呼唤伟大的精神，伟大的精神推动伟大的事业。面对新任务新要求，我们不能有丝毫的懈怠；面对新形势新问题，我们必须做好充分的准备和百倍的努力。实现既定的奋斗目标，更加需要我们大力弘扬伟大的抗战精神。

我们弘扬抗战精神，就是要大力发展教育，这是办好人民满意的教育的关键。胡锦涛同志参观纪念抗战胜利60周年展时，强调"要大力弘扬中华民族的伟大精神，抓住机遇，奋发图强，聚精会神搞建设，一心一意谋发展"。历史充分证明，发展才是硬道理，唯有发展才能强国家、兴民族。把伟大抗战精神化为振兴中华的实际行动，必须紧紧抓住发展这个第一要务，落后就要挨打，财大才能气粗。国强民富，说到底是经济实力问题；国际竞争，实质是经济实力的竞争、人才的竞争。而人才主要靠教育来培养，我们要树立科学发展观，树立"社会主义现代化事业必须依靠教育，教育必须为社会主义现代化事业服务"的思想，必须把实施科教兴国和人才强国战略摆在更加突出位置，做到全党办教育、全民抓教育，办好让人民满意的教育，满足人民群众的教育需求。教育发展的任务必须首先集中到这样两个方向上：一是努力克服一切困难，满足全体人民群众的子女有学上这一基本需求；二是要积极创造有利条件，满足广大人民群众对子女上好学这一强烈愿望。因此，我们要使教育优先发展的战略得到更好的落实，增加教育投入，引进国外优质的教育资源，加快教育改革开放进程，大力营造先进的文化氛围，缩小我国与教育发达国家的差距。当前，我们要积极创建百色学院，发展民族高等教育，为百色革命老区培育更多更好的建设人才，不断促进社会进步和经济发展。

我们弘扬抗战精神，加快教育发展，办好人民满意的教育，最根本的目的是培养更多更好的社会主义现代化事业建设者和接班人。我们弘扬伟大的抗战精神，就是以抗战精神激励学生，培养青年学生的爱国情怀。加强爱国主义教育，要突出青少年这一重点。对抗战胜利的纪念是进行爱国主义教育的良好机会，各级党委、政府和教育行政部门及学校都要充分认识新形势下进一步加强和改进青少年思想政治教育工作的重要性和紧迫性，增强历史责任感和使命感，坚定信心，狠抓落实，切实把青少年思想政治教育工作提高到新的水平。坚持弘扬和培育以爱国主义为核心的民族精神，使之成为中华民族自强自立、奋发进取、兴旺发达的永恒的历史主旋律。把伟大抗战精神化为振兴中华的实际行动，为经济社会发展提供良好的社会环境。保持团结稳定，实现发展振兴。抓住和用好重要战略机遇期，全面建设小康社会，构建社会主义和谐社会。要使青年学生进一步认识到，现在的幸福生活是无数革命先烈用热血和生命换来的，他们的大无畏精神永远激励着后人，永远值得我们学习。我们要努力贯彻党和国家的教育方针，实现"三个面向"，按照以人为本、促进人的全面发展的要求，始终牢记培养人这个教育的根本使命，培养具有创新精神和实践能力的全面发展的高素质人才。

我们弘扬抗战精神，就是要努力办好学校，依照依法治校、从严治教的要求，加强行风建设，端正办学思想，深化教育改革，实施素质教育，创建文明学校，提高教育质量和办学效益，实现教育行风根本好转，要坚持"巩固、深化、提高、发展"八字方针；坚持"两个为本"，即教育以育人为本、以学生为主体，办学以人才为本、以教师为主体；要求做到"四个统筹"，即要统筹规模、质量、结构和效益，统筹各级各类教育的发展,统筹区域和城乡教育,统筹教育改革、发展和稳定。实施"阳光工程""满意工程",一切为了学生的成人成才,把提高质量摆在突出位置,真正办成让人民满意的学校,办成让人民满意的教育。

1.11 优先发展教育与促进教育公平的探讨[①]

"优先发展教育、建设人力资源强国",是党的十七大确立的"加快推进以改善民生为重点的社会建设"中的首要目标。我们要认真学习贯彻十七大精神,以科学发展观为指导,保证教育优先发展的战略地位,认真落实促进教育公平的各项举措,努力发展好教育民生,致力建设社会主义和谐社会。

一、教育公平是社会公平的重要基础

1. 教育公平是和谐社会的重要内容

"教育是民族振兴的基石,教育公平是社会公平的重要基础。"什么是教育公平?教育公平是指每个社会成员在享受公共教育资源时受到公正和平等的对待。按教育公平实现过程,包含着教育的起点公平、过程公平和结果公平等三个方面。就是说,处于同一社会的个体,在入学机会、教育过程及受教育的结果上都应该是平等的,任何区别对待或条件不均等都被视为教育机会的不均等。教育公平属于社会公平的范畴,而社会公平历来是人们追求的理想目标。社会平等的重要基础是教育平等,实现教育公平直接关系到社会公平的实现,关系到社会主义和谐社会的建设。我们必须通过教育公平的实现促进社会公平的实现,促进社会主义和谐社会的建设。社会主义和谐社会是一个民主法制、公平正义、诚信友爱、充满活力、安定有序、人与自然和谐相处的社会,包括教育公平在内的公平正义是和谐社会内在的、基本的内容和核心价值理念。

2. 教育公平是构建和谐社会的重要途径

从构建和谐社会的理念出发,在当前以效率为基础的社会分配机制下,要实现以利益分配公平为基础的社会公平,就必须通过教育为人们提供改善自身知识能力素质和就业选择能力,进而改善收入水平的公平机会。一个人的受教育年限与收入水平相

[①] 本文系作者2008年8月20日参加广西区党校厅级领导干部自选培训"推进以改善民生为重点的社会建设"专题研讨班上的学习交流体会。时任校党委员、副校长。

关。因此，为每一个人提供公平的教育机会，是从根本上改善人们参与社会利益分配能力的前提和基础。教育被看作是实现社会公平"最伟大的工具"。通过教育提升素质，以改变社会境遇。教育决定着社会对未来的期望，教育不公将阻塞弱势群体改变命运的通道，损害公众对社会发展的预期，更容易使社会心理失衡，使现有的社会不公平程度加剧并使其范围扩大，衍生出社会冲突的不稳定因素。只有赋予每个受教育者相同的机会和权利，才能使社会成员自起点就感受和享有公平。教育是民生之基，只有促进教育公平，才能强化民生基础。

3. 教育公平是人的全面发展的客观要求

一个人的成长时间主要是在学校中度过的。人的全面发展和其所接受的教育有很大的关系，因此，学校提供的教育背景将直接影响一生的价值取向和目标追求。为此，构建公平的教育环境对推进社会公平无疑具有基础性作用。目前，由于种种原因，我国城乡之间、区域之间、学校之间办学条件存在较大差距，同时由于家庭经济收入差距，学生上学条件也很不平衡。为此，十七大报告不仅强调教育的公益性，加大财政投入，而且明确提出健全学生资助制度，保障经济困难家庭、进城务工人员子女平等接受义务教育，重点要提高农村教师素质，这些都是促进教育公平的重要保障制度。教育本身的公平对推进社会公平意义十分重大。没有平等的受教育机会，没有享受平等的教育资源，就不可能拥有平等的就业机会和平等的竞争平台。

二、目前影响教育公平的不和谐因素

我们知道，家庭环境、社会环境、学校环境是影响教育公平的三大因素。多年来，尽管我们下了很大的力气，优先发展教育，促进教育公平，但由于历史和其他原因，目前还存在着影响教育公平的一些不和谐因素。

1. 贫富差距加大导致未成年人受教育不平等

尽管现在教育收费较低，但对于一些经济困难的家庭来说仍然难以承受。农村教育投入和师资等严重不足，致使农村中小学生无法享受与城市学生同等的优质教育资源。有些边远山村小学，从一年级到六年级，始终是一支笔、一本书、一块黑板。同时，社会贫富悬殊拉开了城市阶层的距离，一些下岗职工和经济困难家庭的子女也无力享受优质教育资源。教育不公平现象主要表现为城市教育与农村教育的不公平、区域教育之间的不公平、学校教育之间的不公平、强势群体与弱势群体教育的不公平等。教育公平是社会公平的基础。无论是教育的机会公平，还是教育资源的配置公平，对每一个家庭和个人来说，往往都产生着重大的影响。群众反映强烈的"择校费""赞助费"等乱收费问题，归根到底就是教育存在不公平。

2. 传统政策导致弱势群体子女受教育不公平

据报道，2003年，全国随父母进城的6~14周岁义务教育阶段的适龄儿童约有643万，小学入学率约为85%，初中入学率仅为20%，在已入学的适龄儿童中，约有10%的学生因家庭困难而难以维持学业。近年来虽然有所改观，但一些离异的单亲家庭和经济困难家庭的子女，因保护缺位和教育管理不当，出现了失学、辍学，甚至误入歧途而走上违法犯罪的道路。

3. 区域教育之间的不公平

如东部地区与西部地区教育的不公平，目前东部某些地区和大城市的教育水平已接近发达国家的水平，而西部有些贫困地区仍未完全普及九年义务教育。由于我国经济社会发展呈现典型的二元结构，农村与城市、发达地区与欠发达地区的经济和社会发展水平很不平衡。区域社会经济发展不平衡的格局和发展模式，必然影响不同区域的教育发展水平。这种不平衡，一方面表现为因自然和历史原因造成的教育基础悬殊，城市"标志性学校"的办学经费与农村学校相比高出数倍甚至数十倍。地方越是发达，教育投入越多，教育发展越快；反之，贫困地区的教育发展相对比较缓慢。教育的"马太效应"凸显。不同家庭背景的子女在入学机会方面的差异一直存在，且受到教育政策的强烈影响。

4. 师资管理失当致使教育质量不均等

一方面，农村教师工资待遇较低，政策性的工资、医疗、住房等无法解决；另一方面，由于封闭和条件限制，农村教师难以及时接受进修和继续教育提高自身素质和水平，无法适应新课程改革实验的要求。于是，不少农村教师纷纷外流，一时无法调出的教师也无心任教，直接影响了教育教学质量，农村学生不能与城市学生同时接受均等的优良教育。

三、实施"民生工程"，促进教育公平

影响教育公平的不和谐因素及其表现，应该引起我们的高度重视。解决这些问题，需要我们站在优先发展教育的战略高度，实施"民生工程"，坚持用教育发展促进教育公平，这样才能从根本上解决教育不公的问题。

一是坚持用以科学发展观推进教育公平。用科学发展观统领我们的各项工作，坚持用教育发展促进教育公平，应该真正把优先发展教育作为加快推进"以改善民生为重点"的社会建设中的第一要事来抓。根据实际可能切实维护教育公平，真正做到以科学发展观为指导推进教育公平。加快教育事业发展，以发展求公平，通过科学发展解决前进中的问题和困难。当前，我国教育的基本矛盾是人民群众日益增长的教育需

求与教育资源特别是优质教育资源供给不足之间的矛盾。加快教育发展，扩大教育资源特别是优质教育资源的供给，为广大人民群众提供充足的、优质的、多层次、多样化的受教育机会，是推进教育公平的首要任务。从地域来看，一方面，要继续强化农村教育，坚持公共教育资源向农村倾斜，新增教育经费主要用于农村，大力发展面向"三农"的各级各类教育，加快解决农村教育发展水平、农民子女受教育质量明显低于城市的问题，逐步缩小城乡之间教育发展的差距；另一方面，要加大对中西部地区、贫困地区、边疆地区、少数民族地区和革命老区的教育扶持力度，缩小区域之间教育发展的差距。从学校来看，要加大对薄弱学校的支持和改造力度，从义务教育阶段学校合理均衡发展做起，推进各级各类学校协调发展，努力办好每一所学校，尽快缩小学校之间的差距。因此，我们要充分发掘和激发一切有利于教育发展的资源和积极性，以发展求公平，从而使教育事业在加快发展中取得均衡。

二是制定和落实好教育政策，坚持用惠民政策保障教育公平。把教育公平作为制定教育政策、加快教育发展的基础目标。在实施"民生工程"中，关键要把握好政策的落实。在重大教育决策时，应坚持深入调研，科学论证，广开言路，公开程序，接受监督，让广大群众有更多的知情权、参与权、监督权，特别是重点高中招生政策及时公开，全程接受监督。同时，要积极举办各类教育咨询展示活动，及时解答群众关注的疑难问题，真正做到人民教育人民办，人民教育为人民。在义务教育阶段实施"两免一补"，建立健全家庭经济困难学生资助政策体系，不让一个学生因为家庭经济困难而失学，这是促进教育公平的必然要求。要在完善政府教育投入稳定增长机制的基础上，健全财政转移支付制度，加大对困难地区和学校的扶持力度，加大对农村教育的经费投入，合理调整教育资源结构，使公共教育资源进一步向基础教育倾斜。逐步缩小城乡之间、区域之间、校际和群体之间的教育差距，普及和巩固义务教育，大力发展职业教育，不断提高高等教育质量，努力保障人民群众享有接受良好教育。这是教育起点的公平，也是最大、最重要的教育公平。

三是拓展困难学生的助学渠道，构筑教育公平环境。2007年以来，国家加大了推进资助制度的力度，如生源地贷款制度的实行，国家奖学金、助学金比例的扩大等，较好地缓解了部分学生的困难。但这还远远不够，学校也应创造条件开辟助学途径，如尽可能腾挪出一些服务性岗位，让学生在为他人服务的同时，既可锻炼自己，又可获得助学资金。高校国家助学贷款发放体系有待完善，目前各类院校隶属关系不同也导致助学贷款发放要求不一致。有的民族地区院校困难学生至今仍享受不到国家助学贷款政策的优惠。因此，我们要积极做好高校家庭贫困生助学工作，完善贫困生助学贷款发放机制，鼓励多渠道筹集教育资金，形成有效的贫困助学机制。从人群来看，要加大扶持弱势群体的力度，特别是扩大对贫困家庭学生的资助范围和力度；解决好农民工子女接受义务教育等问题;保障女童、残疾儿童、留守儿童的受教育权。从方式来看,根本在于加强制度建设。教育是面向所有人的,是为所有人举办并为所有人服务的。教育是"民生工程",也是"扶贫工程",对一个贫困家庭来说,如果孩子有出息、读书成才了,就可以改变这个家庭的命运。拓展困难学生的助学渠道,意义重大。

四是建立健全高校毕业生就业服务体系,实现公平竞争,切实解决大学毕业生就业难的问题。要把高校毕业生就业工作当作经济工作,通过缓解就业竞争,达到缓解升学竞争的目的。唯有这样,方能既治标又治本,从而从根本上解决教育乱收费和学生负担过重等社会热点问题。毕业生是人才资源的重要组成部分,是实现科教兴国、实现跨世纪宏伟目标的重要力量。补充高素质的高校毕业生,供需信息上网,使用人单位和毕业生实现网上交流,真正体现公开、公平、公正、自主的原则。

五是规范学校办学行为,提升教育的公平度。要加快教育现代化建设步伐,扩大优质教育资源的供给,实现创优创强、均衡发展、全民受益的目标,以缓解择校热。要确立教育均衡发展的理念,高位推进区域教育均衡化,努力缩小城乡、区域、校际和不同社会群体之间的教育差距。就广大中小学校来说,首先应坚持以提升服务质量、办好人民满意的教育为目标,以把握学校办学方向、规范学校办学行为、推进教育教学改革作为重点,更加重视质量提高和内涵发展,更加自觉地建设节约、环保、和谐、安全的校园。其次要强化学校民主管理,健全完善学校理事会、学校家长委员会等制度,为群众知情教育搭建多层面的平台,通过齐抓共管,促进家校和谐。坚持教育公益性质,加大财政对教育的投入,规范教育收费,扶持贫困地区、民族地区教育,健全学生资助制度,保障经济困难家庭、进城务工人员子女平等接受义务教育。加强农村师资队伍建设,提高农村教师队伍素质和待遇。这些新举措的出台,将会大大提升教育的公平度,充分体现了教育是民生之基,真正办好让人民满意的教育、让人民满意的学校。

1.12 谈高校系部领导应具备的六个意识[①]

系部是高校的二层机构，系部领导是学校的中层领导，在学校工作中起着举足轻重的作用。我认为，新办本科院校新任的中层领导，应该有下列六种意识。

一、本科意识

本科院校要立足于本科教育办学。因此，每个领导、老师都要增强本科意识。我们学校刚从专科升格为本科，原来基础是专科，虽然现在升了本，但是还带着专科的痕迹，要在几年内实现新的跨越，达到本科教学水平合格评估，必须要具有积极进取、勇于探索的精神，必须走向内涵发展的道路，必须有一个新的提升。本科教学水平合格评估，就是五年后学校办学达到国家要求的标准。这个过程就是提高的过程、发展的过程。我们要围绕学校的发展目标努力开展工作，要有只争朝夕的精神，争取让学校有个跨越的发展。今年是"十一五"规划的第一年，又是学校升本后的第一年，我们有了良好的开端，就要不断地加把劲，办事情想事情都要有本科的意识、大学的意识。如何在办学中不断提炼、提高、提升，达到新的水平、新的境界，这是每一位领导、每一位老师都需要考虑的问题。从我校的情况来说，本科意识就是发展意识。发展是党执政兴国的第一要务，发展是永恒不变的主题。我们要有创新发展理念，要始终保持与时俱进的精神状态，增强创新意识，提高创新能力，投身创新实践，切实办好这所老区人民的大学，办好让党和人民满意的高等教育。

二、角色意识

毛主席说过："正确的政治路线确定之后，干部就是决定的因素。"学校能不能办好，关键在领导，而系主任等系领导是关键的关键，起着举足轻重的作用。系主任是

---

① 本文系作者2006年11月30日受校党委托与部分新任中层领导集体谈话的主要内容。时任校党委委员、副校长。

一个系的主心骨，是带头人，我们要很快进入角色。系一级的事情办好，学校的工作自然就会办好。领导是什么？是责任，是肩上的担子，是历史赋予我们的使命。作为领导，首要任务是加强学习。理论是行动的先导，做任何工作都要将认真学习放在首位。只有确保理论上的清醒，政治上才能坚定；有了理论上的成熟，才有政治上的成熟。只有加强学习，政治上才能不断成熟。作为一个领导干部，在思想上、政治上要保持与党中央一致，要不断提高自己的思想理论水平和政策水平，有较强的综合素质包括政治、学习、工作等方面的能力。在其位，谋其政，这是责任感和历史使命。在领导的岗位上，我们要做到有所作为。做领导，就是要有担当精神，勇于挑重担，永远朝着既定的目标奋勇前进。

三、服务意识

"领导就是服务。"这是小平同志说的，我们应该时刻牢记。为人民服务是我们党的宗旨，我们一定要认真践行，把维护人民群众的根本利益作为我们工作的出发点和落脚点。要坚持立党为公、执政为民，坚持群众路线的观点，时刻为群众着想、为师生员工着想。服务意识其实就是宗旨意识。管理的本质是服务，就是通过管理给予他人服务，所以管理是手段，服务是目的。我们所有的工作，都是为了培育新人，都是为了学生，教育、管理、协调都是为学生学习服务。我们要为学生的利益、前途、健康成长着想，为受教育者提供优质的服务，提供优质的教育资源。

四、全局意识

做领导一定要识大体、顾大局，看问题、想问题、解决问题要从大局出发。这是领导者的基本素质。什么是大局？事关国家和民族的前途和命运，事关学校改革、建设和发展，事关师生员工的利益，就是大局。办教育，办学校，进行育人工作，这是神圣的事业，这是一个系统工程，光凭一两个部门和几个人是不可能办得到的，必须是全校一盘棋。我们一定要站在党和人民的立场上，站在学校的整体利益上，站在人民群众的根本利益上想问题、办事情。俗话说，站得高才能望得远。就管理学来说，学校管理有内部规律和外部规律、目标管理和战略管理之分，作为系部领导，需要有大局、全局的观念，这样才能把学校工作搞得更好。

五、质量和效率意识

办学就是要讲究质量，工作要讲究质量，没有质量的服务就是空洞的东西，没质量的教学是误国误人的事情。育人不仅是系统工程，还是一个复杂的过程。质量问题是一个重要的问题，抓教学质量，是永恒的课题。质量和效率，要成为我们的观念。办事要讲究效率，我们办学也要讲究效率。公平与效率，永远是人们追求的目标。

六、廉政意识

勤政廉政是对领导干部的基本要求。廉洁自律、严于律己，警钟长鸣。在座的都是副处级以上的领导干部，我们要坚持"权为民所用、情为民所系、利为民所谋"，为群众诚心诚意办实事，尽心竭力解难事，坚持不懈做好事。"勿以恶小而为之，勿以善小而不为"，这是做人的道理，对领导干部尤为重要。领导干部要做到慎独，就是说，在别人看不到时、自己独处时，仍然保持那么一种良好的状态，这是一个领导干部的品德行为。

第 2 辑　教学改革篇

深化教学改革，不断提高教育质量，积极为民族地区培养更多更好的优秀人才，是民族教育必须坚持的方针。教学改革是教育改革的核心，是人才培养的关键所在。本辑的《教育必须要创新——学习江泽民同志关于教育问题谈话有感》提出了教育改革这一永恒的课题；《谈本科课堂教学的智慧与创新》《谈谈民族师专的办学特点》阐述了民族高等教育改革的路径；《谈大学精神》《再谈大学精神》阐述了民族高等教育必须弘扬的科学精神；《论积极推进民族传统体育运动的开展》《对艺术教育的见解》《论大学生军训》等，提出了高等教育管理的几个专题研究问题。

2.1 教育必须要创新①

——学习江泽民同志关于教育问题谈话有感

江泽民同志关于教育问题的谈话高瞻远瞩，立意深远，切中时弊，发人深省，在教育方针、教育思想、教育内容和方法、人才培养目标、成才途径等重大问题上，提出了科学、独到的见解，这对全面贯彻党的教育方针，推动我国教育改革和发展不仅有很强的现实指导意义，而且必将产生深远的历史影响。

谈话深刻地阐述了以江泽民同志为核心的党的第三代领导人亲民的教育思想，为全党、为全社会共同做好青少年学生思想政治工作指明了方向，是我们全面加强和改进学校教育工作的重要思想武器和行动指南。谈话很有意义，作为一名教育工作者，通过学习谈话，深感责任重大。

首先，学习贯彻谈话精神，就要进一步加强学生思想的政治教育，引导和帮助青少年健康成长。通过学习，我们进一步认识到，大学的根本任务就是培养有理想、有道德、有文化、有纪律的社会主义现代化事业的建设者和接班人。育人是各项工作的根本，思想政治工作更是各项工作的重中之重。高度重视思想政治教育工作、重视德育，是我们党和国家一贯的教育方针和治学指导思想，也是邓小平教育理论的重要内容。在去年召开的第三次全国教育工作会议上，强调"思想政治教育，在各级各类学校都要摆在重要地位，任何时候都不能放松和削弱"。2000年1月，中共中央颁发了《关于加强和改进思想政治工作的若干意见》，学习出版社出版了由中央组织部编辑的《毛泽东邓小平江泽民论思想政治工作》一书，足以说明思想政治工作的重要性。在教育工作中，我们深感当今高校思想政治工作面临着复杂的形势，经受着严峻的考验，在新的历史条件下，思想政治工作职能只能加强不能削弱，只能改进创新不能停滞不前。目前，我们正处于社会主义初级阶段，封建主义、资本主义腐朽思想的残余还在，这些不良的思想和意识最容易对涉世不深的青年学生产生影响。从总体上说，这一代青年是大有希望的，他们思想活跃、知识面广、信息量大、可塑性强，我们要注意进

---

① 本文系作者2000年3月8日在百色地区学习江泽民同志关于教育问题谈话座谈会的发言稿。时任校党委副书记。

行引导，要认真领会江泽民总书记的谈话精神，正确引导和帮助青年学生健康成长，使他们得到德智体美全面发展。

其次，学习贯彻谈话精神，就要全面推行素质教育。这些年来，我们频繁谈素质教育，已经得到全党的共识。去年，中共中央、国务院颁发了《关于深化教育改革全面推进素质教育的决定》（简称《决定》），这是非常及时的。《决定》指出："实施素质教育，就是全面贯彻党的教育方针，以提高国民素质为根本宗旨，以培养学生的创新精神和实践能力为重点，造就有理想、有道德、有文化、有纪律和德智体美全面发展的社会主义事业建设者和接班人。"江泽民同志曾在全面阐述素质教育的内涵时特别强调"思想政治素质是最重要的素质，不断增强学生和群众的爱国主义、集体主义、社会主义思想，是素质教育的灵魂。"我们应该很好地领会，我们对青少年实施素质教育，就是使他们得到德智体美全面发展。

再次，学习贯彻谈话精神，就是要优化青少年学生健康成长的社会环境。青少年学生的成长受社会影响很大，在一定程度上，青少年学生问题是社会问题的反映。我们要重视学校周边环境的处理，更要注重营造良好的育人环境。教育是一个系统工程，需要社会教育、家庭教育配合学校教育，共同为青少年学生的健康成长创造一个良好的社会环境。我们应该为此而积极努力。

最后，学习贯彻"谈话"精神，就是要加强教师队伍建设，抓好师德师风的检查。谈话指出："教师作为人类灵魂的工程师，不仅要教好书，还要育好人，各方面都要为人师表。"这就给人民教师一个积极的鞭策。作为培养人民教师的师范院校，我们感到任重而道远。因此，我们在学校教育活动中，要求各位教师都要做学生的思想政治工作，引导好学生；要求教师在第一次晋升职务时，都要担任过两年以上的班主任或辅导员，做到言传身教。师范无小事，处处是楷模，教师的一言一行，无不对学生有影响。凡是要求学生做到的，教师一定要做到。但检查起来，我们做得还不够，有的重智育而轻德育，有的因多种原因而很少过问学生的情况，这些都是需要我们纠正的。总之，我们一定要做好教书育人、管理育人、环境育人工作，做到全方位育人、全程育人、全员育人，帮助学生树立正确的教育观、价值观、世界观和人生观，增强教书育人、以身立教的社会使命感。只有把教师队伍建设好，才能培养出高质量的人才。因此，通过学习江泽民同志关于教育问题的谈话，我们决心把教育工作做得更好。

2.2 谈谈民族师专的办学特点[①]

我国现有六所民族师专。还有一些师专虽然不称为民族师专，但学生的主要来源是少数民族学生或者毕业生主要分配在少数民族地区任教，从某种意义来说，这些师专也具有民族师专的一些特点。民族师专占全国师专总数的比例虽然不大，但都分布在我国的边远地区，其办学直接影响到少数民族地区文化教育事业的发展。

从目前来说，民族师专担负着培养少数民族初中师资的重任。办好民族师专，对在少数民族地区普及九年制义务教育关系重大。从个体看，少数民族初中教师的教育任务是繁重的。培养新一代少数民族建设人才，提高民族素质，振兴民族教育、民族经济，是我们义不容辞的责任。事实说明，经济繁荣取决于教育文化事业的繁荣，脱贫致富最根本的出路是搞好教育、培养人才。作为普及九年制义务教育的最关键的初中教师，其所处的地位是举足轻重的。从群体看，少数民族地区经济、文化落后，导致人才奇缺，造成整个初中教师队伍数量少、质量低。如集老、少、边、山、穷于一身的百色地区聚居着壮、汉、苗、瑶、彝、仡佬等土著民族，少数民族人口占该地区总人口的87%。目前，该地区初中师资队伍严重存在着"量少质差"的问题，在专任教师中具有专科学历以上的教师只占初中教师总数的38.6%，而且科任教师不配套，其中外语、地理、历史、生物、政治等学科教师严重不足，美术、音乐、体育教师奇缺，不少学校无法开这几门课。相当一部分初中教师是从小学抽调上来的，由于抽了小学的教学骨干，使小学教学质量受到影响，但这部分教师未受过师专专业训练，因而初中教学质量也上不去，结果带来了连锁反应。可见，为少数民族地区培养大量合格的初中教师是民族师专的特殊任务。

民族师专应达到怎样的培养目标和培养规格呢？一是要有崇高的革命理想，能吃苦耐劳，热爱民族教育事业，能把马克思主义的民族理论和党的民族政策运用到教育工作之中，把自己全部心血倾注在少数民族下一代身上，把科学文化知识无私地传授给少数民族学生。二是要有渊博的科学文化知识。要不断拓宽民族师专学生的知识面，

[①] 本文系作者1985年6月在华中师范大学第7期高校干部进修班学习时的交流论文，1986年1月在广西民族学院召开的广西少数民族教育研究会第一次学术研究会上宣读的论文。时任学校党政办公室副主任。

逐渐做到一专多能，并了解、熟悉本地区少数民族历史、经济、文化的发展及其特点，这样才能够把学到的知识用于民族教育事业，更有效地为发展民族地区的经济、文化、教育事业服务。三是教育理论基础扎实，懂得教育规律，并熟悉少数民族初中学生的身心发展规律和特点，运用教育科学来指导教育实践，更有效地提高少数民族学生的身心素质和文化素质。四是教书育人技能要强，能胜任初中教学。他们不仅要学会自己学习、钻研的技能，还要学会传授知识的本领，要有良好的口头表达能力（普通话和本民族语言）、文字表达能力（汉语文和有文学的本民族语文）、教学组织能力（班主任工作能力，并初步具有教育科学研究和实践创造的能力）。

为达到上述要求，民族师专在办学中应具有高效性、师范性和鲜明的民族特色。民族师专办学中应如何体现出高效性、师范性和鲜明的民族特色呢？我认为可以从以下几个方面阐述。

其一，端正办学思想，坚信办好民族高等教育的宗旨。民族师专属于高等教育的范畴，是民族高等教育的重要组成部分。民族高等教育对促进少数民族地区的经济、政治、文化的发展有重大的作用。民族师专培养人才的质量和水平与少数民族地区的教育质量和水平关系密切。为了发展民族地区的经济、政治、文化，提高民族地区的教育质量，民族师专的职责和历史任务，就是培养出高水平的民族师资。

我们所说的民族师资应具有高效性，实质上是如何办好民族师专的问题。一是在指导思想上要明确民族师专办学宗旨，要立足于大专的学术水准，既不能向师院看齐，盲目拔高，也不能降低要求，民族师专的含义只是说办学要有民族的特色，因此，她与其他师专也略有不同。二是明确专业的目的性，制订教学计划时对教学内容、课程设置等要考虑民族师专的培养目标，把好教材关。三是明确教学要求，避免把师专的教学要求中师化。民族师专学生的基础理论虽然没有师院本科生那样扎实，但要求适应能力强，教学上应该把主要精力放在培养学生掌握基础理论、基础知识和基本技能上。

其二，在学校工作中要体现民族团结精神。民族平等和民族团结是马克思主义处理民族问题的根本原则。民族教育要体现党的民族教育政策，这是民族教育最突出的特点，也是民族师专办学的突出特点。民族师专与其他师专的不同，主要体现在其办学中具有鲜明的民族特色。民族师专在办学中，一定要坚持"三个面向"，研究掌握民族特点，贯彻执行德智体美全面发展的方针和民族政策，扬长避短，努力办出民族特色来。民族师专学生来自各个民族，他们的性格、爱好、兴趣、气质、风俗习惯都有许多不相同的地方，可见加强民族团结是何等的重要。在学校工作中，要真正做到各民族一律平等，政治上互相信赖，人格上互相尊重，工作上互相支持，学习上互相帮助，生活上互相关心，创造出一个良好的、和谐的、宽容的工作与学习的环境，形成一个民族团结、融洽的集体，以利于合格师资的全面成长。在教学内容、课程设置上，要适应民族地区政治、经济、文化、教育发展的需要，使民族师专学生有一个合理的知识结构和能力结构。

其三，民族师专在制订教学计划时，应把高效性、师范性和民族特色融为一体。目前，民族师专与其他师专一样，所用的教材不少是本科院校用的版本，有些还是综合大学用的版本，这就有些脱离实际，教师被迫在教学时把内容搞成"压缩饼干"，实在不利于学生技能的发展。最佳的办法是编写一套（或部分）具有民族特色的师专教材（讲义）。在课程设置上，应增设"民族理论和民族政策"，文科还要开设"民族语文"等课程，各专业可举办民族历史、民族经济、民族哲学思想等讲座。右江民族师专还应开设壮文课，使壮族学生能学会壮文，以利于加强壮族地区的经济、文化建设。民族师专学生的知识面应该比较宽厚，要有比较丰富的知识储备。根据民族师专的办学特点，应抓好教育科学的学习和教育实习，加强合格的初中教师的培养和基本功训练，并通过外出参观学习，扩大少数民族学生的视野。作为一名合格的初中教师，除了又深又广地掌握本专业的知识，对天文、地理、历史、科学史、人才学、社会学、美学、计算机、美术、音乐、舞蹈、书法等都应有一定的了解，教文科的懂得一点理科，教理科的懂得一点文科。合格的师资才能够发展民族教育，从而做出更大的贡献。

其四，在教学上要根据少数民族学生实际有的放矢。民族师专的一个首要特点就是少数民族学生多，如右江民族师专的少数民族学生占学生总数的84.1%；其次是少数民族学生的基本知识、基本技能水平参差不齐，高考录取的平均成绩往往比发达地区的师专要低得多；再就是少数民族学生朴实、好学、上进心强，但知识面较窄，能力较低。针对这些特点，务必加强"三基"教学，激发学生的学习动机和学习兴趣，要善于进行启发式教学、因材施教，在教师的引导下，充分发挥学生的学习积极性、自觉性和创造性。不仅要让少数民族学生学到知识，重要的是引导他们在德智体美上有较大的发展。

其五，在生活上，对各少数民族学生应采取不同的管理办法。少数民族大多来自边远山区和贫困地区，有的学生生活较困难，直接影响学习，若生活上管理不当，便会带来情绪。因此，学校在搞好思想教育、鼓励学生安心学习的同时，还需在有可能的条件下帮助学生克服一些实际困难。在助学金的管理上可与其他学校略有不同，在生活安排和管理上要注意少数民族的风俗习惯。

采取多层次、多规格、多种形式办学是民族师专办学特点之一。办学形式多样化，这是为适应少数民族地区经济、文化发展的需要，也是为民族地区尽快普及九年制义务教育的需要，是实现"教育体制改革的根本目的，是提高民族素质，多出人才、出好人才"（《中共中央关于教育体制改革的决定》）的重要措施。那么，民族师专应采取哪几种层次、规格、形式来办学呢？

一是办少数民族预科班。这是高等教育的组成部分，一年预科，三年专科，四年就成为合格的民族初中师资。右江民族师专1984年秋办起了民族预科班，招进壮、瑶、苗、彝、侗等少数民族学生，改变了过去没招到除壮族外的其他少数民族学生的状况，他们经过一年的民族预科学习，1985年秋全部升上师专普通班学习，成绩稳定。

二是实行民族师专三年学制。现在全国各师专有二年、三年不同的学制，但就民族师专来说，还是坚持三年制为好。

三是办五年一贯班。招收优秀的初中毕业生入学，学制五年。前三年学习中师课程，删除一些与师范无关的内容，后二年学习师专的基础课和专业课，让学生在几年的师范环境中得到师范教育的熏陶，培养出高质量的师资。这样的好处是可以多招一些优秀的少数民族学生，照顾各民族学生的分布，也能减轻高中毕业生"千军万马挤过独木桥"的紧张状况，两全其美。

四是实行双课制或主副科制。目前全国各师专已设专业19种（其中有双科5种），但民族师专一般只设5至7个专业，其他师专也大体一样。由于学科专业不配套，往往使初中的一些学科师资十分缺乏。当然，民族师专不能搞"小而全"，而是根据初中学校的实际需要在一些专业设双科或主副科制，或者以某些学科为主，另一科为辅。

五是试行选拔制。在招生上应允许民族师专有一定的自主权，即在民族高中、民族师范中直接选拔一些德智体美全面发展的毕业生入学，民族师专的毕业生也可以选择到师院插班学习，取得本科学历。这样，有利于学生成才。

六是做好初中师资培训工作。举办二年制初中教师进修班和三年制师专函授，按照规定的教学计划进行，各科成绩合格的发给师专毕业文凭。

2.3　谈大学精神[①]

刚才金林祥教授给我们作了一场生动而精彩的学术报告。我相信，每一位领导、教师听了以后，都会有收获和启迪。我认为，他的报告开阔了我们的视野、打开了我们的思路，同时也是个福音，这对于我校正在进行的申本工作是一场及时雨，是一个营养大餐，非常地感谢他。

听了金教授的报告，我觉得有三点体会和启示。

首先，树立大学理念，弘扬大学精神。大学教育理念和大学的创新精神是一个永恒的课题，它永远与追求真理、讲究科学，和与时俱进的大学精神的发展相联系。大学是出思想、出智慧、出人才的地方，大学是追求真知的学府，大学是要引领社会的。有一种信念在支撑着在大学校园里生活的人，那就是对学生和学术研究的热爱与对真知的追求精神，是自我永不言败的勇气。大学的培养人才、科学研究、社会服务与文化传承创新的职能，我们要认真地落实好，发挥大学应有的作用。因此，摆在我们面前还有许多需要解决的问题，还不断有新的东西出现，需要我们花大力气去研究、探索和实践。以国内外教育改革的发展趋势来看，重实践、重能力、重人才资源的开发，这给我们一个很大的启示。当前，我校正按照自治区和市里的要求，积极落实"合并、整合、提升、提高"的方针，扩大办学内涵，走可持续发展道路。大学是具有包容性的，蔡元培先生"思想自由，兼容并包"的思想，是有现实意义的。

我们学校已经有了65年不间断的办学历史，现在遇上了好机遇，那就是申本。但如果机遇不抓住，也会失去的。"机不可失，时不再来。"我们常说，机会不是等来的，而是干出来的。新的机遇是创造出来的，天下没有掉下的馅饼。有竞争，才有劲头，才有奔头，才有希望。两所中专（百色地区民族师范学校和百色地区民族干部学校）并入师专（广西右江民族高等师范专科学校）的工作，目的就是要把学校办大、办活、

[①] 本文系作者2003年7月24日在全校中层领导干部培训会上讲话的主要部分。时任校党委副书记、百色市申办百色学院筹备办公室主任。

办好、扩大规模、扩大内涵、重整提升、内涵发展，这一工作需要大家的理解与支持，需要大家的积极参与，这就是包容性。握起拳头打出去，就有力量；一根筷子容易折，多根筷子拧在一起就不容易折。三所学校合在一起，就有新的能量，就有新的力量，就有发展的空间和希望。广西的高等教育发展是很有希望的，我们的前途是光明的。但要办一所本科院校，光靠热情还不行，光靠干劲也还不行，当然等、靠、要更不行，需要我们树立起科学精神，有着科学的态度，扬起改革的风帆，去开拓新的领域，去开创新的未来。而大学精神与科学精神是一致的，我们一定要弘扬这种精神，找到切入点，积极推进申本工作的开展，把我们学校越办越活、越办越好。只要我们努力了，不管结果如何，都是问心无愧的。

其次，深化教育改革，提高办学质量。办好一所大学，根本的问题就是办一所什么样的大学？怎样办好这所大学？这是办学的基本思路。改革和发展是无止境的，办高等教育也是如此。今天适应的东西，明天不一定适应。明天适应的东西，后天不一定适应。不适应就必须改革，不改革就没有出路。如今我们进行申本工作，即专升本，不仅是办学规模、数量的提升，更重要的是办学内涵、质量的提升。这就是改革，这就需要在前进的道路上探索前进。"摸着石头过河"，河的对岸就是目标，摸索就是探索，这就是改革，这就是前进。只有前进，没有退路，退步是没有出路的。各级领导干部一定要转变观念，普通教职员工也要转变观念，改革是要动真格的，高等教育改革也是如此，我们要以有限的教育资源，办更多更好的事情。要寻求教育规律，按规律办事，走内涵发展的道路，推进教育事业的发展。这也是大学精神内涵所包括的。刚才金院长、教授所介绍的华东师范大学的改革经验，使我们得到了新的启发。我们要把申本工作和深化改革结合起来，抓住特色，办出特色，以特色显示出优势，不断提高教学质量和办学效益，促进学校快速健康地发展。

再次，以教学带动科研，以科研促进教学。"大学应当开展科学研究"，这是大学的职能所规定的。刚才我注意听了金教授所说的，大学应该是"思想自由，兼容并包"，当年蔡元培先生倡导的北大精神是值得我们借鉴的。独立精神是大学办学的灵魂，以学术为本位是大学的核心。大学老师要有自己的独立见解，要有自己的科学成果，这不光是自己的成绩，也是大学的成绩，更是大学精神所要求的。学术型、教学学术型的高校要搞科研，教学型的高校同样也要搞科研，只是侧重点不同罢了。培养人才、科学研究、社会服务、文化传承，是高校的基本职能所在。启发学生，启迪听众，搞好科研，以科研促进教学的开展，提高教育质量，这是大学的性质所决定的，这也是办好学校的重要手段。搞科研是要花时间和投入精力的，大学是要出成果、出智慧、出思想、出人才的。一分耕耘，一分收获，不投入哪里会得到收获？因此，我们要有锲而不舍、奋发有为的精神，积极投入到教学、科研中去，去开创高等教育事业的新局面。所有的大学教师，在搞好教育教学、培养人才的同时，都应该积极投入科学研究，以科研促进教学。希望通过在座的各位中层干部的努力，促进我校科研工作的开展，促进教学质量的提高，为申本工作奠定坚实的基础，这也是大学精神的体现。

2.4　再谈大学精神[①]

一场秋雨，喜迎2003级的新同学！

同学们，你们怀揣着理想和希望，带着喜悦、带着梦想、带着青春的气息，来到这座英雄辈出的城市——百色，来到右江民族师专的校园里，将要在这里度过三年美好的大学时光，你们是幸运的。欢迎你们，祝福你们！我代表学校党委、行政对同学们的到来表示热烈的祝贺与欢迎！

今天是第19个教师节，很高兴来到外语系与大家学习。趁这个机会，特向在座的各位老师并通过你们向全体教师表示节日的祝贺！同时也向在座的各位同学——未来的人民教师表示真挚的祝福！

昨晚，外语系书记韩家权老师打电话让我今天给新同学讲几句话。讲些什么呢？刚才，系领导已经给同学们介绍了学校和系里的情况，介绍了专业学习的情况，他们讲得都很好，讲得很到位。同学们听了以后，对学校、对专业学习的认识应该有了一点印象。我原先不准备说了，但是既然来了，就讲一讲，与新同学见见面，做些思想、学习、生活上的交流。

大家知道，我们从高中毕业后考上了高校，上了大学，接受高等教育的洗礼和熏陶，这是一个新的跨越，是人生一次新的飞跃。来到高校，如何度过大学生活？如何又深又广地学习专业知识，提高素质和能力呢？如何培养成人、成才，走向成功？这都与在大学学习有关，与大学精神有关。今天我就和同学们谈一谈大学精神。

如何培养大学精神？如何弘扬大学精神？

上大学，是人生的幸事。现阶段，还不能人人上大学。但上了大学，不一定代表能成功。能不能成功，那就要靠自己，靠自觉，靠毅力，靠执着，靠奋斗。当然，上了大学，成功的机会可能会比别人多一些，但只是可能而已。到了大学，同学们都会有很多想法。也许同学们来到这里，看到这样的环境，觉得我们学校校园不算大，也不算很美丽，与自己心中的大学相去甚远，自然理想与现实产生了矛盾。要想解决这一问题，需要我们去了解、理解、去认识。我们可以想一想，为什么上大学？教育的

[①] 本文系作者2003年9月10日在外语系2003级新生开学典礼上讲话的主要部分。时任校党委副书记。

本质是什么？大学精神是什么？大家都应该弄明白、想清楚，若能这样，就会给自己增强了信心、振奋了精神，有了方向和目标，学习就有了动力，就有劲头了。

谁都想考上更好更高级的学校，这是可以理解的，但历史选择了我们来到这里，这是双向，也是一种缘分。你们选择了这所学校，学校也选择了你们。你们是好样的！你们一定会很好地成长、成才，也一定会成功的。能不能成长、成才、成功，关键看自己！我们遇上好的时代、好的机遇和优良教育环境，大家是为追求真知、报效祖国的愿望而来到大学学习的，相信都有这个志气。诚然，大学是什么？为什么到大学来学习？这是我们需要了解的。我们知道，大学是新的人生起跑线，大学校园是人生的一个舞台。那么，大学的本质是什么？大学精神是什么？蔡元培先生说："大学者，研究高深学问也。"大学之大，不仅有大树、大楼，更有大师、大气。大气，重要的是本身内涵之大。大学是知识的摇篮，是人才的聚集地，是高层次人才的加工厂。大学精神最重要的一种精神是什么？那就是永远的批判精神、科学的精神。它的内涵是，不迷信，不盲从，不崇拜任何东西；永远的积极进取，永不言败。马克思说过这样的话："在科学的道路上没有平坦的大道，只有不畏艰险沿着陡峭山路向上攀登的人，才有希望达到光辉的顶点。"毛主席有一句诗言："无限风光在险峰。"这些都是激励我们前进的座右铭。这就是创造，这就是创新。创新是民族的灵魂，自然是大学的灵魂。在大学的气氛中，所渗透和流淌的那种厚重而无形的精神的底蕴和启迪创新的内在机制，当了解到大学的本质后，你就不必为它的外表繁华与否而感到烦恼和失望了。你的勤奋、踏实和认真、创新，你所拥有的大学精神，将是你走向成功的助力。

我们为什么上大学读书？这是不言而喻的。上了大学，要看到我们的优势和特点，给自己增强信心。其实，我们学校虽然地处祖国西南边陲，但有许多优势。一是它的办学历史悠久，学校至今已经有67年不间断的办学历史，培养了数万名的毕业生，培养出一大批的优秀人才；二是有一支强有力的教师队伍，他们的敬业精神令人可敬可爱；三是学校人文环境优越，有良好的教风、学风、校风；四是百色是个红色圣地，她是邓小平等老一辈无产阶级革命家曾经战斗过的地方，是红七军的故乡，这给我们留下了宝贵的精神财富；五是近些年来，百色革命老区经济发展的速度较快，这给我们一个了解地方、了解民情的途径，给我们了解社会、认识社会的窗口，给我们一个创造发展的空间和就业的机会；六是目前学校总体发展迅速，现正在积极申办本科院校，所有这些，都是学校办学的优势，也是一所大学所具备的条件，这是我们办学的基础。有了这个基础和条件，再加上自己的积极努力，何愁学不到东西呢？何愁自己不能健康地成长起来呢？

当然，目前我们学校办学条件还不是很理想，比起其他兄弟院校还有一定的差距。也许，同学们想考进更好的学校，这是可以理解的。是的，我们学校的校园面积是小了些。但山不在高,有仙则灵。这"仙"就是在座的教师,当然也包括同学们!况且,我们正在做学校的合并工作,今后校园面积会更大,范围更宽,更有预想不到的发展空间,这是我们的希望,需要包括全校师生员工的共同努力。当年西南联大的办学条件虽然简陋,但培养了一大批具有现代意识的优秀人才。他们靠的是什么?应该说靠的是大学精神的弘扬!

大学是解惑人生的家园,是追求理想的知识殿堂,是陶冶情操的人文乐土,是编织理想的心灵故土。同学们来到这里,来到大学的校园里,就要潜下心来读书,做学问,长才干,长身体,长知识,增本领,强能力。大学精神体现在有作为,永远对现状不满足,永远想改造世界,永远追求真知。

当年陶行知先生创办的晓庄学校,抗战时期在昆明设立的西南联大等学校,条件都很简陋、很艰苦,但培养了一批具有现代思想的高素质人才。因此,我们不必烦恼,不必忧心,不要放松自己,只要调整好心态,微笑面对人生,以饱满的精神投入学习工作中,就一定会有收获的,一定会取得成功的。趁开学之初这个机会,送上几句话与同学们共勉。

首先,用科学的理论武装自己的头脑。树立理想,追求真知。一个人要有理想、有信仰、有志气,我们的信仰和志向就是要树立共产主义的远大理想,坚定走中国特色社会主义道路。为国家的兴旺强盛而奋发成才,为国家、为民族、为人民做好服务,为伟大的事业贡献青春才华,这是我们的精神支柱,是我们的动力。今天,我们能够读大学,是社会主义改革开放事业给我们带来的实惠,带来更多的机遇和发展空间。那么,正在成长成才的我们,理应要把青春和智慧投入到国家的改革开放事业中去,回报社会,回报国家,发挥自己的聪明才华,为社会主义现代化建设事业添砖加瓦。当我们再干二三十年,当过了四五十年后,或者说我们到了白发苍苍的时候,回首往事,才会觉得问心无愧。由此可见,只有把实现社会价值和个人价值有机地统一起来了,干出一番成绩,干出一番事业,人生才有方向,人生才有意义,人生才能放射出绚丽的光彩。

其次,勤奋学习,努力成才。从今天开学典礼起,大家就要静下心来,要找准自己的位置,找准自己的方向和目标。学生主要的任务就是学习。我们要把目标定得高些,把计划定得细些,把眼光放得远些。要成为国家有用的人才,不下点功夫是不行的。韩愈的《进学解》说道:"业精于勤,荒于嬉;行成于思,毁于随。"意思是说,学业由于勤奋而精通,但它却能荒废在嬉笑玩耍中,事情由于反复思考而成功,但它却能毁灭于随大流。大学的几年时间,是青春绽放的最美好的时光,我们要利用这美好的时光,把有限的时间放到学习中去,增长知识,掌握知识,提高能力,提高素质,努力奋发,积极向上。这样,才无愧为新时代的大学生。这就是大学精神的体现。

再次，陶冶身心，为人师表。我们学的是师范，培养目标是做一个合格的人民教师。因此，我们需要在师范教育的熏陶下，不断塑造自己、提高自己。我们都是来自五湖四海，为了同一个目标，走到一起来了。今天我们来到大学校园里，面对着广阔的空间，面对着知识的海洋，就要学会包容，学会谅解，学会谦让，学会互让互助，团结友爱，建立良好的新型人际关系，多参加一些有益的活动，在活动中不断提高自己的素质和能力，这是大学精神科学内涵的写照。

同学们，青春是美丽的，大学时光是人生中的黄金时节，是最美好的时光，希望你们以积极的姿态和饱满的精神开始新的大学生活，弘扬大学精神，共创美好未来，让青春绽放出绚丽的光彩！

2.5 谈本科课堂教学的智慧与创新[①]

专家评议组听了各位老师的课后，推举我代表评议组在这里讲一讲，算是个反馈。我认为，能上课，上好课，是教师的基本功，也是我们教育学专业教师的优势。教学论是我们教育学专业的基础。上课对我们有师范背景的老师来说并不难，难的是每一节课都能有所创新，让学生学有所用，让每一节课的教学质量都成为我们所追求的目标，成为启发学生智力的钥匙。

总的来说，大部分老师上课基本达到了要求，有教案，有课件，备课认真，教态端正，课堂教学互动到位，基本上达到了教学的要求；大多数中老年教师上得较好，不少青年教师也脱颖而出，许多新教师已经具备了大学教师的素养。这是好的。

不足之处有：有的年轻教师上课时有时过度紧张，教态不自然，教学方法单一，教学语言平淡、乏味，缺乏幽默感，教学互动少，课堂气氛不够活跃。

针对存在的问题，我们应该如何纠正？如何树立新的教学理念？如何提高教学质量？从评课活动中，我想谈一点认识。

一、教学是什么

教学是什么？教学是让人从未知到认知的过程，是师生的互动，是开启学生心扉的钥匙。那么，授课的标准又是什么呢？是传授知识还是提高能力？是灌施充电或解惑开启思维，两者本身没有什么矛盾。上课首先能让学生听得懂，学得进，引人入胜，开启学生的心灵，让学生对这门学科感兴趣，这样才能培养出优秀的应用型人才。

课堂组成的三要素是教师、学生和知识。教学的主要过程是学生和知识发生"直接关系"，而教师只是一个组织者而已。如今，我们对师生水平的要求已经从一桶水与一杯水的关系发展到两条河流相汇奔流不息的关系，这是一个认识上的升华。因此，教师的信息要快，信息的内涵质量要高，教学手段要先进，不然学生早知道的信息或

---

① 本文系作者2014年8月6日在教科系由全体教师参加的教学评议反馈座谈会上发言的主要部分。时任校党委委员、副校长、学校评课评议专家组成员。

者一些低档次的信息，而你作为教师，这些东西、这些知识如果都不知道，仍然蒙在鼓里，并且还在课堂上津津乐道地传递着，显然是不适合的。有人说，教师在课堂上最重要的任务不是"讲课"而是"组织学习"，这是有道理的。上课的模块很重要，但上课的模块不可能千篇一律。教学模式是需要讲究的，但也不能一味过分强调某一个模式的优劣。每个教学模式都有它的长短之处，关键是任课教师的自如运用，如果教师不作为，再好的教学模式也只是个装饰品。教学方法也是这样，课堂教学需要一定的方法，但更需要智慧与创新。教育是人类发展的重中之重，课堂是教育发展的重中之重。这是对教学是什么的一点理解。

二、利用多媒体与讲授的关系

信息科学是一门综合性的学科，是新的东西。利用多媒体进行教学，是信息科学一个重要的环节。随着科学技术的发展，我们要懂得利用新的方式进行教学。我们过去以一本教案和一支粉笔扛一辈子的状态，到今天发展利用多媒体课件上课甚至远程上课的创新行动，这是认识的新的飞跃，这是上课的新形式。人机互动，激活了人的思维。人机的动与静，是教学艺术的展现。利用教育技术、多媒体教学是对传统教学的挑战，我们要勇于接受这种挑战，而且实践已经证明，利用多媒体进行教学，有利于学生接受知识，有利于提高教学质量。但过分地依赖课件，教学形式就显得单一，教学语言就显得干巴巴，这也是教学过程需要解决的问题。课堂的教学互动、师生互动，能迸发出知识、智慧和思想的火花。如何适应新的形势，充分运用多媒体，把文本、图像、声音和视频等交流手段有机地结合起来应用于教学中？如何利用多媒体讲授，提高讲课水平？这是需要我们认真对待的。

三、教学要有自己的风格

教学离不开讲授，离不开解惑。教学是把抽象的东西讲解为形象的东西，把枯燥的东西变为生动的东西，让学生记得住、学得进、用得上，这是教学内涵。教学中，最好能稍稍添加一些艺术气息，一切都会变得与原来不一样。我们做教师，应该有自己的讲课风格，有时候应该像推销员那样，学习他们的讲解方法，让人听得懂，让学生听得明白；有时候应该似导游那样，说话要深入浅出，循序渐进，引人入胜。但要知道，教学不是忠实地传授与虔诚地接受，教学的灵魂在于唤醒学生的心灵。能做到这一点是不容易的，但这是基本功。

每一位老师都有自己的教学本领和讲课风格。有人讲究上课的声调与气氛，有人说话似涓涓流水，有人善于循序渐进的引导，有人会平铺直叙的说教，有人以课件图文并茂见长，但是不管运用哪种方式，都要突显自己的风格。在某种意义来说，知识和智慧体现风格，风格体现特色，特色体现水平。

当然，评价一节课，不足以评价这位教师的教学水平如何，但一节课却能体现出其课堂的教学质量。重视课堂教学质量是课程研究的永恒课题，不论是专家还是一般普通教师，的确是需要认真对待的，马虎当不了教师。

教学改革的核心是什么？是课程改革，而且课程改革的关键是教师。对教师而言，上课就是保证质量，没有质量要求的课程是不能称为课程的。

四、有的放矢，因材施教

因材施教是我们的教学原则，教师上课，目光应扫视、关注所有的学生，神态充满着智慧，眼里充满着爱，心中装着学生。也就是说，把学生的注意力都吸引过来。教学有章法，但教学也无章法，这是辩证法。教学质量的提高，在很大程度上取决于教师的教学方法。在教学中，我们要善于运用启发式教学，启发式并非过度地在课堂上提问，过度提问会影响知识传授的系统性。教师要善于利用信息量来传授知识。如何利用案例，这也是需要注意的。诸如"狼来了""两只老虎""两个和尚""孔融让梨"的例子，学生从小就熟悉，不能老是重复用。因此，教学语言应该是新颖的、生动的，选用的案例应该符合大学生的特征、符合信息时代的要求。

五、教学取长

取长补短，互相交流，这是每个教师必须做到的。教师之间、师生之间、学生之间都要相互学习，共同进步。每个人都有自己的长处，都有值得学习的地方。每个优秀教师都有一套好的教学方法，但教学方法没有最佳，教学艺术对每个教师的教学效果是不一样的，互相听课、互相交流应该成为一项制度坚持下来。我们知道，上课要有教案，教案要做到规范、有内容。教师上课不可能只看教案，只看教案不是好教师，教案不完整则不是优秀教师。年轻教师要掌握写教案的基本功，这是成长为一名优秀教师的基本途径。

六、关于实训课

动脑动手、手脑结合，这是我们学校校歌里唱到的。"教学做合一"是陶行知生活理论的核心。实训课要做到口到、手到、心到、感受到。我们观摩了几节实训课,虽然上得还可以,但觉得还有待提高。教师动口、学生动手、指令到位、动作到位,让学生在动手中得到美的感受,学到新的知识,巩固学过的东西,这应该是实训课的基本要求。

2.6 推进高校思想政治教育工作的意见[①]

新学期开学了。在 2000 年这个特殊的年份里，我们应该开创一个什么样的新局面？如何推进学校改革与发展？如何进一步提高教育教学质量？这是我们每个领导干部和教育工作者都在思考的问题。今天下午，校党委召开全校思想政治工作会议，旨在把握方向，加强和改进学校思想政治工作，统一认识，振奋精神，落实好本学期学校各项工作任务。下面我讲几点意见。

一、学好理论，抓好"三讲"和理论武装工作

当前，思想政治工作的首要任务，就是用邓小平理论武装广大党员和全体师生员工的头脑，推动高等教育的改革和发展，要把学习邓小平理论同学习党的十五大精神结合起来，同贯彻中央关于加强高等教育改革和发展结合起来，同摆正思想政治工作地位和提高学生的综合素质结合起来，同解决高校师生的现实思想问题结合起来。各支部的学习，重点是学习邓小平建党理论，尤其是党风廉政建设和反腐败方面的理论，学习马克思主义辩证唯物论，树立正确的科学的人生观、世界观和价值观，学习《毛泽东邓小平江泽民论思想政治工作》。今年上半年，根据上级的部署，重点抓好高校处级干部"三讲"（讲政治、讲学习、讲正气）工作，通过"三讲"教育，进一步激发中层干部学理论的热情，进一步坚定对马克思主义的信仰和建设有中国特色社会主义最终实现共产主义的信念，提高思想理论素养，力争上半年抓好一段落，下半年在全区共产党员中开展以"三讲"为主要内容的专题学习活动，要力求抓出成效。

二、进一步抓好稳定工作

1999 年，我校安全稳定工作取得了显著的成绩，这是大家共同努力的结果。今年，

[①] 本文系作者 2000 年 2 月 27 日在有系党支部书记、系主任、团总支书记、政治辅导员、班主任参加的全校思想政治工作会议上讲话的主要部分。时任校党委副书记，分管学生思想政治等工作。

我们要继续认真贯彻落实中央和区党委关于安全稳定工作的指导精神,切实加强学校思想政治教育,进一步落实安全稳定工作责任制,确保学校安全稳定。

三、进一步推进"两课"教学改革与建议,充分发挥高校德育主渠道的作用

高校"两课"是对大学生进行系统思想政治教育的主渠道和主阵地,在把新一代大学生培养成社会主义现代化事业的建设者和接班人方面起着不可替代的重要作用。根据上级的要求,我们要推进以邓小平理论为中心内容的新"两课"课程体系的全面实施,要把握教学基本环节,切实推进"两课"改革和建设。今年下半年,自治区将组织对"两课"进行评估,修订广西统编"两课"系列教材,我们要抓住这个机遇,切实加强"两课"学科建设,提高教育教学质量。

四、以培养创新人才为目的,全面推进素质教育

如何推进高校素质教育、培养创新型人才是每个教育工作者必须考虑的问题,在高等师范院校中开展素质教育意义重大。有什么样的老师,就会有什么样的学生,这是无疑的。十年树木,百年树人;国之大计,教育为本。就是说,人才的培养不容易,需要很长时间,培养人才是长久之计。开展素质教育并非空谈,要落实在行动上,要认真实施教学计划,做到课内课外相结合,把传统知识与培养能力结合起来,要发挥社团在素质教育中的作用。

五、以思想道德建设为突出重点,推进学校精神文明建设

近些年,我校在开展"建文明校园,做文明学生"活动中卓有成效,校园的基础设施上了档次,校园的文化建设也上了一个档次。但我们不能自满,我们的目标是要培养一批又一批的合格人才。要坚持下去,持之以恒地开展活动,在"讲文明,树新风,树立广西新形象"活动中做出我们特有的榜样。我们要切实开展"学雷锋、树新风"和志愿者服务活动及"三下乡"活动,创建全国"五四"团委,让正气上升,杜绝不文明的行为,营造良好的育人环境。

在加强道德建设的同时,要加强纪律教育,要把教育与管理结合起来,把他律和自律结合起来,把内在约束和外在约束结合起来,把思想建设与制度建设结合起来。其他工作,诸如毕业生就业指导工作、特困生工作、学生心理健康教育等,我们将安

排专题会议进行研究落实。

如何加强思想政治工作，我认为要突出搞好下面三点。

首先，建立健全保障体系，使思想政治工作由虚变实，由软变硬。要不断完善党委领导下以校长和行政系统为主体实施的德育工作领导体制，克服"书记管德育，行政管智育"的"两张皮"现象。抓工作是分工不分家的，都有责任，要做到齐抓共管。

其次，树立全员育人意识，全校教职工都应该把育人作为自己的神圣职责。全员育人，就是所有的教职工都要面向学生，根据自己的工作特点对学生进行思想政治教育，以自己的优良言行影响学生、教育学生。

最后，深入扎实地抓好思想政治工作，把落脚点放在基层、放在支部、放在班级。就是说，思想政治工作的重点在基层、在支部、在班级。思想政治工作的重点在基层，难点也在基层。大家知道，学生的思想政治教育的基本单元是班级、社团和宿舍，我们要把班级建设、宿舍建设作为思想政治建设的重要内容，把工作做实、做细、做出成效。我们肩上的担子很重，我们要为学生的健康着想，为他们的前途着想，为他们的成长着想，把思想政治教育工作落到实处。

2.7　中欧文化比较漫谈[①]

我与经济政法系有着不解之缘，这几年一直担负着系里几个班的课程，但今天集中全系同学在这里，好像是第一次。前天，系领导覃翠柏老师让我给大家讲一讲最近到欧洲学习考察之见闻，我愉快地答应了。这是因为我们都是学经济、政治和历史的，对比较文化并不陌生，有着共同相见、相互交流学习的愿望；二是在党的十六大召开前夕，我们一起重温科学社会主义理论，学习马列主义、毛泽东思想、邓小平理论、"三个代表"重要思想，借鉴国外的一些成功经验和教训，形成共识，把思想认识统一到党的十六大精神上来，因而愿意与同学们谈谈最近到欧洲考察的一些见闻和体会，题目就称为"中欧文化比较漫谈"吧。

一、欧洲的基本经济情况

这次欧洲之行，时间不算短，收获很大。通过参观、听课、调研、考察、学习，让我了解到欧盟各国的基本情况。这不仅是教育发展的情况，还有经济、政治、社会、外交等方面的情况，从而增长了见识，开阔了视野，提高了认识，坚定了走中国特色社会主义道路的信念。

从目前全球的经济发展情况来看，中国的增长速度是最快的，达8%，美国是3%，而欧盟仅0.2%~2.5%。用他们自己的话说，欧盟比美国经济落后10年，这里面有许多原因，但总的来看，欧盟的经济是厚实的，一些经济项目还在世界上处于领先地位。如法国，工业基础好，重工业、航空业、机械工业等工业化程度高。德国的经济较发达，全国工业实力强大，尤其钢铁、机械制造、化工最发达，电子电器、光学仪器、食品工业也有很高的水平。荷兰的造船、钢铁、化工、电子、生物、工程、钻石，比利时的钢铁、化工等，都是很有名的。他们的农业集约化程度也很高。我们没有到英国，因而也不了解情况。

[①] 本文系作者2002年11月7日在为经济政法系师生作"中欧文化比较漫谈"讲座的主要内容。时任校党委副书记。

中国是发展中的社会主义国家,而欧盟各国大多是老牌的资本主义国家,他们的工业已经有几百年的历史,也就是说,他们的资本积累已经达到了相当高的程度,如德国的汽车工业就有雄厚的基础。考察中,我们参观了德国的奔驰汽车制造厂,看到其汽车产品每一两年就更换,目前奔驰已经更新了85代。有意思的是,每一代的产品都展摆在那里,供人们参观、鉴别;德国的电子光学仪器、食品工业也有很高的水平。欧洲的高速公路已经四通八达,道路的质量也很高,如目前德国的高速公路长度仅次于美国,位居世界第二,公路的密度雄居世界第二,交通非常方便。欧洲的公路无收费站,各国公路互联相通。其加油站就是一个小市场,像个小圩镇似的。司机白天开车要计时,决不能超过八小时,而且汽车行驶两个小时必须休息半个小时,这是规定的。在高速公路跑的车子中,除了在意大利看到一些大卡车外,其余国家在公路上已经很少看到大卡车,大部分的物资运输是经过铁路和水路的。交通设施是基础工程,他们的做法是值得我们借鉴的。在这方面,特别是高速公路的修建,我们的势头很猛,有一天我们会赶上他们甚至会超过他们,这是毫无疑问的。

农业方面,他们已走了集约化的道路,奶牛、葡萄、牧草、森林井井有序,城乡无差别。可以看出,计划经济或市场经济只是一种手段,不是目的。

二、中欧经济文化的比较

经济是一个国家的命脉,文化是一个民族的灵魂,经济与文化是紧密相连的。从哲学角度说,文化是上层建筑,经济是基础,经济基础决定上层建筑,所以文化的繁荣需要经济的发展来支撑,文化对经济又具有反作用,科学文化的发展为经济提供了精神动力。对于这一点,大家是知道的,这是我们的专业,因而对经济与文化的关系认识更深些。

中欧相隔遥远,经济文化上有许多共同的东西,但也有不一样的东西。了解异同,才能便于沟通,才能便于经济文化的交流。我们同属亚欧大陆,都面临大海,自然条件也差不多,都有着勤劳而英勇的人民,都有着悠久的历史和灿烂的文化,但其不同点还是有的。

一是国情不一样。中欧相隔近万里,制度不一样,国情不一样。欧洲大多是老牌的资本主义国家,经济基础厚实,他们的资本积累搞了几百年。到了现代,利用高新技术发展工业。

从目前经济发展的情况上看,中国的发展是快速的。"中国速度"令世界惊讶,令各国人民敬佩。我们原来的基础比较薄弱,能达到现在这么快的速度是不容易的。今后,一旦我们把交通、能源这些基础设施打实打牢了,就能更快地发展腾飞,这是毫无疑问的。

从人口情况看，欧洲各国没有人口压力，有的现在处于零增长。产业结构、行业结构通过多年的努力，已趋向于比较合理的状况。经济水平发展不一样，其工业化程度高，有的行业已经达到现代化、自动化的程度；农业集约化的程度也高，一户有上百亩的农场，农业人口少，耕种的面积大，机械化的程度高，不需要很多人搞农业，人少耕地多，加上销售渠道畅通，农民的收入自然会高。其实他们的农业水稻单产还不如我们呢。如意大利的稻谷，我们在考察路上看到的就亩产 500 斤左右，而我们可以达到 1 000 斤，但我们人均面积太少，人均产量就不多，大量的人搞农业，自然是个浪费。而他们第二、第三产业的人员多，第三产业比第一产业、第二产业的比例高，现代化程度高，收入自然不一样。

二是地理位置、环境不一样。欧盟国家的地理环境基本是在陆地半岛上，自然条件好，海洋气候，不冷不热，土地肥沃，就是山区，森林一大片，接近海洋，自然水产品多，山区的畜牧业也很发达，农业的集约化程度高。

我们过去称自己地大物博，就范围来说，是宽广的、辽阔的，是令人骄傲的。其实，我国有很多地方是喀斯特地貌，沙漠占了不少，有许多石漠化连片地区，种不了庄稼，养不了人，有些地方可以说是难以生存的。我国人口比重大，农村人口多，贫困人口多，城市人口少，城市化水平还不高。这些问题都是我们要努力解决的。

三是思维、习惯方式不一样。东西方的思维、习惯方式的差别是相当大的。什么是思维方式呢？它是一个民族在长期历史发展过程中，人们所形成的思维模式或者思维趋势。或者说，人们自觉或不自觉地用这种思维模式来观察和处理问题。在欧洲，走在马路上就能发现一个现象：各单位无围墙，所有的汽车停在路边，一字排开，他们认为有围墙是搞封闭，也阻碍交通；他们说，有墙的地方是监狱。我想，我们现在的所有单位，有围墙也是暂时的，过去各单位也没有围墙，现在的围墙其实是权宜之计，我们的目标也是无墙的、放开的、和谐的。无围墙，车子就可以自由出入，就能够缓和交通的压力。围墙问题、门卫问题，相信经过努力，是可以解决的。

欧洲各国的市中心一定有教堂。那些古老建筑政教合一，统治人们的思想，人们在庙堂教堂祈祷。而中国的庙堂多在郊外，在深山老林。因为佛教、道教的基本哲学是修身养性，离开红尘，离开物质世界的诱惑。

我们向欧洲人送礼，是什么礼品，他们一定当面打开看看。当着客人的面打开礼品，这对我们说是一件不可思议的事情，但在人家看来是正常的。可以看出，东方人是整体思维，西方人是个体思维。以中医为例，中医讲究的是辨证思维，把世界看成是宇宙的一部分，扶正祛邪。而西医看重的是局部、个体，哪里有问题就在哪里动刀。拿文字来说，中文是讲究整体美，是世界上唯一一种可以作为艺术——书法来鉴赏的文字。因此，中文书法讲究的是结构美、和谐美、形体美，ABC的书法就没有中文书法那种形体美的效果，没有结构和谐的问题。再一个，我们中国人讲话比较含蓄，客套话也多，而欧洲人是单刀直入。上课时，我们的学生在课堂上很少提问和回答问题，而课后大家会热烈地讨论；许多班级是大班额的，人数很多，教师"一言堂"现象较浓，而他们多是小班额，便于学习讨论。

上述这些现状，都是一种表现形式，许多情况不能说哪好哪坏、哪对哪错，这些表现形式会影响人的思维，也会影响人的表达方式，当然也会影响情感。这些情况，导致中国人与欧洲人的表述方式不一样，你说你的，我说我的，有时候谁也说服不了谁，那就各说各的。当然最好是争取找到一个共同点，这才有利于找到解决问题的办法，有利于推进事物的发展、推动人类社会的进步。

这些行为习惯，如果体现在建筑上，那又是不一样的。西方的铁塔、砖塔建设可以搞上几十年、上百年，建筑的周期很长。如巴黎凯旋门是当年拿破仑下令创建的，前后花了30年之久才建成，但凯旋门尚未竣工拿破仑就去世了，留下了法国人为之自豪的历史建筑。他们的建筑，表面看上去感觉物体是稳固的，建好后他们不轻易毁掉。而我们则不断变化，推陈出新，一间房子建起来一二十年后需要建新的。这些习惯思维不能说有好坏之分，世界也是丰富多彩的，不能一味地改变这些习惯，但可以互补，可以相互借鉴。

四是文化的发展不一样。物质文化、生活方式、思维习惯不一样，文化势必也不一样。我们知道，欧洲文学采用的是浪漫主义的手法，人物像、塑像……各种造型琳琅满目地遍布街头，思维也就直来直去，不拐弯抹角。他们的文化，如古希腊文化、古罗马文化都曾辉煌，至今仍然有影响。但欧洲过去也是战争不断，政教合一，推崇英雄，特别注重美的艺术形象。这些文化，是全人类的共同财产，现代化的发展也是需要东西方文化互补的。

在文化上，古希腊的亚里士多德、法国的巴尔扎克，德国的科德、贝多芬都很著名。在德国考察时，我们还到贝多芬故居去参观。贝多芬是德国作曲家和音乐家，维也纳古典乐派代表人物之一。贝多芬的作品以九部交响曲占首要地位。我们看到与波恩大学比邻的贝多芬故居纪念馆，就保留得相当的完整。有那么一个故事，1889年，当贝多芬故居面临被拆除的威胁时，是波恩的12位市民将房屋买下来，设立了现在的纪念馆。可见人们对历史名人的认识和推崇，对历史文化的重视。100多年过去了，那房子看上去还很好。当然，他们的建筑物，建设时地基和房子都非常牢固，这是值得我们借鉴的。

他们对名人、伟人是崇拜的，保护历史文化遗产的意识也比较强烈。但你知道吗？中国的孔子比古希腊的思想家亚里士多德还早生160多年；中国的曹雪芹比巴尔扎克还早生 80 多年。他们都是世界的名人，都是对世界文化发展有很大贡献的人，是有很大影响的人，都是值得我们崇敬的。因此，我们要增强文化自信的意识。

100 多年前，德国海德堡大学古典管理学派马克思·韦伯对东西方文化作了比较，分析中国未进入资本主义的原因，例如：没有官职保障的财富无法成为社会荣誉的基础，没有法律地位的企业难以成为城市的主角，没有经济代价的国家义务取消了自由劳动市场等。他还发现，在中国古代，皇权虽重，家族的实际权力却超过国家的行政权力；工艺虽精，人们对人际关系的兴趣却超过对产品制造的兴趣。他的话，对帮助我们理解中西方文化的差异是有所帮助的。那天，我们到海德堡大学图书馆，想起了韦伯在这里所说的话，引人深思。

中西方的文化差异表现在诸多方面。我们讲了那么多，相互了解并作了对比。有比较才有鉴别。我们了解了中欧经济文化的不同点，就是为了找到它们之间的共同点，就是寄希望于双边的合作与交流。

其实，欧盟也好，中国也好，所创造的财富都是世界所共有，所创造的艺术也是世界所共有，只是表现手法不一样，在思维方式、行为习惯上，有所区别。有互补，才能充实。人类只有一个地球，世界是丰富多彩的。欧洲的优秀文化是人类所共有、共存的，世界各国的优秀文化是全世界人民的共同遗产。当然，在欧洲文化中，有优秀，也有糟粕。

他乡哪有故乡好。目前，从物质条件来说，我们虽然还比较落后，但我们发展的速度很快，欧洲用了二三百年走过的路，我们只用了 50 余年，中华人民共和国成立以来，特别是最近 20 多年来的社会主义改革开放的成就更是令人瞩目。我们的发展是势不可挡的，总有一天会赶上并且超过他们。我们要坚定理论自信、制度自信、道路自信和文化自信，这自信就是源于社会主义制度的优越性。可以看出，只有社会主义才能救中国，也只有社会主义现代化才能发展中国。中国是一个文明古国，有着 5 000 多年悠久的历史，在漫长的历史长河中，人民群众创造了丰富的物质财富和精神财富。当然，目前我们的问题和困难还不少，基础设施比较落后，发展也不平衡，任务还很艰巨，但只要我们继续以马克思列宁主义、毛泽东思想、邓小平理论为指导，高举邓小平理论的伟大旗帜，认真贯彻落实"三个代表"重要思想，特别是即将召开的党的十六大，一定是一次很重要的会议，我们要认真学好其精神实质，学好本领，投身于中国特色社会主义的伟大事业中去，在实现社会价值的同时，也能够实现个人价值。只要我们统一思想，同心同德，扎实工作，一步一个脚印，一个目标一个目标地努力实现，到下世纪中叶，一定会实现社会主义现代化强国的伟大目标，实现中华民族的伟大复兴。

三、加深对资本主义发展的历史过程的认识

今天,是十月革命胜利85周年纪念日,是一个值得我们永远纪念的日子。马克思是德国人,他所写的《资本论》《共产党宣言》都是不朽的巨著。《资本论》诊断了资本主义社会的弊端,《共产党宣言》宣告了资本主义灭亡、社会主义胜利的预言将是不可避免的。马克思和恩格斯创立的科学社会主义,指明了我们前进的方向。我们都知道列宁说过"帝国主义是垄断的、腐朽的资本主义"的话,那它现在为什么还是没有灭亡,而且发达的资本主义在20世纪后期还在发展着呢?有的同学为此而感到困惑、迷惘,这是不奇怪的。我们分析其主要原因,认为这是因为资本主义制度在私有制许可的范围内,他们在生产力、生产关系和上层建筑各个领域内做了一系列的自我调节和改良。从上述情况可以看出,二战以后,他们在生产力领域方面,对生产资料所有制、企业组织和治理结构上做了调整。在生产力方面,把军工改为民用,加快科技转化,在这方面,德国最明显,许多工厂进行了改制。以生产资料、股东为中心到兼顾利害相关者转移,以调整私有制的实现与形成。在企业组织和治理结构方面,为适应大规模的生产制向灵活生产制的转变,要求把工人由会说话的"机器人"逐渐变为"经济人""文化人",把规模做大。在上层建筑方面,改良主义消除和缓解了工人与资本家的矛盾。

我们在欧盟考察参观的过程中看到,欧盟各国的生产技术还是比较先进的,经济上总体是可以的。可以看出,他们的自我调节在一定时期内能够促进生产力,促进高新技术发展,优化结构,缓和矛盾,但终究不能触动资本主义结构的根基,改变其共性,没有解决生产社会化与资本主义私人占有之间的矛盾。这种情况随着生产力的发展、生产社会分配发展过渡到社会文化准备革新的社会因素,其基本矛盾必然在新的基础上不断积累和加深,人们贫富差距扩大,其自我调节、自我改善是暂时的。中国与欧洲各国的国情不一样:各自历史发展轨迹不一样,起点不一样。我们走的是中国特色社会主义道路,这样的选择来之不易,是通过100多年来摸索、探索和浴血奋斗得来的,是经过社会主义革命、建设、改革得来的,这是共同富裕的道路,是公平、正义的道路。这一点,我们是坚定不移的,充满着信心。

我国是社会主义国家,目前还处于社会主义初期阶段。新中国经过50多年特别是改革开放20多年的努力,已经展示了美好的光明前景,这是社会主义的优势所在。

在当今的世界格局中,政治多元化、经济全球化、科技发展迅速化,机遇与挑战并存,是我们认识世界的基本观点。诚然,人类文明是丰富多彩的。我们要认清人类文明的多样性,应该相互交流、相互学习、求同存异、取长补短、共同发展。我们一

定要学会运用辩证唯物主义和历史唯物主义的观点看问题，不断提高我们认识世界、改造世界的能力。我们应该充满着信心，我们的前途是光明的。

最近，江泽民同志提出如何认定社会主义发展过程，如何认定资本主义发展的历史过程，如何认定我国社会主义改革实施过程中对人们思想的影响，如何认定当今的国际环境和国际政治战争带来的影响，这"四个如何认定"，有深远的历史和现实意义。因此，我们要努力解读，认真领会，悟出道理来。

第一个社会主义国家诞生在欧洲，她的出现，为世界的和平与发展、人类社会的历史发展做出了历史性的贡献。尽管从目前世界范围来说，社会主义走下低谷，但是她的历史发展是不可阻挡的。我们知道，人类社会生产总是从低级形态到高级形态，从最后一个剥削阶级资本主义过渡到没有剥削的社会，这是历史必然不可抗拒的规律。科学社会主义为何创立？这不是个人的天才，而是社会发展的必然结果。"十月革命一声炮响，给我们送来了马克思主义。"这是不能忘记的，忘记意味着背叛。马克思主义源于欧洲，源于资本主义发展阶段，《共产党宣言》宣告了资本主义灭亡，社会主义胜利都是不可避免的。要想达到这样的目标或阶段，需要经过漫长的历史过程，也需要经过长期的奋斗。我们要牢固树立共产主义远大理想和中国特色社会主义坚定信念，更要脚踏实地地为实现党在现阶段的基本纲领而奋斗，做好每一项工作。

目前，国际形势趋向缓和，和平与发展仍然是主题，这个判断不变；但冷战思维依然存在，这一点我们不可掉以轻心。如何认识当今国际环境和国际政治斗争带来的影响？我们认为，人类文明是丰富多彩的，各国应相互学习、求同存异、取长补短。这次欧洲之行，让我们打开了眼界，扩大了视野，增长了更多知识，也树立了自己的信心。因此，我们要充满自信，努力学习，扎实工作，认真办好我们自己的事情，不断推进社会主义改革开放的伟大事业，为建设中国特色社会主义、实现中华民族的伟大复兴而努力奋斗。

2.8　关于与东盟合作办学的思考[①]

受学校的委派,我与外语系言志锋老师于2009年3月6日至24日随中国广西教育代表团赴印度尼西亚、越南、泰国举办国际教育展,同时进行教育考察,历时19天,收获很大。现将情况汇报如下。

一、基本情况

广西教育代表团来自24个院校和单位,共49人。团长为自治区教育厅白副厅长,副团长为河池学院覃院长和玉林师范学院刘院长,正、副秘书长为自治区教育厅国际交流处杨处长和徐调研员。

行程中,广西教育代表团在印度尼西亚、越南、泰国这三个国家举办了3次教育展,考察了三个国家9座城市11所院校。其中,在印度尼西亚万隆市、越南顺化市、泰国曼谷市分别举办了教育展;参观考察了印度尼西亚马纳拉达大学、爪哇国立大学、教会大学、印尼大学、崇德华文学校、越南顺化外国语大学、顺化师范大学,泰国朱拉隆功大学、曼谷大学、素吻他尼皇家大学、苏梅外国语学院等11所院校;访问了泰国教育部高教委;与这三个国家有关教育机构及院校的数十位代表进行了交流。同时,也对这三个国家的社会和民族历史文化状况进行了一番考察,顺利地完成了上级和学校交代的任务。

二、主要做法和收获

(一)扩大对外宣传

举办广西教育展,是一个很好的宣传中国、宣传广西、宣传学校的窗口。在办教

[①]　本文系作者2009年3月6日至24日随广西教育代表团赴印度尼西亚、越南、泰国举办国际教育展和进行教育考察的情况汇报的主要内容。时任学校党委委员、副校长。

育展活动中,我们受到了当事国政府、部门、学校的热烈欢迎,所到国家的当地政府及教育界要员和华侨华人团体负责人都出席了开幕仪式。在印度尼西亚万隆、泰国曼谷举办教育展的当天,当地报纸就在显要的栏目上做了报道。在越南顺化师范大学的国际教育论坛上,包括我院在内的12所院校领导上台介绍各自院校的情况,我代表学校做了演讲,顺序排在河池学院覃院长、玉林师范学院刘院长、广西师范大学李副校长之后,作为第四位演讲者上台进行了即席主题报告;在泰国曼谷举行的泰中教育合作论坛上,我院在会上也做了介绍。我们站在国际讲坛上,那种自豪感、责任感、使命感油然而生,感到每句话都有分量。因为我们代表着学校、代表着我们伟大的国家。

交往中,我们共分发了介绍我院的400多份英文宣传材料、200多份越文宣传材料和100多张光盘,与教育机构和学院的数十名代表、家长及学生做了交谈,有的还做了长谈、洽谈,通过这一系列活动,展示了中国、广西和百色学院的形象。在活动中,对方对我们学院的地理位置优势和办学特色等给予肯定,大批异国在校本专科生、大中小学教师、家长和社会各界人士前来参观、咨询、交谈;许多外国学生对到我院学习汉语或其他专业表示出浓厚的兴趣;许多家长,尤其是印度尼西亚、泰国的华人后裔,都表达了送子女到我院学习汉语、继续深造的强烈愿望;不少院校,特别是泰国素叻他尼皇家大学等相关院校都有与我院合作办学的意向和愿望。

(二)建立合作关系

期间,我们和这三个国家相关院校负责人就双方互访、学生和教师互派、学术合作等共同感兴趣的内容进行了充分的交流,初步达成了合作的意向。

1. 我们与泰国素叻他尼皇家师范大学签订了教育交流与合作备忘录。

2. 在泰国曼谷的朱拉隆功大学举行的国际教育推介会上,我们向来自泰国各地的20多所院校介绍了百色学院及百色市,然后分别面对面地与各个院校就开展国际教育交流与合作进行了真诚的洽谈,其中来自泰国中部的甘烹碧皇家大学在院校类型、定位、规模等方面与我院有较多类似之处,双方达成了合作意向,我们向该校赠送了壮锦,表达了我们合作的诚意(注:返校后我们即收到该校校长和国交处长等的来函,他们于当年6月间到我院访问,并与我院签约)。

3. 泰中教育合作友好协会刘主任,专门与我院商谈合作举办暑假短期培训班"防身自卫"选修课的开设事宜,愿意继续为两国教育合作而努力。

(三)提高学院知名度

在参展的24所院校和单位中,各校都展示了自己的办学成就,八仙过海,各显神通。我们也不例外,通过上一届的办展和多年的努力,百色市和百色学院在这三个国家中有了一定的知名度,许多外国人士对我们学院开始有了一定的了解,这次办展对提高我们百色学院的知名度无疑是有益处的。

(四) 加深对比较教育理论和实践的认识

他山之石,可以攻玉。在办展和进行教育考察中,我们对东南亚国家高校的教育教学的现状和管理有了一定的了解和认识,学习了国外先进的教育理念、经验和教训,加强了与这三国相关高校之间的联系,有助于双方相互交流、借鉴和学习,促进中国与东盟教育联系与交往,为下一步的工作进行了探讨,为今后的双方合作奠定了基础。

(五) 如期完成外出办展与考察任务

在近20天的行程中,大家克服了炎热、水土不服、休息少的实际困难,精神饱满,态度热情,工作积极,遵守纪律,较好地完成了组织交给的任务。代表团领导对这次出访的成果和代表团各成员的表现感到满意。

三、主要体会

首先,拓宽了知识面,开阔了视野。他山之石,可以攻玉。这次外出办教育展和教育考察,是一次很好的学习机会,我们学到了不少的东西。如华人对三语(汉语、所在国语、英语)的学习和运用,以及国外一些院校国际化的办学模式等。教育展展示了国际教育合作、职业培训、留学咨询等服务内容,为区域内教育机构和高等院校推介服务和成果、提升品牌影响力,以及加强合作提供了务实的平台。

其次,交流借鉴,取长补短。当前,中国与东盟国家在教育领域的交流与合作蓬勃发展,成效明显。双方在该领域的合作依然具有广阔的合作需求和提升空间。中国与东盟教育领域互补性较强。在办展和考察中,通过观摩比较,我们与国外的院校都能找到许多共性的东西,如泰国高校对提高教育质量的应有重视,对贫困学生助学贷款的成功做法;印度尼西亚对人才培养模式的探讨运用;越南加强对师资培养培训的措施等,都是值得我们学习和借鉴的。

再次,相互学习,共同提高。在近20天的行程中,我们与区内各院校有关领导、教师在一起工作、相互学习、相互交流、相互探讨,很有益处。兄弟院校的一些经验做法值得我们借鉴。如梧州学院将英语专业的学生送到越南顺化外国语大学学习英语和越南语,广西大学等院校在泰国办孔子学院的做法,广西艺术学院与这三国合作举办的艺术培训班,有关院校自行组团对外对口访问交流等。

四、几点建议

一是派员出访。中国与东盟国家文化背景、教育体系和发展阶段比较相似,近年来双方在经贸、教育等多领域的合作也更加紧密,这为双方的合作和发展奠定了广泛基础。了解东盟,进行国际合作交流,那就必须出去走一走、看一看,交朋友、串亲戚、探邻居,把工作做在前面。今后除参加上级组团的出访外,我们也可以自行组队,对国外一些院校进行教育合作交流和教育考察。

二是接洽商谈。积极做好接洽商谈的各种准备,有的放矢,知己知彼。通过信函和接受来访,继续与这几个国家的相关院校商谈合作办学事项,开展与东盟各国之间的校际交流,扩大我院影响。我们与东盟各国教育合作的条件已基本具备,要抓住时机,推进国际合作办学工作的开展。

三是组织观展。2009年6月,泰国将组团到南宁举办教育展,届时我们可以组队去观摩。泰国在工商管理、食品加工、会展、旅游、酒店、语言培训等学科优势明显。这是一次相互学习的机会。

四是合作办学。要提高与东盟合作办学的认识。我们看到,在双方教育合作不断发展的同时,各国对国际教育合作、职业培训、留学咨询等服务的需求也在不断增长。我院与东盟合作办学的前景非常广阔,我们应积极努力地进行交往,建立合作关系,加强校际合作,力求做到双赢,促进学校发展,争取近年内在国际合作办学中有新的进展和突破。

2.9 体育教学之见解[①]

体育教学和训练是一种行为规范，体育运动是一种生活方式或者说是一种生活状态。体育是让人增强体质的科学训练，是培养体育竞技的教学活动；体育培养的是一种竞技，体育培养的是一种习惯，体育培养的是一种精神。

一、体育培养的是一种竞技

体育是一门科学，而科学是要讲究规范的。规范是否到位，要靠体育教学和体育训练予以纠正。学生在学校体育活动中学到了规范，对自己的一生都是极为有益的。因此，教师上体育课时，动作要认真、规范、到位。你站在球场上，就是标兵，就是形象，这让人产生美感。体育本身是能产生美感的。

实训课是一门综合训练课。动脑、动口、动手，实训是全身运动。老师站在学生前面，是榜样，大家向你看齐。体育课是要树标兵的，场上要有骨干，一个队还要有个核心。在活动中培养团队意识、团队精神，思想教育寓于训练活动之中，讲的就是这个道理。系里28位老师的课，我们都听了一遍，总的感觉是良好的。老师们专业素养高、基础厚实，备课、上课认真，教学方法得当，成效显著，说明大家是下了功夫的，这是一种提升、提高的过程。听课、评课应成为一种常态，使之成为制度化、常态化、规范化。

关于课堂教学，总体理论课比实训课逊色一些。我们不仅要上好实训课，同时也要上好理论课。体育科学是介于人文社会科学与自然科学之间的交叉学科，让学生掌握学科知识，学好基础知识与基本技能，要把理论说透也是应该的。理论与实践相结合，任何时候都是需要的。

关于教学语言，有的老师在上课时语义还含糊不清，实训课时口令与行为有偏差，让人听不出要领，或者过于小声，让人听不清、记不住，这是需要改正的。训练场与

[①] 本文系作者2014年8月5日在有体育系全体教师参加的评课反馈座谈会上发言的主要部分。时任校党委委员、副校长、校评课评议专家组成员。

课堂的空间不一样，训练场较空荡，把声音提高些，学生才听得到、听得清。老师上课认真，富有激情，才能感染学生，学生才认真。严师出高徒，教师只有对学生严格要求，才能提高教学质量。

如何不断提高教学质量？体育教学要改革。原来设想的体育俱乐部的方案，是应该探索实施的。根据学生的水平分高、中、低三级，达到一定的要求时给予学分。从这几年学生体质测试情况来看，我们学生的体质在下降，这是一个值得注意的社会问题，要认真对待。让我们的学生进了大学以后，通过一段时间的体育锻炼，逐渐增强体质，男生能跑3000米，女生能跑1500米，并且都能达标，身心素质都得到提高，这是社会的期望。其实，这样的要求并不高。

各教研室的老师要互相听课，磋切教艺，共同提高。要养成互帮互助、教学研究的好风气。要提高教学质量，还要探索一些实际问题，要养成体育科研的风气习惯，以科研带动和促进教学，不断提高教育教学水平。

二、体育培养的是一种习惯

体育就是让人从小养成一种好的习惯。好习惯从哪里来？它不是生来就有的。它靠什么？是靠教育培养的，是靠体育训练的。什么是优秀？优秀是一种习惯，而这种好的习惯应该是学校培养出来的，这其中就有体育教学的功劳。

把体育课堂教学活动提高到一个新的境界。努力提高课堂效率，使学生变"要我学""要我练"为"我要学""我要练"，就是将学生的被动学习变为主动学习，这是需要我们认真思考的。在教学过程中，要注重学生的自主学习，让学生体验到成功、感受到快乐。在师生双边融洽的关系中学习，既要充满着友谊和欢乐，更要让学生懂得体育锻炼的方法。

体育锻炼应该成为我们生活的重要组成部分，体育教师要关心青少年的体质问题，这是民族的希望、国家的未来。还是那句老话："每天体育锻炼一小时，健康工作五十年，幸福生活一辈子。"我们要向学生灌输这样的理念，并要达到这个要求。体育是基础、是动力，也是科学养生的方法。体育搞好了，对人的一生都是受益无穷的。

三、体育培养的是一种精神

体育是磨炼意志的好机会。体育培养的是一种境界、一种技能、一种习惯。过去我们学校有个体育老师叫郭惠平，是体育教研室主任，在座有些老师是认识他的。每天早上六点钟，他就准时来到体育场进行锻炼。与其说他是进行体育锻炼，不如说他在为学生做表率。他和他的团队不仅影响着一代又一代的学生,还影响着其他学科的青年教师。我们这一早锻炼的习惯,保持至今,就是受这些老师的影响的。后来郭老师到武汉体育学院进修,由于表现突出,人家硬是把他留下来了。这就说明:榜样的力量是无穷的。

  体育是德智体美全面发展的重要组成部分,是党和人民教育方针的重要内容。体育的重要性不言而喻。常言道,德育不合格是危险品,智育不合格是次品,体育不合格成废品。可见体育是何等的重要。各级领导、各位老师都要重视体育,作为体育老师,更应该把它作为我们一生追求的事业。从事体育工作是光荣的,这是国家和民族的需要,是事业的需要,希望我们大家一起忠于职守,为培养大批合格的德智体美全面发展的社会主义现代化事业的建设者和接班人做出自己应有的贡献。

2.10 学校体育工作之我见[①]

学校体育工作是高校各项工作的重要组成部分。体育工作已经列入学校的议事日程。如何搞好体育工作？我谈几点意见。

一、增强体育意识，体育与德育、智育、美育同等对待

体育一直是党和国家教育方针中不可缺少的重要组成部分。德智体美，缺一不可。作为教育工作者，我们一定要增强体育意识。千好万好，身体好才是第一好。身体好是工作好的基础，是学习好的本钱，让每一位大学生都明白这个道理。"每天坚持运动一小时，为国家健康工作五十年。"这是理念，也是规定。体育不是可有可无，而是太重要了。

学校体育工作直接影响到教育方针的贯彻落实，关系到人才培养的质量，关系到大学生的身心健康。我们要以落实科学发展观的态度，重视体育，重视和加强体育工作，进一步推进高等教育改革和发展，使体育工作不断提高到一个新的水平。这是我们的指导思想，不能动摇。

二、加强教体结合，大力提高高校体育运动技术水平

一个国家的竞技体育水平，能从一个侧面反映出国家的经济水平及社会发展的程度。高校是为国家培养各级各类高素质人才的重要基地，培养优秀体育人才，为国家竞技体育工作做贡献是高校应尽的职责。要把群众性体育和竞技体育结合起来，将群众性的体育锻炼和身体健康结合起来，以群众体育促进竞技体育。前几年，我们建立运动队的机制是对路的，并且也做了努力，积累了一定的经验，取得了较好的成绩，但还不够，要继续摸索。以运动队带动其他体育训练项目的开展，这是一个提高运动

[①] 本文系作者 2010 年 11 月 3 日在全校体育工作会议上讲话的部分内容。时任校党委员、副校长。

水平的尝试。要加强对少数民族传统体育训练基地的建设,加强对运动队的指导,选好苗子、好种子训练,提高水平。

学校运动会要开好,这是对一年来体育工作的现场检验,不要忽视。要建立学校运动会的机制,今后要积极创造条件开展院系二级运动会,让更多的同学参加到运动会中来。

三、要建立和完善学生体育健康评估机制

全面实施《国家学生体质健康标准》,把学生健康素质作为评价学生和学校的重要指标,这是一项基础性的工作,要认真抓好,测试的结果要存入学生档案,这是对学生负责、对社会负责。

同时,要坚持体育与卫生工作相结合,认真落实卫生工作条例。我们要做到体育卫生工作一把抓,卫生搞不好,体育自然搞不好。要形成良好的卫生习惯和体育锻炼习惯。

体育工作要树立"健康第一"的思想,要有全盘的工作计划,按德智体美全面发展的要求积极开展工作,不断提高学生素质。

体育锻炼贵在坚持,不要三天打鱼,两天晒网,要做到持之以恒。只有形成好的习惯,才能达到好的效果,而这好的习惯是通过体育锻炼等形式塑造而成的。

2.11　论积极推进民族传统体育运动的开展[①]

今天，很高兴参加市里举行的广西第十三届少数民族传统体育运动会总结表彰会。这次在钦州举行的广西第十三届少数民族传统体育运动上，我市代表队勇于拼搏并取得了优异成绩。其中，我校参加市里组团的项目，共有82名运动员和11位教练参加本届运动会，角逐八个项目的比赛，获得了9银14铜的好成绩，并荣获集体"体育道德风尚奖"，李爱文等8名运动员被评为个人"体育道德风尚奖"。他们确实是好样的。

但成绩只能说明过去，我们更需要总结经验教训，面向未来。为推进我市少数民族传统体育运动，不断提高运动水平，提高少数民族地区人民体质和人口素质，我们需要做很大的努力。因此，有几个方面是值得我们认真思考的。

首先，建设好少数民族传统体育运动训练基地。基地的设立，意义重大。市里把基地设在百色学院，这是对我们学校的信任。因此，在这里，我代表学院表个态，请市领导和体育局放心，我们决心着力把这个训练基地建设好。我们认为，要做好基地建设的长远规划，而不是短期。这个规划必须具有科学性，零敲散打出不了好成绩，办不了大事。现在，我校已经有了绣球、陀螺、板鞋、高脚竞速等少数民族传统体育运动训练项目，组建了运动队，开展了一系列的活动，并代表市里参加了自治区的各类比赛，取得了比较好的成绩。这是基础，但是还不够。最近，我们组建了龙舟队，买了两艘训练龙舟，现在已经开始进行训练了，争取明年第一次参加右江龙舟比赛能取得好成绩。我们也要学做"水上蛟龙"，百色学院是有这个条件的，要充分利用这个条件，创造出优异的成绩。在民族传统体育运动各个项目中，要准备好训练项目的教材资料，挖掘一些原创的民族体育元素，落实好训练方案，做好常规训练，要加强对运动队训练的指导，做到增强体能、科学训练、讲究方法，提高体育运动竞技水平。作为民族地区院校，我们理应把少数民族传统体育运动训练基地建设好，这是我们义不容辞的责任。我们有这方面的能力，也有这个信心。基地的建设是一项系统工程，我们一定要统筹兼顾，不仅要把它建设好，而且要办出水平、办出特色，为百色争光。

[①] 本文系作者2014年11月21日在百色市参加广西第十三届少数民族传统体育运动会总结表彰会上发言的主要部分。时任校党委委员、副校长。

其次,扩大开展少数民族传统体育活动的参与面,提高运动水平。少数民族传统体育运动,以其丰富的文化内涵和周期性、民族性、群众性的特点,融入各民族的日常生活和精神世界。这一系列的项目,受到各民族人民的喜爱。少数民族传统体育运动,是一项有群众基础的体育活动。开展少数民族传统体育,对于弘扬各民族优秀文化传统,发展民族体育运动,增强各民族人民体质,巩固和发展平等团结互助和谐的民族关系,有着重要的意义。这些道理是不言而喻的。百色市民族传统体育运动的发展,需要广大的群众参与。社会层面上的体育运动是这样,学校的体育运动何尝不是这样呢?这几年,我校群众性体育活动得到健康发展,"阳光体育"运动和竞技体育比赛方兴未艾,在参加区内外体育比赛中均取得了好的成绩。我们要继续努力,争取取得更大的成绩。但有些工作还有待我们努力去做,诸如少数民族传统体育运动虽然得到了长足的发展,但其广泛性、群众性还不够,水平还有待提高,还可以继续拓展,继续挖掘,强化体育意识,继续做好培训,加强传统体育运动的实践与理论训练的研究,尽可能让更多的人积极参与到少数民族传统体育运动中来,强化其群众性、民族性和专业性。让一些特色鲜明的传统体育运动项目成为学校和百色市的宣传名片。要提高运动水平,就需要有群众基础,在普及的基础上予以提高,在提高的基础上再普及。只有互通有无,让大家广泛参与,才能得到提高。

再次,要形成人才接力的长效机制。民族传统体育运动需要形成人才梯队,尤其是在学校。学校办好少数民族传统体育运动训练基地,就是要培养出更多更好的优秀人才,一批批毕业出去的运动员,是社会的骨干力量。学校是培养人才和输出人才的地方。但在学校里,培养苗子,培养尖子,培养运动骨干,还需要我们认真地做好各项工作,将民族体育运动深入持久地开展下去。在这方面,尽管学校一直将这项工作视为学校体育运动发展的新生长点,也是学校开展体育运动的重点,但建立完善的民族传统体育活动训练的长效机制,还有待我们去探索、去研究。这是个压力,但也是动力,更是我们应尽的责任。体育事业,始终是为人民服务的事业,我们要将提高国民健康素质作为发展体育运动的出发点和落脚点,一定要担当起这个责任,把人才培养好,为发展民族传统体育事业、增强人民体质做出新的贡献。

2.12 对学校艺术教育的见解[①]

今天召集大家来，主要是研究学校艺术教育问题，既务虚又务实。我先谈一谈自己对这个问题的一点理解和认识。

学校艺术教育的重要性和必要性，不言而喻。师范院校艺术教育的重要性显得更加突出。多年来，党和国家非常重视学校艺术教育。1989年，国家教委在南京召开了第一次全国学校艺术教育工作会议，颁发了我国第一个普通学校艺术教育的规划——《全国学校艺术教育总体规划（1989—2000）》，提出了艺术教育发展目标和主要任务；1993年《中国教育改革和发展纲要》的制定，成立了艺术工作机构和教研机构。国家教委还制定了《关于发展与改革艺术师范教育的若干意见》《师专音乐艺术美术专业学科课程方案》《加强学校艺术教育的意见》等，这些文件的出台，使我们明确了学校艺术教育的重要性，使有计划地实施艺术教育有了依据，使学校艺术教育事业有了较大的发展，我们应该趁这个东风，继续推进我们学校艺术教育的健康发展。

艺术教育是美育的核心，也是素质教育的重要组成部分，它的根本目标是培养德智体美全面发展的人。美育是德智体美全面发展教育的一个重要组成部分。艺术教育作为美育的核心内容，是审美教育的主要方式。通过艺术教育，普及艺术的基本知识和基本原理，提高学生的审美修养和艺术鉴赏力，培养其健全的审美心理。可以说，艺术教育是对学生进行素质教育的重要内容和途径之一。素质教育的实施为学校艺术教育的发展开辟了广阔的前景，艺术教育正面临着难得的良好机遇。近年来，各高校纷纷成立了歌咏队、舞蹈队、乐队、艺术团，举办了文化艺术节，大合唱、歌咏、舞蹈比赛等全面展开；全员育人，全面发展。广西每两年举办一次大学生文化艺术节。所有这些，使学校艺术教育方兴未艾，健康发展，令人欣慰。

从我校艺术教育情况来看，发展也是良好的。多年来，我们根据师范生的特点开展了艺术教育活动，在培养学生德智体美全面发展上是下了一番功夫的，取得了一定的成绩，也积累了不少的经验，这是我们师范教育的特点和优势。但是发展还不平衡，教育整体水平还不高，离上级和社会对我们的要求还有一定的差距，因此，我们需要

---

① 本文系作者1997年6月6日在全校艺术教育工作会议上讲话的主要内容。时任校党委副书记。

采取如下措施：

其一，要提高对艺术教育重要性的认识。我们是师范院校，艺术教育是学校各项工作的一个重要环节，这是我们的特色。每一位教育工作者都要端正思想，认真贯彻落实德智体美全面发展的教育方针，这是我们的国体、政体和学校的培养目标所需要的。况且，作为一个未来的人民教师，审美知识是一个教师知识结构不可缺少的组成部分。陶行知的"手脑并用""解放儿童的头脑"讲的就是要开发学生的智力。靠什么来开发，其中艺术教育是一个重要的因素。其实，国外对艺术教育也是非常重视的。当年，苏联人造地球卫星上天后，美国朝野一片轰动，他们在反思其教育影响科技发展问题时，就认为是对艺术教育重视不够，影响到教育质量，影响到优秀人才、拔尖人才的脱颖而出。后来他们的纠正结果大家都知晓了。这个例子给了我们一定的启示。

重视艺术教育，就要加强对艺术教育工作的领导。近期，学校准备成立艺术教育工作领导小组，统筹协调艺术教育的有关事宜，使之运行有序，开创特色，提高质量。同时，加快学校艺术教育规章制度的建设，使学校艺术教育工作尽快驶入"依法治教""依法治校"的轨道。认真贯彻落实党和国家教育方针，坚持正确社会主义办学方向，提高教育教学质量，这是我们提高对艺术教育认识的重要保证，必须认真搞好。

其二，理顺学校艺术教育管理体制，健全完善艺术教育管理机构，配备专、兼职人员，开展艺术教育评估。把艺术教育工作列入学校教育工作的议事日程，把提高教育质量落到实处，这是搞好艺术教育的基础。

其三，加强学校艺术教育课堂教学，规范课内外、校内外艺术教育活动的内容和形式，丰富校园文化生活，不断提高活动质量，促进校园精神文明建设。艺术教育要进课堂，这是对非艺术专业而言的。师范教育要重视艺术教育，要开设艺术教育的选修课，同时要做好"第一课堂"和"第二课堂"的衔接，这是搞好艺术教育的运行机制。

其四，筹建学校大学生艺术团，将其挂靠在校团委。由校团委和艺术系负责人担负组建工作，宣传、教务、学工部门要积极配合。艺术团下设合唱队、舞蹈队、曲艺队、乐队等。通过活动，提高艺术团的艺术水平，打出我们学校的品牌。其实在这方面，我们已经有了一定的基础。1995年、1996年暑假，我校大学生"三下乡"志愿者服务队就分别到凌云、田林等地去开展慰问演出，受到当地群众的热烈欢迎，效果很好，反响很大。人民群众需要文化艺术生活。大家说，真想不到有如此好的效果。作为带队老师，我们也深受感染，我们要把它作为好的传统坚持下去。今年暑假还准备计划到其他县去，以形成经常性的工作。校团委要尽早完善活动方案。这说明，对于艺术教育，我们是有基础的。在这个基础上，我们应该进一步完善艺术教育机制，加强建设，保持活动常新，让更多的学生积极参加这些活动，接受美育的熏陶，不断提高演艺水平，提高综合素质。

其五，增加艺术教育经费的投入。学校决定近期拨数万元经费配置一批大学生艺术团乐队的乐器，增添设备，打造品牌，打出特色，提高水平。对艺术系和艺术团要增加投入，这是搞好艺术教育的保障措施。

其六，做好普及与提高相结合。艺术教育要面向全体学生，这是我们的教育方针所决定的。德智体美全面发展，人人都需要向这个目标看齐。没有普及，就没有提高，要在普及的基础上予以提高，以点带面，达到较高的水平。同时，通过提高来促进普及。

2.13　论艺术的价值[①]

艺术系举办艺术活动周很有意义。

什么是艺术？艺术是真善美的结合。艺术专业的人，通过艺术细胞的活跃，展现出独特的生活艺术。非艺术专业的人，艺术并非是谋生的手段，但它是人的知识结构中不可缺少的组成部分。对一部分人来说，艺术虽然不是他们的专业，虽不能当饭吃，但有艺术让他们觉得生活是那样的美，觉得人生更有意义。从这个意义上说，人的生命中应该有一点艺术的细胞。

艺术是什么？艺术是人生的写照，是生活的再现，是生命的闪光，是青春的旋律，是洗礼灵魂的催化剂，是回顾昨天、书写今天、展现明天的一门科学。

艺术创造了真。它是在艺术家真切的人生体验基础上，通过艺术的创造力，以虚幻的形式揭示出来的实际生活的本质与真谛。

艺术创造了善。劳动创造了真，也创造了善。善是真和美的规范。无善则不真，无善也不美。真善美，是艺术的最高境界，是艺术永恒标准。

艺术创造了美。没有创造，民族就没有希望。艺术是创新的真，没有创新，国家就没有未来。"创造是民族的灵魂。"艺术又是生活的善，有了艺术，生活才是真正的生活，生活才会有闪光，生命才会有意义。

艺术源于生活又高于生活。艺术来源于人民群众，应该回到人民群众中去。为人民服务，为人民大众而生，为人民大众献艺，永远是我们坚持的原则。

生活创造了艺术，艺术改变了人的生活。从某种意义上说，艺术不仅能改变人生，艺术还能改变世界。

生活需要激情，而艺术则是煽动激情的科学。科学中增添了艺术的元素，就能不断推进和繁荣，而艺术有了科学就更富有生命力。

我们是师范院校艺术教育专业的大学生，理应具有激情的勇气、科学的精神、艺术的天赋、高超的技能，努力把自己培养成一个复合型人才，成为社会主义现代化事

[①] 本文系作者2005年12月1日晚应邀在艺术系第二届艺术活动周开幕式暨声乐比赛上的即席脱稿演讲辞。时任校党委副书记。

业的建设者和接班人，成为德智体美全面发展的人。

科学与艺术是人类追求的永恒主题，青年永远是这一主题的推动者。哪里有青年大学生，哪里就应该有科学与艺术的追求者。

让我们在求真、寻善、爱美的大道上阔步前进吧！

2.14 军民是胜利之本[①]

在中国人民解放军建军79周年纪念日即将到来之际，今天我们很高兴来到百色军分区参加座谈会并向解放军学习，这是难得的机会。借此机会，谨让我代表百色学院5000多名师生向百色军分区指战员表示节日的祝贺，并致以崇高的敬礼！

中国人民解放军是中国共产党领导的伟大的人民军队。有了这支军队，我们才能推翻"三座大山"，建立新中国，才能为改革开放事业、为社会主义现代化建设提供有力的保障，才能为社会主义江山筑起铜墙铁壁。实践证明，"没有一个人民的军队，便没有人民的一切""军民团结如一人，试看天下谁能敌"，几十年的社会主义革命、建设和改革，无不证明了这个真理。

国家的安全和社会的稳定关系着各族人民的根本利益和长远利益，军政军民团结历来是捍卫国家安全和保持社会稳定的重要因素。百色军分区是一支英雄部队，几十年来，你们发扬百色起义精神，继承和弘扬红七军光荣传统，在社会主义革命、建设和改革时期发挥了应有的作用，特别在保卫边疆、建设边疆的过程中立下了功绩、建立了功勋。所有这些，我们永远不会忘记，老区人民不会忘记。

"兵民是胜利之本"，这是毛主席1938年在《论持久战》一文中说的。军队和民众是胜利的根本保障。多年来，百色军分区一直对百色学院的工作给予支持。新中国成立初期，我们这所学院的前身——百色师范学校就有数十名学生参加中国人民志愿军，参加抗美援朝，立了战功。部队的同志多次到学院指导工作。改革开放以来，军分区与我们学校的合作共建更加广泛。20世纪80年代中期，英雄隆志勇就来到我院作英模事迹报告，对大学生进行革命传统教育和军事教育。1990年以来，作为军训试点单位，百色军分区在国防建设任务重的情况下，一直派教官到学校对新生进行军训，得到了上级的肯定与赞扬。10多年来，我一直分管联系军训的工作，部队教官的优良品质和作风永铭于我心中。在军训中，同学们以人民解放军为榜样，学到了人民军队的好思想、好品德、好作风。军训教官言传身教，体现了人民解放军的光荣传统和作风，体

[①] 本文系作者2006年7月26日在百色军分区司令部会议室慰问军分区指战员座谈会上的发言。时任校党委副书记。

现了军民团结的情怀，顺利地完成军训任务，这种精神是难能可贵的，是值得我们永远学习的。这种精神是全面建设社会主义小康社会，构建和谐社会的保障。这些年来，我校积极开展大学生征兵工作，为部队输送了优秀人才，完成了上级的征兵任务，取得了很好的成绩。在某种意义来说，部队和大学都是培养人才的地方，我们有很多的共同之处。在办学中，我们从人民解放军中获得了丰富的营养，军分区派员前来帮助我们搞军训，军民共建社会主义精神文明，促进了学院的发展。

在今后的工作中，我们一定要积极开展双拥工作。双拥工作是人民军队性质、宗旨的重要体现，是党的群众路线的具体运用。军民有着共同的理想、信念和奋斗目标，有着完全一致的根本利益。国家的安全和社会的稳定关系着各族人民的根本利益和长远利益，军政军民团结历来是捍卫国家安全和保持社会稳定的重要因素。做好双拥工作，为社会主义改革开放和现代化建设创造安定的社会环境是维护国家和人民群众根本利益的重要体现。过去我们合作办学、军民共建工作开展得很好，有很多的经验和体会，希望这种合作与共建活动继续开展下去，不断地发扬光大。我们一定要弘扬这种优良的传统，把双拥工作、军民共建工作搞得更好。

2006年2月，国家教育部正式下文批准右江民族师范高等专科学校升格改建为百色学院，这是百色高等教育发展新的里程碑，我们一定努力把这所新型大学办好。百色学院是百色人民的大学，学校的进步与发展，自然离不开社会各界的支持和帮助，离不开百色军分区的支持和帮助。今后，我们在学生军训、革命传统教育、军民共建、人才培养等方面工作还要加强力度，不断加快学校改革、建设和发展，不断提高教育质量和办学效益。我们相信，在军分区和社会各界的支持下，百色学院今后会办得更好！

最后，祝解放军指战员同志们节日快乐，身体健康，万事如意！

2.15 论大学生军训[①]

军训是一种提高人的综合素质的有效措施。大学生军训是高校工作的重要内容。为什么在大学生中进行军训？我认为有三点：

一是高校教育教学的需要。根据《中华人民共和国兵役法》《国际法》《普通高等学校军事课教学大纲》《学生军事训练工作规定》的精神要求进行军训。作为学生必修课，时长为二周，成绩记入学生档案。军训是依法依规进行的，必须搞好。

二是国防建设的需要。通过军训，参训学生掌握平时生存、生活、突发状态和战时应战的基本军事技能，增强国防观念、国防安全意识，加强组织纪律性，弘扬爱国主义、集体主义和革命英雄主义精神，培养艰苦耐劳的作风，树立科学的人生观，全面提高素质，为中国人民解放军训练储备合格的后备兵源和培养预备役军官打下坚实的基础。

三是人才培养的需要。一个人的素质应包括多方面的，有思想政治素质、专业素质、身心素质等，而军事素质也是其中一个方面，这是现代人才不可缺少的。通过军训，提高自己的思想认识，完善自己的知识结构，提高自己的能力，这对于人的全面成长无疑是好的。

这次军训，像以往那样，时间为半个月，内容有三大块。一是军事理论；二是军事技能训练，主要是三大条令（队列、内务、纪律）、教育与训练、轻式器操作、实弹射击，还有男生的擒术基本功训练，女生的军体拳防身术训练，综合检练，阅兵式，分列式；三是自救防控技能训练，应急避险、火灾逃生、紧急疏散、地震知识教育、自救互救、消防演练、传染病预防、防空袭击等。这第三项的内容是近几年我们从广州大学的军训经验中学到的，很有用。这三个方面的训练内容很丰富，都要记入学生学习档案。

为了搞好军训，我们还要在总结大会上对军训优胜单位和个人进行表彰，当然不

[①] 本文系作者于2001年10月7日晚在学校召开的有部队军训教官和学校各部门主要负责人、各系分管领导、辅导员、班主任等参加的军训预备会上讲话的主要部分。时任校党委副书记。从1994年至2011年，作为学校分管领导，曾连续分管学校军训工作18年。每年均在军训预备会、动员会、总结汇报会提出有关军训内容的要求和见解，这是其中的一篇。

是为了评奖而评奖，而是通过表彰，体现出一种气氛、一种精神。为此，我提出三点希望。

首先，高标准、严要求地搞好军训。军训，就是让学生一同在军营里受到部队教育的熏陶，感受那种"团结、紧张、严肃、活泼"的气氛。因此，希望各位教官、班主任对军训学生进行严格要求，按照军训方案进行严格训练。学生就是我们军训连里的兵，是兵就是战士，就要有军人的样子，就像各位那样，思想、意识、技能、方法上都要手把手地教，针对学生的实际，严格训练。通过半个月的训练，训出好的作风，训出好的队伍。

其次，团结协作，共同奋战。军训是在军训领导小组、军训团的领导下进行的，我们要根据大纲的要求并结合实际进行军训。要达到高标准、严要求，就需要我们的带队老师，特别是班主任、辅导员与教官做到精诚团结、相互支持、相互帮助。希望老师们要教育好本班的同学，让他们尊重教官，听从教官的指导，虚心学习。人民解放军、武警部队是文明之师、威武之师，我们要学习他们的光荣传统和作风。我们要把人民军队好的思想、好的作风学到手，让这些好的风气在我们学校里生根、开花、结果。

再次，安全有序，保障有力。军训是一项艰苦的训练活动，对磨炼学生意志是一个好机会。我们要做到因地制宜、有的放矢；要进行科学训练，按照科学规律办事，根据学生的体质、性别差异进行训练；要把安全放在第一位，并且自始至终贯穿军训的整个过程。

军训是一项系统工程，不是某个部门、某个人就可以单独完成的。因此，各部门、各系要通力合作、互通有无、做好保障，保证军训的顺利完成。

2.16　论国防教育与人才成长[①]

感谢隆志勇副参谋长精彩的国防教育报告。我多次听了他的报告，每一次听了都觉得有新意，很有收获。同学们听了以后，也一定会有许多感想。归结起来，我觉得他的报告有几点体会最深、启示最大。

（1）国防建设是我们每一个公民的职责。古人云："国无宁民则不安！"一个受人欺凌的民族，是一个没有希望的民族。要使自己的国家不受别人的欺凌，那就要强大起来。强大的国防是靠大家、靠全体公民的力量，只有万众一心，才能筑起钢铁般的长城，才能无敌于天下。我们要居安思危，未雨绸缪，当祖国需要我们的时候，随时都应该站出来，发出世界最强音。作为一个血气方刚的青年，应该与祖国同呼吸、共命运。记得有一个名人说过，要想一想自己为国家做什么，而不是国家为你做什么。这话说得好，只有国家强大了，国家有了前途，人民才有希望、才有前途。国家的利益高于一切，这是每个公民应尽的责任和义务。从1840年鸦片战争到1945年抗日战争结束，世界上大大小小的帝国主义国家都侵略过中国。许多仁人志士都奋起抗争，但一个个遭到了失败。半封建半殖民地的帽子是中国共产党带领中国人民摘掉的，"三座大山"也是中国共产党带领中国人民把它推翻的。国家的生存与发展，历来与国防建设息息相关。发展是国家繁荣富强的根本途径，是人们生存的条件。历史不应忘记，责任重于泰山。青年是国家和民族的未来，只有万众一心，众志成城，才能筑起钢铁般的长城。

（2）一个人成长的内在因素，来源于对社会主义祖国和对人民的爱。爱国，已经化为人民自觉行动的源泉。从全军侦察英雄隆志勇同志的成长历程可以看出，年轻时，当国家边境不安宁时，他出生入死，毫无畏惧，表现了一个热血青年的激情。在战场上，他英勇无畏，成为全军侦察英雄。"亏了我一个，幸福十亿人。"这是勇士们当时的真实写照，是他们当年响亮的口号。记得1986年，我们学校就邀请过志勇同志来校作英雄事迹的报告。听过他实战的英模事迹报告，记忆犹新。16年过去了，英雄仍然

[①] 本文系作者2002年10月18日晚在2002级学生军训国防教育报告会上的讲话。时任校党委副书记。

是勇士，英模依然是榜样，边境危急时期，他是英雄，和平时期，他是勇士。他不居功自傲，以顽强的毅力进行学习，他读了大专，又学了本科，理论水平和综合素质不断提高，成为部队的一名优秀的指挥员。英雄根植祖国大地，勇士来自我们身边。一个不学习英模的民族是一个没有希望的民族。我们应该向英模人物学习，学习他们热爱党、热爱人民、热爱社会主义祖国的高贵品质，学习他们顽强英勇、吃苦耐劳、锲而不舍的精神，奋发成才，成为一名坚强的战士，成为一个合格的社会主义现代化建设者和接班人。

（3）没有团队精神，没有铁的纪律，事业就不可能取得成就。毛主席早就说过，加强纪律性，革命无不胜。邓小平指出，我们这么大一个国家，怎样才能团结起来、组织起来呢？一靠理想，二靠纪律。这几天的军训，在教官的带领下，同学们的表现是好样的。俗话说，万事开头难，起步难，难起步。军训，我们不仅理解为整齐的动作要领，而且更体现在精神和毅力中。任何事情都是从最简单的事情开始。人生成长的过程，也是从"一二三四"开始，一步步走，一步一个脚印，从齐步走开始，走向前方。没有统一的口令，没有步调一致的军容军纪，做任何事情都不可能取得成功。"一二三四"看似简单，但是它是成功的开始，做人做事何尝不是如此呢？人的成长，就是从"一二三四"开始。培养高素质的人才，也要从最简单的事情做起，从培养团队精神、培养纪律规范行为做起。如果连简单的事都做不来，那今后如何肩负重任呢？希望同学们继续保持良好的精神，在军训中学习人民解放军好思想、好作风，圆满完成军训任务，为今后的大学生活、成长成才打下坚实的基础。

（4）有过硬的本领、高超的能力，才能为社会主义现代化建设做出更大的贡献。人类进入21世纪，竞争非常激烈。在前进的道路上并非都是一帆风顺的，可能会有困难，有曲折，但是目标是前方，决不能后退，倒退是没有出路的。经济的竞争，归根结底还是人才的竞争。我们多数同学是学师范教育的，一方面我们要成为教育人才，成为一名人民教师，作为新时期的学生，学习是我们的主业，成才是我们的任务。只有学好科学知识，有了一技之长，才能谈得上报效祖国。另一方面我们还要学会培养人的本领，而现代人才素质离不开的最基本的就是团队精神，军训正是让我们学到这些知识结构和提高自己素质的途径。因此，投入到紧张有序的军训活动是很有收获的。

同学们，我们是生长在新世纪的一代大学生，是肩负祖国社会主义现代化建设的新一代。我们是祖国国防建设的后备军，我们需要培养一种世界的眼光，一种"我以我血荐轩辕"的激情，一种过硬的为国家为社会为人民做贡献的本领。军事理论课和军训实践课就是培养我们基本的国防知识及积极参加国防建设和为国效力的精神，是提高我们综合素质的途径之一。祖国建设和民族复兴的重任落在我们的肩上。军训是大学生必须学习的一门课程，在这有限的教育环节里，学会基本的军事技术和国防知识，增强体魄，培养我们无私奉献的责任意识，增强纪律观念，促进我们综合素质的提高，这对于人的全面发展是极为有益的。

第 3 辑　教育实践篇

　　实践出真知，人才成长重在实践。《新教育理念与服务意识》提出了新教育理念和增强服务意识问题；《浅谈教育实习》阐述了教育实践的重要性；《就业与成才》《美育与成才》《谈课外读书活动与成才》论述了学科知识与成才的关系；《论全员育人与优良校风的培育》《新时期学校共青团工作的探索与创新》《谈学生工作的几个问题》《论文明宿舍建设》《论学生干部的桥梁和纽带作用》等提出了实践与道德修行的关系，感悟出道德是一种实践，生活处处有修行，修行就是实践开头的真谛。

3.1 新教育理念与服务意识[①]

今天与中层领导干部谈一谈新教育理念与服务意识问题。如何做领导？怎么做领导？重要的是解决观念、理念和意识问题。而新教育理念与服务意识，又是高校各级领导和教育工作者所关注的问题和应具有的基本素质。

一、什么是新教育

新教育是什么？新教育是信息文明的产物。人类近30年所拥有的科学知识，就占有史以来科学知识的90%。人类上天旅游，计算机钻进人体疏通血管，一个高学历的家长，可能向他上小学的孩子请教如何上网。手机称为"数字钱包"。美国人说80%－90%的科学知识在他们那里。信息技术快速发展，信息技术让世界快速"变脸"。新技术革命成果如何更快地进入课堂？形势逼人，时不我待。新时代必然对新教育寄予很大的希望。

新教育的提出由来已久。新的时代总是要呼唤新的教育。在中外教育发展史上，从20世纪初到该世纪50年代，从新教育的提出到这一教育思想占据一定的地位并实施，虽然时间跨越了几十年，但其影响是极大的。许多著名教育家都提出了新教育的理论。国外的代表人物有英国教育家雷迪、巴德利、怀德海，德国教育家利茨，法国教育家德摩林，比利时教育家德可乐利，瑞典教育家爱伦·凯，这些教育家都主张建立符合现代社会需要的新教育。在我国，新教育的提出也是比较早的。1919年，陶行知发表的《试验主义与新教育》，就明确提出"新教育"的概念；黄炎培在他的论著中多次使用新教育的概念；陈鹤琴提出的活教育实际上就是一种新教育；蔡元培发表了《论新教育和旧教育之起点》；1949年，毛主席在阐述我们国家发展的教育方针及一系列教育问题时，明确提出"建设新教育要以老解放区的新教育经验为基础，吸收旧教育某些有用的东西"。几十年过去了，社会在发展，时代在前进，当今中国的教育

[①] 本文系作者2007年4月27日在全校第二期中层领导干部培训班上作的辅导报告的主要内容。时任学校党委委员、副校长。

如何面对新的形势，如何构建具有时代特征的"新教育"，已成为许多有识之士关注的重大论题。2002年，北京师范大学教科所副所长陈建翔博士写了一本书《新教育，为学习服务》，重申了"新教育"的概念。我觉得他的观点比较前卫，具有理论创新精神。这本书我反复读了，感到很有收获。也是那年10月，新教育实验在苏州市昆山玉峰实验学校正式启动。2003年，参与新教育实验的学校达到了百个，遍及江苏、安徽、上海、山东、广东、吉林等10多个省（自治区、直辖市）。2004年年初，新教育实验被批准为教育部"十五"规划重点课题，这说明了社会对新教育的关注与重视，一个时代理应有一个时代的教育特征。

新教育的本质是为学习服务的。新教育提供的产品不是学生，而是服务。新教育作为一种新质，作为一个新生命，与过去教育的根本区别就在于它是通过帮助个体的学习来促进个性的发展，这是我们教育的目的所在。新教育的提出，不仅对普通教育起了很大的推动作用，而且对于高等教育也有深远影响。

二、新教育的核心是为学习服务

新教育的核心是什么？就是为学习服务。新教育的本质是什么，也应该是为学习服务，这是由它的性质所决定的。为学习服务，这是信息时代的产物。为学习服务，就是要围绕每一个学习者的学习过程，通过信息技术，充分发挥其"帮助""服务"功能作用。

服务意识，是新教育最重要的意识。服务意识，不仅是新教育所需要的，其他行业，树立服务意识也很重要。诸如出版行业，已经把原来的"教辅读物"转换为"助学读物"，这样改是突出服务。"教辅"是为"教"服务的，而"助学"这是为学习服务的。这不仅是字面上的变化，而且是观念上的变化，这是一个深刻的变化。

可以看出，在教学中，教师不再是过去的一支粉笔、一本教案可以教一辈子的教书匠，教师与学生不再是一桶水和一杯水的关系，而是两条奔腾不息的相汇的河流的关系。知识不断创新，使教师的压力加大。归纳起来，新教育提供的产品不是学生，而是服务。服务好，培养人才质量就会高。当然，这服务的概念自然包括思想、学识、专业教育，那是教师的责任。

教育是培养人才的活动。按照过去工业化的制造模式，教育是塑造学生的，学生是教育的产品。把学生编排成一个一个班，如同一条装配线那样，在生产流程的最终出口，把批量制造好的学生一个一个送入社会。这样做，是时代的需要。而现在，时代进步了，要求自然不一样。教育为学习服务，成为学习的帮助者，这是信息时代的产物。新教育是信息文明的产物。

新教育提倡为学习服务，应该比原来的传统教育要求更高，内涵更深，内容更丰富。新教育要围绕服务意识对每一个人的学习，通过信息技术，充分发挥它的"帮助"功能、"服务"功能。新教育作为一种新质，与过去教育的根本区别就在于它是通过帮助个体的学习来促进个性的发展。在信息社会里，教育的产品不是学生，而是为学生提供的服务。就是说，教育的产品是服务的内容与形式。这些内容与形式，决定着产品的质量。如果我们提供的服务内容和形式不适应时代发展的需要，那么，我们就不能够培养更多更好的合格人才。

从这里我们看到，衡量新教育与传统教育、信息化教育与工业化教育最重要的差别，并不在于是否采用了信息技术。在教育中，对学习者而言，教育者所提供的资源可能被学习者接受也可能不被接受，或可能作用比较少。学习者学得好不好，要看教育者所提供的仪器设备服务、教学环境、教育资源如何，这一切都取决学习者的选择，取决于教育者的素质和教学水平及被学习者接受的程度。新教育提出为学习服务，为学习者服务；提倡学制多样化、教学个性化、课程综合化及学生的自主和谐发展。这种教育的根本，是"以学择教"。应该说，新教育比传统教育要求更高。

三、新教育对高校管理的影响

（一）新教育给高校管理带来的观念变化

1. 牢固树立以人为本的管理观念

新教育促进了新学习，新教育将给高校管理带来观念的变化。我们要不断更新教育理念，才能形成一种和信息社会相适应的新教育，这种新教育是一种服务学生学习的教育。面对信息的裂变，今天，所有的教育学家都认为学习是一生一世的事。我们可以看出，今天的教育与学习在诸多方面发生了变化。一个时代理应有一个时代的教育特征，如教学模式、学习方式、学习时空、学习内容、学习特征等就有了不同的变化具体如下：

（1）教学模式。人机互动。过去一支粉笔、一本教案，就可以登上讲台，而现在已经不适应。教师面对的是有信息的社会、有知识有信息的学生，这时候，我们需要改变教学模式。

（2）学习方式。随着多媒体的高度发达，学习将是一个愉快的过程。左右脑并用，特别重视开发右脑的学习潜能，能自主地选择自己最有效的学习方式。

（3）学习时空。我们已经进入了一个终身学习的时代，学习场所得到极大的延伸，学校、家庭、社会教育的界限日渐融合，整个社会成为一所"大学校"。只要你愿意，

（4）学习内容。现在的学习不仅要学谋生的知识技能，更要学习创造性的思维方法，强调科学和人文内容并重，注重构建自己全面的素质，特别是生活素质和心理素质，注重成功素质潜能的开发训练。

（5）学习特征。一生学习社会化。学习型社会打破了"学生学习"的传统观念，学习成为每一个社会成员的生活需要、情感动力、自觉责任和自主行为。人人学习、时时学习、处处学习，全员学习、社会学习化。实现了从学堂到社会大课堂的转变，满足全社会人人学习、时时学习和处处学习的需要。

从以上可以看出，新教育呈现出学习个性化、学习本体化、学习终身化，新教育给高校管理带来的观念变化首先是牢固树立以人为本的管理观念。高等教育中的"以人为本"，坚持以人为本，促进人的全面发展，对于高等学校来说，最根本的就是全面贯彻党的教育方针，全面促进素质教育，坚持以育人为本，以人才为本。坚持一切为了学生的发展，一切为了学生的成人成才，一切都着眼于调动和依靠学生内在的积极性。要把促进学生全面发展和健康成长，努力培养德才兼备的人才作为学校管理工作和各项工作的根本出发点和落脚点。在学校的管理工作和其他工作中，真正体现育人为本，"一切为了学生，为了学生一切，为了一切学生"的理念。高校管理的"以人为本"应该重点落实在学生身上。

2. 要实现从单纯管理向服务管理转变

教育、管理、服务，都是为培养人才。而单纯的管理，只是为管理而管理，为任务而完成任务。那么，服务管理呢？我们知道，党的宗旨就是全心全意为人民服务。"我们都是人民的勤务员""当好后勤部长""领导就是服务"，可见，服务管理有更高的含义。

在学校升本后，我们需要建立学校管理新模式，就应该以更新管理理念为前提，实现从单纯管理向服务管理转变。

服务管理的内涵很丰富。我们知道，管理有规律，管理重协调，管理无小事，管理连人心，管理水平应体现在提高处理各种利益和内部矛盾的能力上，体现在理顺和理旺人的心气上，积极审慎的管理和高度人性化的管理在本质上是一致的。这是实现从单纯管理向服务管理转变的起码要求。

（二）新教育给高校管理带来新的模式

管理模式是在总结大量管理理论和实践经验的基础上，针对管理的具体实际需要提出来的一套管理思想、管理程序、管理制度和管理方法论的体系。

管理实践可以千差万别，管理环境也可能变幻莫测，但是管理思想在一定条件下却有普遍性。新的管理模式认为人是企业中最重要的资源，人是企业管理之本，制度是企业管理之法，创新是企业管理之魂。"以人为本"，关心人是管理的核心要义。人本管理使企业能够存在，制度管理使企业能够发展壮大，创新管理使企业经久不衰。现代企业管理是这样，学校管理何尝不是如此呢？

21世纪的高等教育是以师生为中心、以培养创新型的高级专业人才为目的，使人能够持续、健康和全面发展的终身教育与充分发挥个体潜能和创造力的教育。高等教育必须把"人"这一因素提升到应有的位置来认识。高等学校的内部管理必须牢固树立以人为本的管理观念，将这一管理理念渗入高校管理的各个环节，建立以人为本的高教管理模式。作为本科院校，要积极探索适应本科教育需要的校内管理模式。继续实施规范化、精细化和富于人性化的管理，以"教育就是服务"为基本理念，进一步完善、修订制度等，全面营造"校以育人为本、师以敬业为乐、生以成长为志"的办学氛围，着力构建现代管理模式。

（三）新教育给高校管理带来机制创新

观念创新，要实现在机制创新上。各项管理都要注意调动人的积极性和主观能动性，各项管理都要注意维护人的合法权益和切身利益。因此，在学校升本后，面临新的形式，我们必须要建立学校管理新机制模式。

学院要实行以系（部）为基础的院、系（部）两级管理体制，充分调动系（部）一级合理配置和利用资源的主动性、积极性、创造性。"系"既是一个教学、行政、科研机构，也是一个经营实体。学院要建立精干、高效、激励与约束相结合的现代大学制度；今后将推行教职工全员聘用制，竞争上岗；要建立以绩效为基础的分配激励机制，实行优劳优酬；要保障教职工参与民主管理和监督；要借鉴民办高校的办学机制。

（四）新教育给高校管理工作带来新的课题

任何管理都必须讲效率和效益，必须强化责任意识，增强质量意识。新教育给高校管理工作带来新的机遇和挑战。管理是一个永恒的课题。从目前来看，高校管理有两个问题是比较注意的。

一是学生管理将从原来的以班级管理为主过渡到以社团管理为主，从原单一的学习方式到多元的学习方式，从一个校园管理到多个校区的管理。这就改变了教育方式、管理方式、服务方式。学校管理工作应由粗放、被动、散漫、自我中心状态向精密、主动、高效、服务的方向转变与发展。如思想政治教育进宿舍、进网络、进社团；在服务方式方面，学生辅导员要进学生公寓。在新一轮的教育教学改革中，面对新形势，院校的学生工作如何找准位置，服务大局，这是我们需要认真考虑的。二是如何推行

"三三三战略"问题,即三个转变:低层次向高层次办学转变、封闭式办学向开放式办学转变、管理学校向经营学校转变;三足鼎立:人才培养、培训与技能训练中心、高科新产业创业中心;三种模式:捆绑式专业建设模式、"订单式"人才培养模式、引入民营机制的经营学校模式。

(五) 新教育为领导者和管理者提出了新的要求

任何管理都必须强化责任意识,增强服务意识,创新工作方法,提升管理水平,讲究效率和效益,高校管理也是一样。从现实情况来看,目前高校管理要特别关注的是学校的发展规划、人力资源管理、财务和资产管理、知识产权管理等能力的提升,不断地在改善教学和学术管理上下功夫、在提高教学质量上下功夫,以利于整体办学水平和竞争力的提高。所有这些,恰恰是我们既缺乏经验又欠缺思考的地方,也就是说,这正是我们面对的难题。

新教育给我们提出了值得考虑的问题。面对着教学、科研、行政、后勤、安全、日常等管理问题,应该引起我们的高度重视,这些问题在学校里都是大事,处处都体现出管理能力和管理水平。诸如在安全管理上,我们脑子里始终紧绷着一根弦,但只停留在不出问题上是远远不够的,还要有应对各种突发事件的能力。在诸如水电、食堂、寝室、环境卫生、设备等管理上,始终将稳定与效益紧紧地联系在一起。学校无小事,事事连管理,管理出效率,管理出效益。管理与服务是紧密连在一起的,新教育的本质和核心是服务,把服务搞好,人才培养质量就有了保证。换句话,服务体现管理质量,服务好了,管理就是上了档次。那么,如何提高管理水平,如何为学习服务,为学习者服务,提升实际管理能力和领导能力呢?

1. 提高领导者影响力

领导者影响力如何,直接影响到领导行为的有效性。换言之,学校领导影响力是学校领导行为有效性的根本。领导影响力的构成因素主要有两个方面组成,一是权力性影响,二是非权力性影响,这都是领导行为有效性的基础。权力性影响力的因素包括传统因素、职位因素和资历因素,这些因素都是外在的,先于领导行为存在的,由传统、职务、资历所构成的影响力都不是领导者的现实行为造成的,而是外界赠予的,这种影响力使人们产生了服从感、敬畏感,其核心是权力。与之有关系的领导行为有效性,它们之间的关系一般来说是正比关系,即职位越高、资历越深,其领导行为有效性有可能越高。非权力性影响力的因素包括品格因素、才能因素、知识因素、情感因素,这些因素存在于领导者言行之中。这种非权力性影响力与领导行为有效性的关系,不亚于权力性影响。如果一个领导者,嘴上说的是一套,做的又是另一套,是不可能实现领导行为有效性的。低能的领导,自然是低效率的领导者;知识贫乏的领导者，只会贻误事业；没有情感，不会关心下层的领导者，不可能有很高的办事效率。提高学校领导影响力，是提高学校领导行为有效性的重要保证。权力性影响和非权力性影响是互相影响、相辅相成的。非权力性影响力大的学校领导者，权力性也会随之增高；如果非权力性影响力低，那么，权力性影响力自然会低些。由此可见，提高领导影响力，其中以品格、才能因素为主，知识、感情因素为次。一个德才兼备的领导者，才能为提高学校领导行为有效性打下坚实的基础。

2. 正确使用领导方式

领导方式的优劣，直接影响领导行为有效性。行为理论研究表明，领导行为有两个共同基本要素：抓组织和关心人。也就是既要抓工作成绩，又要关心人。只有这两项工作都考虑了，并认真实施，才能有效提高领导效能。因此，领导者有必要注意自己的领导方式。

目前领导方式多种多样，国内外也不尽相同。大体来说，国外有关学校领导方式的归结有：霍尔提出的反应式领导、管理式领导、倡导式领导的学校领导方式理论；勒温提出的专制、民主与自由放任的领导方式理论；利思伍德提出的行政工作、人文主义、计划程序、系统解决问题的领导方式理论。

我国现行的主要学校领导方式有集权式领导、参与式领导、放权式领导。

领导方式是领导行为有效性的一个基本条件，是受领导意识和领导行为制约的。领导方式的选定，是领导者知识、才能和心理素质对环境适应的应变能力。作为领导者，必须善于控制自我意识、勤于思考、深谋远虑，通过分析、比较，预见行为后果，不断地调节、控制自己的言行，选择合适的领导方式，使领导行为符合客观规律，适应教育改革和发展的需要，使之达到最佳的效果。

选择什么样的领导方式最有效，这是每个领导者都在探索的问题。怎样注意选择和运用领导方式呢？

（1）要有自知之明。领导者的自我意识是一种自知能力，它也是一种重要的个性品质。一个高明的领导者，对自己的领导方式应该是熟知的。知道哪一种领导方式有效，哪一种领导方式无效，这对自己是极为有益的。只有严于剖析自己，自觉在学校工作中不断改正自己的缺点错误，改变不适应的领导方式，才能提高领导效能。

（2）讲究实事求是。实事求是不仅是党的思想路线，而且是我们的工作方法。工作方法和领导工作作风与领导方式是相联系的。简单的工作方法往往导致专制的领导方式。因而应根据实际工作情况来选自己的领导方式。

（3）密切联系群众。这是党的优良传统。作为领导者，要切实关心教职工和学生的利益，全心全意为他们服务。时刻想着人民，为人民办实事，这是党的宗旨，是落实"三个代表"重要思想的体现。为绝大多数人谋利益，就会取得人民的支持。诚然，如能正确选择和运用领导方式,就会找到其中答案。

(4) 选择领导方式。善于利用环境,积极创造条件,正确选择领导方式。按照费德勒提出的随机模式的观点,即在很有利或很不利的环境下,以工作为主的领导方式最有效;在适中的环境下,以人际关系为重的领导方式最有效。领导者应会利用环境,在不同的环境中选择不同的领导方式,充分调动广大教职工的积极性,提高领导的有效性,实现既定的工作目标。

四、增强服务意识,提高育人质量

(一) 教学质量工程的实施,呼唤着服务行为的到位

教学质量工程的实施,是新教育的一项重要内容。人才培养、科学研究、服务社会、文化传承与创新是高校的基本职能,而这一切的衡量指数——质量也就成为高校生存和发展的重要因素。那么,如何体现新教育对教育管理的影响力呢?

一是转变教育观念,确立新教育理念。办学理念是高校理念的具体化形式,体现高校的本质及其规律,具有鲜明的个性特征,对办学实践有重要的指导作用。而办学理念的创新则依赖于思想观念的转变。我们应以办学理念为指导,抢抓历史机遇,强化质量意识、创新意识,深化改革,加快发展,促进地方经济发展和社会进步,提升学校的核心竞争力。

二是营造良好氛围,不断提高教学质量。教学工作是学校的中心工作,人才培养是学校的根本任务,教育教学质量是学校的生命线,这个关一定要把好。要继续坚持院领导、处领导听课评课制度,坚持每月的教学工作例会制度。要在职称评定、津贴分配等政策的制定和落实上向教学一线倾斜。教师要全身心地投入教学,做好各个教学环节的工作。管理人员要牢固树立为教学服务的观念,及时解决教学过程中的有关问题。

三是优化育人运行结构,营造良好的育人环境。继续实施规范化、精细化和富于人性化的管理,以"教育就是服务"为基本理念,进一步完善、修订制度等,着力构建现代管理模式。树立以"学生为本"的理念,强化服务,规范管理,努力提升教育、管理、指导和服务的水平,为学生健康成长和全面发展创造良好的环境和条件。只有服务行为的到位,才能营造良好的育人环境,才能保证教学质量工程的实施。

(二) 人才质量的高低,取决于学校服务水平的高低

新教育认为,学生是学校生存发展之本,教学质量是学校生存发展的生命线,质

量是大学服务社会程度的标尺。服务社会是大学的基本职能之一，离开了服务社会，大学就失去了赖以生存和发展的基础。大学服务社会的质量包括教育教学的服务质量、科学研究的服务质量、行政管理部门的服务质量和后勤服务部门的服务质量。教育教学和科学研究的服务质量直接关系到人才培养的质量，它处于核心位置，行政管理部门和后勤服务部门的服务质量对人才培养质量起间接作用。社会满意是大学服务质量的决定性因素，也是最终标准。因此，质量是大学服务社会程度的标尺。

（三）增强宗旨意识，提高工作效率

要牢固树立全心全意为师生服务的思想，把维护和实践人民的利益放在首位，紧紧依靠教职工办学，维护广大教职工和学生的利益。各级领导干部和其他管理人员应该牢固树立教学的中心地位和为师生员工服务的思想，在工作中积极进取、开拓创新、勤政廉洁、务实高效、文明服务。这是新教育对高校管理的基本要求。我们要牢固树立正确的权力观，切实把立党为公、执政为民的要求具体、深入地落实到学校各项工作中去；牢固树立群众观点，倾听群众呼声，反映群众意愿，努力使学校制定和实施的各项方针政策和措施更好地体现师生员工的利益；要始终与师生员工同呼吸、共命运、心连心，牢记群众利益无小事的道理，时刻把师生员工的安危冷暖挂在心上，为师生员工诚心诚意办实事，尽心竭力解难事，坚持不懈做好事。

坚持同群众建立起水乳交融的关系，经常到基层深入了解情况，密切联系群众，关心群众生活，多为师生办好事、办实事，想群众之所想，急群众之所急，忙群众之所需，为群众排忧解难。在科学理论的指导下，通过学习方式、工作理念、工作手段和工作机制的创新，达到工作成效和质量的不断提高。

（四）增强服务意识，建设和谐校园

全院教职员工都要进一步增强服务意识，提高服务能力。领导就是服务，领导干部要为一般干部服务、为老师服务、为学生服务，行政干部要为老师和其他员工服务、为学生服务，每位教职员工都要为学生服务，这是基本的要求。建设和谐校园需要大家的努力，我们要大力发扬大学精神，不断提高工作质量和服务质量，努力建设好区域性高水平的学校。

同志们，我们学校要想在新建本科院校中争创一流，就必须要有一流的管理和一流的服务，服务为先，服务领先，为学习服务，才能为创一流学校提供坚实的保障。让我们一同努力奋斗吧。末了，出三道思考题供大家参考：一是为什么说新教育的本质是"为学习服务"？二是怎样牢固树立以人为本的管理观念？三是如何增强服务意识，提高工作效能？就讲这些，如有不对的地方请批评指正。

3.2　浅谈教育实习[①]

今天，与几位老师来到这里，一是看望同学们，二是做些调研。大家辛苦了！

听带队的老师说，这段时间以来，同学们到工厂、到机关、到学校实习，表现得都很好。大家食宿在这里，表现都很不错。这是难能可贵的！

什么是实习？实习就是走出校园，走出圆圈，走向新的天地，走向社会的开始。

实习是什么？实习是正式工作前的职业培训，是一次正式演出前的彩排，是难得的锻炼机会。

实习是演习的操场，实习是走向社会、走向生活的第一课，实习是迈向成功的第一步。实习就是要跨出校门，到农村去，到工厂中去，到企业中去，到商场中去，到社会中去，到国家和人民需要的地方去。每个进入专业院校学习的人，都必须经过这一关，实践出真知，磨炼长才干。"读书是学习，使用也是学习，而且是更重要的学习。"毛主席的话语，给我们以勇气和启迪。

实习是专业学习的一门必修的读书和使用的综合运用，工作过程中的重要程序，也是一个重要环节。但凡大中专院校，都非常重视实习。

要想当先生，就得先当学生。这是陶行知的名言。师范生的实习是全方位的，如教学生唱歌、写字、讲故事、带头做早操，最重要的是登讲台上课，做到"传道、授业、解惑"。教书育人，德育为先。实习是做教师的第一关，不能马虎，昨天还是学生，今天变成老师，这是个跨越。实现了这个跨越，你就会不断长进，不断攀登新的高峰。记得我第一次上讲台，几十双带着好奇和渴望的眼睛齐刷刷地望着我，令人激动，令人难忘。脸色由红到白，由白到棕，再由棕变黄。业务从不熟悉到熟悉，从生疏到老练，这一过程，需要一定的时间，更需要十分的勇气。任何事物，都是万事开头难，然后习惯成自然呀！

"上课要有教案，不打无准备之仗，胸中自有朝阳"，这是实习老师的座右铭。在实习过程中，我们要学会与学生打交道，学会向原任课老师学习，铸造奋发向上的勇气，掌握独立生活的技能，提高教学水平。

[①] 本文系作者2012年9月到田东职业技术学校看望实习生时的讲话内容。时任校党委委员、副校长。

到工厂实习与在学校实习大不一样。向工人师傅学习，这不仅是培养感情，而且是工作的根本方法。第一线的工人最有发言权。上一次，我到一个实习点检查工作，有个同学曾向我诉苦："都到这里一周了，我们什么也学不到，每天只是跟着工人扛水管、拧螺丝，与技术活儿差十万八千里。"后来我了解到，厂家是为了培养大家的劳动观和行为习惯，特意先安排了一周的跟班劳动，这是用心良苦。后来，大家想通了，干活卖力了，赢得了工人的尊重，学到了真知，得到了实习单位的好评。同学们，工人师傅能做的，我们也能做。任何事情都来源于基础与认知，只有把自己融入生活，才能驾驭生活。

　　到工厂实习，工人是我师，我是工友。面对"轰隆隆"的机器，面对着油腻腻的抹布，工人们是那样执着，那么专注，榜样的力量是无穷的，热切的目光是我们前进的动力。这是个最能锻炼人的地方，在宽阔的厂房里，"隆隆"的机器声是动听的音符，成排的产品是喜人的乐章。厂房内的操作是生活的有机组成部分，生活是人们永恒的课堂。什么是生活？生活即教育。"一个有生命的东西在一个环境里生生不已的就是生活。"陶行知的生活教育理论并不过时，仍是指导我们进行社会实践和教育实践的内在动力。

　　生活不可能都是一帆风顺的，实习并非都是浪漫的，它有时也需要付出代价。

　　实习是多元的，职业是多样化的，实习理所当然也是多样化的。社会调查是文科学生常用的一种实习方法。面对着采访对象，如何设计方案，如何提问，如何有的放矢，看起来简单，但其实考验的是综合运用能力。商贸专业学生的实习是心到、眼到、嘴到、手到的表演。文员的实习，无论是一份报告，还是一叠批文，都需要细致认真地对待，连标点符号也不能搞错。酒店管理生的实习，需要将"无微不至，宾至如归"的服务宗旨，永远铭记心里。恪守"不做假账"的职业道德，已经成为会计专业学生实习的第一课。测绘专业的实习，眼睛感觉永远不够用。化工专业的实习，那专注的目光是那么闪亮。所有实习的场所都有闪光的地方。

　　实习的地方是考场，实习也是一门考试。每一个将近毕业的学生都力争通过实习关，都要有实习成绩，因为就业与实习总是紧密相关的。人生处处是考场，一个随时愿意接受挑战的人，何曾惧怕过平时的考验？

　　"路漫漫其修远兮，吾将上下而求索。"人生的路是漫长的，实习只是生活中的一个新的起点。让我们打好这个基础，在人生的道路上迈出坚实的步伐。祝同学们在教育实习中取得优异的成绩。

3.3 就业与成才[①]

今天晚上，学校召开就业教育电视会议。刚才，学生工作办公室领导邱其荣老师作了《人才市场对师范生素质检测和考验》的报告，毕业班章淮薇同学作了发言。邱老师的报告和章同学的发言都讲得很好，相信大家听了以后，一定会有所收获、有所启发。下面我谈三点意见。

一、树立信心，转变观念

在就业问题上，我们师范专科生是可以大有作为的。一方面，社会主义改革开放事业给我们提供了广阔的就业渠道，让我们大学毕业生有了用武之地，每个同学都可以在社会这个大舞台里找到自己的岗位，找到自己的位置，都能施展自己的才干。这就说明，只有把自己融入社会的洪流中，只有将社会价值和个人价值有机统一起来，我们才能做出一番成就，实现自己的人生理想。另一方面，高素质的师范大学生面对着丰富多彩的人才市场，是如鱼得水、如虎添翼。我们应该树立起信心，转变观念，迎接新的机遇和挑战，接受社会的检验。因此，我们要树立对社会主义改革开放事业的信心、对就业的信心，端正就业的态度，转变就业观念。今后的就业方向，已经不是按过去的统包统分的分配方式，而是实行人才需求的双向选择。什么是双向选择就业呢？是指毕业生与用人单位直接见面相互选择的就业方式，也是以毕业生和用人单位为主体的市场就业方式。实行毕业生自主择业、用人单位择优录用的双向选择制度，是顺应教育体制改革的要求所进行的毕业生就业制度改革的方向和目标，也是人事制度改革的主要组成部分。用人单位有选择毕业生的权力，毕业生也有选择单位的权力。通过改革引入竞争机制，调动毕业生与用人单位双方的积极性，真正做到优生优派，择优选人；同时推动学校教育改革、建设和发展，更多更好地培养合格人才，使毕业生真正成为对社会有用的人才。近年来，双向选择的政策已经在各地得到很好的实施。

[①] 本文系作者2001年6月5日晚在全校就业教育电视会议上讲话的主要部分。时任校党委副书记，分管就业等工作。

自主选择、自主创业，今后将会全方位地铺开。我们必须适应这种转变，顺应社会的发展，投身社会主义改革开放事业的洪流中，适应社会，服务社会，锤炼自己，提高自己。

二、努力学习，提高素质

大学生的基本素质包括思想道德素质、文化素质、专业素质和身心素质。其中思想道德素质是核心、是灵魂，文化素质是基础，专业素质是根本，身心素质是关键。这次10位同学到广东求职的情况表明，只要素质好、能力强、有才干，就会被社会所承认，就会有广阔的发展空间。只要条件合格，是有单位录用的。就像产品质量高，就不愁销售不出去一样。这是一个良好的开端，他们是开拓者。因此，希望同学们珍惜自己的学习时间，勤奋进取，培养创新精神和实践能力，根据培养目标和人才市场的需求，不断塑造自己。作为具有一定技能的人才，要力争成为"一专多能"，达到"一书多证""一机两翼"。"一专"就是自己的专业知识又深又广，"能"就是多种能力，"一书"就是毕业证书，"多证"就是多种学习培训证明；"一机"就是本专业的机体；"两翼"就是计算机和英语。这些东西不是形式，重要的是要有内容。这内容就是本子，本子在一定程度上可以展示实力。以最近我们考察田阳等县报考录用师范院校毕业生的情况看，也说明了社会对师范生提出更多的需求和要求。但即使是这样的要求，也并不是很高，经过努力是完全可以拿得下，能够做得到的。这样的目标，需要从基础打起，以点滴做起，以认真做一道道习题、写一篇篇文章、做一件件事情开始。古人云"吾日三省吾身"，陶行知先生也要求他的学生"每天四问"，只有每天都学到新的东西，不断充实完善自己，才能不断提高综合素质，才能被社会所承认。

三、积极进取、走向成功

再过三四周时间，九八级的同学就要毕业了，就要走上工作岗位，走上社会。你们是跨世纪、跨千年的大学生，你们是荣幸的，也无愧于这个称号。几年来，你们为学校的建设、改革、发展，为建设良好的学风、校风和创建良好的育人环境，贡献了自己的力量，学校不会忘记大家！希望毕业班同学发扬我校优良的传统和作风，保持饱满的热情和良好的心情，积极投入到毕业考试之中，认真复习，认真答卷，杜绝考试作弊现象，以优异的成绩向党和人民汇报。毕业考之后，也不应松口气。我们要永远保持一种积极向上、乐观豁达的良好心境。是不是人才，要放到社会中去检验。因此，希望大家通过今晚的电视讲座，认真思考一些问题，面对着市场经济，应学会推荐自己，掌握求职技巧，不断地学习和提高，为走向工作岗位打下坚实的基础。古人云："天生我才必有用。"我们要树立起这个信心，充满着乐观的积极向上的态度，拥抱社会，拥抱生活。青春永远属于朝气蓬勃、力争上游的人。同时，还要作好榜样，给学校的师弟师妹留下良好的印象。

同时，也希望一二年级的同学，振作精神，发奋学习，尽早接触社会，了解社会，关心时事政治，通过理论的学习，专业的学习训练，通过参加社会实践和教育实习，不断地充实自己、提高自己。只有这样，才能把自己培养成为德智体美全面发展的社会主义事业的建设者和接班人。

同学们，机遇永远属于勤奋的人、属于有准备的人。

成功之路就在脚下。

3.4 美育与成才[①]

首先向入选我校参加1999年广西大学生艺术节代表队的各位同学表示热烈的祝贺!

本届全区大学生艺术节,其主题是面向全体同学,以学校为基础,以育人为宗旨,以成长为目标,加强导向,重在普及。

大家知道,美育是德智体美全面发展的重要组成部分。美育有助于发展人的全面思维。人的思维分为逻辑思想(科学思维)和形象思维(艺术思维)两大类。在一切教育中,美育的根本优势在于发展人的形象思维。审美过程需要想象和创造。不懂得欣赏音乐的人,不懂得一点艺术的人,就不是一个健全的人,也就不是一个德智体美全面发展的人。诚然,只注意逻辑思维、埋头细节的人,易于存在机械的片面的毛病。得到艺术熏陶和有艺术修养的人,就尽可能避免了死心眼,就会有创造的潜力。爱因斯坦说道:"想象力比知识更重要。"缺乏想象力,就难以培养健康的人格,就难以产生智慧和擦出思想的火花,而美育对培养想象力的作用是很大的。

美育有助于培养学生身心健康,丰富人的感情世界。离开了感情的教育是苍白的、干巴巴的教育,很难取得理想的教育效果。美育本质上是一种情感教育,是使大学生走出道德迷宫的一种途径。美育对于训练、陶冶大学生优良的情感品质,具有其他教育途径难以比拟的作用。可以说,美育能够改变人的思维。

我们学校培养的是合格的初中教师,而初中教师的素质应该是多样的、多元的、全面的。美育对于师专教育和一个合格的初中教师来说是极为重要的。一个人的知识结构不能没有美学知识,不能没有音乐知识,不能没有艺术学,而在学校教育中,不能没有美育。美育是对学生进行素质教育的重要内容和途径之一,大学生接受美育,不仅有助于培养正确的审美观念和基本的审美能力,而且对于个性完善和全面发展也具有不容忽视的重要意义。

由此可见,美育对于一个师范大学生来说,同样是极为重要的。离开了美学,就不是一个健全的人;离开了美育,就有一种缺陷。美育与成才,意义重大。这次我们

[①] 本文系作者1999年4月在本校出席广西大学生艺术节代表队集训动员会上讲话的主要部分。时任校党委副书记。

组队参加全区大学生艺术节，队伍相当庞大。在组成的团队中，有大学生合唱团、校园集体舞队、舞台群舞队、戏剧小品队等，人数多，节目多，内容丰富，形式多样，这是极好的学习机会。因此，我们要努力做到以下几点。

首先，引起重视，认识到位。我们在思想上一定要引起高度重视。能入选学校代表队参加全区比赛，这不仅是荣誉，更是一份责任。青年大学生要有担当精神。同学们入选为代表队参赛，这是光荣的，但也是一份责任。我们要有责任的意识，要有勇于拼搏的勇气。这种精神需要从学校学习时就培养起，从年轻的时候培养起。入选参赛是一个机遇。学校寄予你们极大的希望，学校和老师完全相信你们。我们要尽自己的努力，赛出好成绩，为学校争光，为集体争取荣誉。

其次，虚心学习，精心求教。向指导老师学习，向艺术素养高、技能强的同学学习。俗话说："楼外有楼、山外有山、天外有天，强中更有强中手。"通过集训和参赛，对我们的技能、艺术水平应该有一个新的提高，达到新的水平。要做到这一点，必须严格要求自己。在艺术上、技能上要做到精益求精。不论是训练还是演出比赛，应该做到每个动作、每个唱腔、每个神态都尽量到位，找到感觉，这样才能引起共鸣，这样才有节奏、美感、韵味，竞技水平才能提高。

再次，听从指挥，遵守纪律。艺术能展示人的精神面貌，更能体现团队精神。反过来说，一个人的精神面貌更能展示艺术的精华，展示运动的竞技，这是美的展现。把自己摆进去、融入队伍中，才能有所作为。作为团队的一员，要与大家融为一体。团结就是力量，一个人的力量是有限的，而团队的力量是不可估量的。在集训和参赛中，一定要体现出团队的意识，体现出集体主义精神。这就如同乐团合奏，如没有乐团指挥，各弹各的调，各拉各的弦，那显然是不行的。

最后，提高质量，提高水平。向台上的演出竞赛者学习，向能者学习，向兄弟院校学习。入选参赛，这是一次极好的学习机会，千万不要错过。毛主席说过："虚心使人进步，骄傲使人落后。"学习应该是多元的、多样的、多方面的、全方位的。唯有不断地追求真知，才能有进步。只要我们积极做好准备，找准目标，找到感觉，提高竞技水平，我们一定能取得更好的成绩。

3.5 论全员育人与优良校风的培育[①]

高等学校办学的根本目的在于培养人才,培养合格的社会主义现代化事业的建设者和接班人。培养人才的过程,就是育人的过程。人才质量问题不仅关系到学校的生存与发展,而且关系到国家和民族的前途和命运。办好学校,形成良好的校风,多出人才,快出人才,出好人才,是每个领导、每一位教育工作者都在努力的目标。今天就与各位中层领导干部谈一谈如何"增强全员育人意识,促进良好校风形成"这个问题。

一、全面全员全程抓德育,是学校教育的重要理念

(一)在教育思想上,树立培养什么样的人,如何培养人这个根本的问题

高校的根本任务是培养德智体美全面发展的社会主义事业的建设者和接班人,我们培养的是合格的初中教师,合格的实用人才。合不合格不是学校说了算,而是要拿到社会上去检验。前不久,我参加了在南宁召开的毕业生就业座谈会。会上,各类院校在竞争,在展示自己的人才优势,这让我们学习了许多东西,从中得到许多的启示。在社会转型时刻,我们必须迎头而上,必须要适应这种转换的观念和意识,只有这样,才能永远立于不败之地。

我国的学校教育办学方向与西方国家是不同的。在学校工作中,我们必须坚持社会主义办学方向,坚持"德育为首,育人为本,教学为中心"的办学原则。为什么强调德育为首?因为德是方向,是灵魂,是动力。人们常说:"体育不合格是次品,智育不合格是劣品,德育不合格是废品。"我们强调德育为首,不是说其他各育不重要。相反,重视了德育,就能带动了其他各育。把育人作为根本,是符合以人为本的管理思想的。以教学为中心,这是因为培养人才、育人是需要以教学为中心来进行的,学生接受知识,培养能力是通过教学这个中心来进行的,学校德智体美各育是通过教学来

[①] 本文系作者 2002 年 2 月 21 日在全校中层干部培训班上讲话的主要内容。时任校党委副书记。

进行的。

我们为什么提出"一切为了学生，为了一切学生，为了学生一切"的办学宗旨呢？这是由党的宗旨延伸而来的。全心全意为人民服务，在学校里，立足点就是为学生服务。

"一切为了学生"，就是说，学校的一切工作都要为学生着想。学生是学校的主人，学习的主人。应该明确，没有学生，就没有教职工；招不到学生，学校就关大门；学生在学校如果学不到东西、学不到知识、学不到本事，那这个学校就不能说是好学校。有一位哲人说得好："大学是培养团队精神和个性的地方。"让学生学好知识，那就需要所有的人都同一个目标，虽然内容不一样，但目标是一样的。

"为了一切学生"，从学校来说，不论本科、专科，普高、成高，凡进入这个学校的大门，我们的工作就要围绕他们转，就要把他们培养成合格的人才。因此，我们的德育，面向的对象就是全体学生，针对育人任务的同一性和学生素质的特殊性，我们应该坚持整体教育与个别教育相结合，让每个学生都得到健康地成长、成才。

"为了学生一切"，就是说，在教育中，我们要注重育人的过程。学生的衣食住行、吃喝拉撒、知情言行，都是我们关注的范围。关注这些东西，不是说将所有的问题都包起来，而是说，我们要关注学生，尽可能向学生提供优质的服务。为学生提供便利的学习条件，为学生服务的过程，便是教育的过程。

这"三个一切"，体现了我们党全心全意为人民服务的宗旨。我们是社会主义性质的学校，就必须具有这些特点。我们说关心学生，不是包揽学生的一切，而是体现在思想上、情感上、内心上和实际工作上。做好这"三个一切"，就体现了"三个代表"，离开了学生而去谈，便变成了空话。

谈到这里，就涉及教育思想的问题。就是如何培养学生？应该从教育方法、教育措施上都要适应三个需要，即适应时代对人才需求的需要、适应学生身心发展的需要和适应教学改革的需要。

适应时代对人才需求的需要。就是说，社会需要什么样的人才，就应该有什么样的专业，就培养什么样的人才。这几年，我校新增了10多个专业，比过去专业数量多了，但是还不够。从现在来说，多开设些专业，为社会培养更多的适用人才，是对社会的一个贡献。从学校来说，多开设专业，走内涵发展道路，是高校办学质量、能力的提高。高等教育必须要走综合发展、内涵发展的道路。从个体来说，多开些专业，让学生有机会多选修一些课程，就能多学一些东西，就能使他们更全面健康地成长起来。

在教育的过程中，我们要适应学生身心发展的需要。大学生是长身体的时候，也是增长知识能力的阶段，教育必须要适应这一过程。

同时，教育必须适应教学改革的需要。改革的目的就是多出人才，快出人才，出好人才。要重视课程改革，这是教学改革的核心，必须认真抓好。

（二）坚持德育工作的全面性

德育工作的对象要面向全体学生，德育内容着眼于学生全面发展，德育目标在学校各方面的工作中实现。以课堂为阵地，面向全体学生，弘扬思想政治教育主旋律，要求老师们利用课堂教学，利用一切机会对学生加强辩证唯物主义和历史唯物主义教育，使学生树立科学的人生观、价值观、世界观，有计划地对学生进行爱国主义、集体主义、社会主义教育，教育学生树立理想，立志成才，报效祖国。

我们要以专题教育为突破口，对学生进行行为规范、文明礼貌、遵纪守法教育，把学生培养成才。首先要教学生学会做人，以日常言行举止做起，从早操到晚自习，从周一到周日，都要有个指导性的安排。就大的活动来说，从入学教育、军训、节假日、校园文化活动、社会实践，都需要有主题活动。

针对学生的特点，有的放矢地进行个别教育，重点是对学生进行心理健康的教育。这方面我们是有教育经验的，要善于总结，善于摸索。

综上所述，坚持德育工作的全面性，就要面向全体学生，即内容上覆盖整体、形式上因人施教，使每一个层次的学生都得到系统的教育。

（三）坚持教育的全员性

要求每一位领导、教师、职工都要关心、支持参与德育工作。在学校工作中，教书是育人，管理和服务也是育人。因此，要解决好几个问题：

一是大家都要重视。育人是教职工的天职。教师要教书育人，行政人员管理育人，后勤服务人员服务育人，"三育人"是一个统一体。学生到学校学习，学校就应该对他们负责，全校教职工都有责任把他们教育好、培养好。

二是如何全员育人。我们知道，现代教育培养的学生，不是靠哪一个教师的教育就能完成的，要靠大家，靠全体教职员工。常言道，一个萝卜一个坑，每一处都是育人的岗位，学生都从我们身上学到东西。"师范无小事，事事是楷模"，说的就是这个道理。

三是表率作用。打铁先要自身硬，作为人类灵魂的工程师，塑造什么样的灵魂，在很大程度上取决于塑造者本身的灵魂。自己能作为学生的榜样，这是作为老师的起码要求。

四是建立全员抓教育工作的机制，保障德育工作的常抓不懈。从学校这几年的情况来看，领导值周、中层干部值周，班主任工作制、辅导员工作制、教师工作制，做到层层有人管，环环有人抓，人人都有事做。

（四）坚持德育工作的全程性

在学校教育教学工作的每一个环节都渗透着德育目标，围绕德育目标循序渐进地开展活动，使德育工作贯穿学校教育教学工作的每个过程，并把教育工作由学校向家庭和社会延伸。

全程性，即贯穿教育的整个过程。不论是教育教学、课内课外、教育实践和社会实践、德智体美教育，古今中外，何尝不是如此。今年2月18日的《参考消息》就刊登了一则消息《美国恢复德育传统效果好》，说的是美国德育的人格教育，要求一学期用六周的时间将"责任"铭记在心并体现在行动中，即每天早上大家在课外辅导完讨论这一主题。如按时完成作业、进入教室，负起责任，打架斗殴时有人劝架，不袖手旁观。可见，不同制度不同国家都是重视德育的。在我国古代，孔子的学生曾子的"一日三省吾身"；在近现代，陶行知的"每天四问"，都属于这个范畴。一个人的成长，并非一日之功。冰冻三尺，非一日之寒。学生在校几年，是他们成长成才的关键，我们要为他们的成长负责，为民族的未来着想。因而全程德育是培养人才的需要，是国家社会主义现代化建设事业的需要。

二、全员育人是高校管理的一项系统工程

首先，在管理思想上，树立全方位统筹、优化思想管理的核心是人，在管理的诸多要素中，人是最主要的。现代管理科学必须坚定不移地坚持以人为核心的人本原则，人本原则的基本含义是"人的因素第一"，内容是"做好人的工作，调动人的积极性"。对学生的管理也是如此。管理是一项复杂的系统工程，高校是一个具有多种基本要素的系统。实践证明，管理好一所高校，培养好人才，必须牢固树立系统化的管理思想，即在学校管理中把育人作为一个系统，把教育与管理结合起来，坚持管理以人为本，扎实做好育人工作。在育人工作中，学校是一个有着多层次（校、院、部、室）和多角度（教学、政工、科研、后勤）的组织，多因素（教师、学生、职工）及财、物、时空、信息等影响极其复杂的社会管理系统。这些系统不能各干各的，必须要配合好、协调好，如宿舍管理、社团管理等。因此，要牢记树立系统优化的思想，即把管理作为一个系统，全面分析问题，对系统的要素（人、财、物）、结构功能、历史发展、内外部环境进行全方位多角度的综合分析，统筹优化，还需有主动适应社会发展需要的管理思想，如对学生管理的宽严结合，不能像管理中学生那样管理大学生，也不能放置不管。管理也是教育，服务也是教育。

其次，在管理方法上，要运用系统的整体原则和结构优化原则，实行目标管理。什么是目标？目标是管理者所期望达到的境界、标准、成就和状态。把学校作为一个整体，把学校整体目标最优化为总的奋斗方向去统筹、协调学校内部之间的各方面是非常重要的。建立一个自上而下、自下而上的层层展开的纵横交错的目标管理网络，实行系统化的管理，是与德育目标相一致的。我们要运用正确的思想教育和物质激励的手段，建立一个自我激励、自我约束的新机制，进一步调动教职工的积极性和创造性，为学校的目标管理创造良好的环境。

再次，在管理操作上，强调了层次管理、组合优化，形成有效的管理活动。在育人工作中，学校管理系统必须是健全的、科学的、高效的管理系统，由决策中心、管理中心、质量中心、监督机构、反馈机构组成，各系统是育人的管理实体。我们的管理重心要坚定不移，每个人都应该负起这个责任。

三、"三育人"是教育工作者的责任和使命

一是"教书育人"是教师的天职。"育人无价，奉献无限"，教书育人是连接在一起的。教书必要育人，育人必要教书，因为学校中心工作是教学。教师的职责就是把学生培养成才，这是我们的责任，也是使命。光教书不育人行吗？不行。韩愈说教师要做到"传道、授业、解惑"，这是说到点子上的。连古人都要求做到的事，难道作为当今人民教师不应该认真履行自己的职责吗？我觉得，当教师至少要做到：第一，把书教好，达到育人的目的，保证课堂质量；第二，不仅要教好书，还要关心学生的成长，我们的教育对象是学生，不能放任不管，要善于引导，做学生的知心朋友；第三，参与学生的课外活动，关心他们的生活，关心他们的成长；第四，言传身教，身体力行，教师要做好学生的表率，这是非常重要的。

二是"管理育人"的核心是工作质量。在高校中有多种多样的管理，管理的核心是协调，协调的要义是行为，所表现出来的是人与人的关系。首先，我们面对的是生龙活虎的富有个性的青年学生，他们的需求就是我们所需要帮助的，给予帮助就是有内容的教育。管理中所表现出来的东西应该是工作效率、工作质量的问题。我们应该养成这样的习惯，今天办成的事决不能拖到明天，这样的管理理念会潜移默化地影响学生。其次，高校管理是一个复杂的系统工程，如果有哪方面的工作耽误了，就会影响到整体。因此，在管理工作中，要有大局意识。

三是"服务育人"重在端正服务态度上。在高校里，有许多服务岗位。从广义上说，我们的各项工作都是为学生服务的。"全心全意地为人民服务"体现在学校里，就是"全心全意为师生服务"，让学生得到健康的成长，这是我们的心愿。

新教育的核心就是服务，这是从教育的内涵和外延而言的。那么，服务本身就是教育，也是育人。"三育人"中包括了"服务育人"。学生在我们教职工的服务岗位上，在我们身上，应该看到职工在工作中敬业的精神，学到了我们的为人处世原则，学到如何待人接物，学到实实在在的东西。试想，如果学生在借书、打饭、办事的岗位上，看到的是负面影响的场面，那么这对学生的影响是极大的。

3.6　新时期学校共青团工作的探索与创新[①]

校党委对这次会议很重视,对会议的召开和议题都做了专门研究。为开好这个会,前几天我又与张正华同志做了商谈落实。校团委为开好这次会议提供了相关材料并做了充分的准备。这次校党委召开的全校共青团工作会议的主题为:认清新的形势和要求,明确高校共青团组织肩负的历史重担,积极探索新形势下学校共青团工作的有效途径,从而把我校共青团工作提高到一个新的水平。为此,受校党委的委托,我向大会提出几点意见。

一、认清新的形势,进一步明确高校共青团组织的历史重任

党的"十五大"给我们展示了美好的蓝图,21世纪头十年将实现国民生产总值比2000年翻一番,使人民的小康生活更加宽裕,建立比较完善的社会主义市场经济体制;再经过十年的努力,各项制度更加完善;到21世纪中叶,基本实现现代化,建成富强民主文明的社会主义现代化国家。这是我们的宏伟目标。我们应该为之而努力奋斗。

新的世纪已经到来,我们应该充满着信心。在新的世纪,我们面临着机遇和挑战,面临着人才的竞争。我们这代青年,是21世纪的栋梁,肩负着建设中国特色社会主义的重任。学校共青团的历史重任,就是为实现未来的目标,培养和造就大批的合格的社会主义现代化事业的建设者和接班人。这与学校的培养目标和教育目标是一致的。

我们学校的根本任务,就是根据党和国家的教育方针培养德智体美全面发展的人才,中心工作就是通过教育教学来实现这一任务,这是个人才工程。共青团工作要围绕党的中心工作,围绕改革、发展、稳定的大局,服务社会,服务青年,团结青年,为实现党的奋斗目标而努力工作。

---

① 本文系作者2000年4月17日在校党委召开的全校共青团工作会议上的讲话内容。时任校党委副书记。

二、学校共青团组织要在培养人才中发挥重要作用

在我校学生中，共青团员占91.8%，可见，共青团组织的工作非常重要。从某种意义来说，学生工作基本都是团的工作，团的工作也包含学校教育和管理工作。可以说，团的工作做好了，学校工作就有了保证，学校就会得到更快的发展。

在新的形势下，学校共青团必须努力做好以下几点：

首先，学校共青团应成为先进性和群众性相结合的群众组织，这是党的建团路线的体现。我们党的建团路线集中体现的两个思想：一是规定中国共产党是中国共青团的领导，即团要服从党的领导，又强调党加强团的领导是义不容辞的责任；二是规定共青团是一个不同于一般的群众组织，它是党的助手和后备军，它的成员不是一般的群众，而是由先进青年组成的，它的主要任务是协助党用共产主义精神团结教育青年。先进性和群众性相统一是共青团的本质特征，先进性是以群众性为基础，群众性又以先进性为条件，二者相辅相成。团的工作要从青年实际出发，有创造性地开展活动，适应改革开放的潮流，不断适应发展的需要，这样才能成为青年的核心。

其次，学校共青团应成为广大青年学生学习共产主义思想体系的学校。建设有中国特色社会主义社会，需要全体人民特别是广大青年的共同努力。我们要用科学理论来武装青年团员的头脑，构筑青年大学生的精神支柱。要认真学习马克思列宁主义、毛泽东思想、邓小平理论，用科学理论来武装自己的头脑。学校共青团要通过上党课、团课和组织学党章小组或学习邓小平理论小组等形式，把广大团员青年最大限度地组织起来，使他们系统地学习共产主义思想体系，接受共产主义思想的教育，从而提高思想觉悟。我们不仅保证让青年学好功课，还要把青年组织起来参加实践，在实践中学习，在实践中使青年团员不断地提高，这是共青团活动的一个特点。共青团组织是培养社会主义现代化事业建设者和接班人的摇篮。二十年前，我也是一名共青团的干部。那还是在改革开放之初，在共青团组织里，我们经受了锻炼，也积累了工作经验，得到了成长。所有这些，我们永远不会忘记。"少年智则国智，少年富则国富，少年强则国强。"青年是时代生力军，是国家和民族的未来。关心青年，就是关心国家和民族的未来。这些年来，学校得到了中宣部、教育部、团中央授予的"全国三下乡社会实践先进单位"，还得到自治区的表彰，这个传统要继续发扬光大。

再次，共青团组织在推进高校素质教育中要发挥更大的作用。在去年召开的第三次全国教育工作大会上，中央把推进素质教育作为重点，这是很有意义的。高校的素质教育包括四个方面，即思想道德素质、文化素质、业务素质和身心素质。思想道德素质是根本，文化素质是基础，业务素质是本领，身心素质是本钱。一个根本，一个

基础，共青团工作要抓住这两项。前些年，许多高校都认真地抓了这两项工作，他们的工作有了进展，有了成绩。不久前在华中科技大学召开了素质教育工作会，我们要认真领会大会的精神实质，向兄弟院校学习，认真地抓好这项工作。文化素质是基础。教育部周远清副部长说要把它作为切入点，这是贴切的。文化素质就是在学好专业的同时，具备一定的文史哲基本知识、艺术的基本修养，学习国内外优秀文化成果转化，文化品位的提升，审美情趣、人文素养的提高等。这二十年来，我们学校每年都认真抓了文化艺术节、师范生基本技能大赛，取得了明显的效果。这些工作，都与共青团工作有关，与社团活动有关。其实，抓社团活动就是抓文化素质教育。最近两年，我们开展的课外读书活动，就是抓素质教育的一项重要措施。好的形式、行之有效的措施就要必须坚持下去。这也足以说明，共青团是培养人才的好地方，共青团组织抓文化素质是人有作为的。应该指出的是，素质教育不是一个模式，而是一种思想，一种理念。抓素质教育，就是抓质量，抓人才培养。

最后，学校共青团要不断加强自身建设，开拓进取，创造性地开展工作，使之真正成为党的助手和后备军。要盯住培养人才这个实际目标，抓住创建"全国五四红旗团委"这一契机，加强自身建设。必须把工作重点放在基层，放在支部，放在班级，这是基础；同时要建立制度，建立岗位责任制，使团的工作走上制度化、规范化、科学化的轨道；必须转变活动方式，扩大活动领域。

三、加强和改善对共青团工作的领导

学校各级党组织要按照党章规定加强对共青团组织的领导。学校党委有一名领导分管，系党支部委员会也要分工一名委员分管团的工作。最近学校党委已下发文件，要求各级党组织要定期研究共青团工作，以党建带团建，做好共青团的推优工作；按照规定，系团总支委员的改选，必须征得校团委的同意。

我们要采取有力的措施加强和改善对共青团的领导。要把握好正确的政治方向，照顾到青年学生的特点；坚持党对团的领导，绝不能忽视团组织的相对独立性。党十分重视从政治上、思想上加强对共青团的领导，以保证共青团的性质和方向。学校党组织要支持和保证共青团在组织上的独立性，使共青团生动活泼、富于创造性地开展工作，把共青团建设成为团结青年、教育青年的坚强核心。

各系（部）党支部、各有关部门和校团委要结合本单位的实际，按照校党委《关于加强共青团工作的意见》精神制定具体的实施意见，生动活泼地开展学校共青团工作，把校党委的要求落到实处，使我校共青团工作呈现一个崭新的局面。

3.7　谈学生工作的几个问题[①]

今天下午，学校在这里召开系级学生工作总结表彰会。前段时间，学校进行系级学生工作评估检查，这对推进我校学生工作科学化、制度化是有促进作用的。下面，我就学生工作的几个问题讲几点意见。

一、学生工作的重心在于服务学生

我们要坚持"学校教育，育人为本，德智体美，德育为先"的原则，坚持教育与自我教育相结合，既充分发挥教师的教育引导作用，又充分调动大学生的学习积极性。要以理想信念教育为核心，对学生深入进行正确的科学的世界观、人生观、价值观教育，不断提高其思想政治素质，使他们树立坚定正确的政治方向，成为合格的社会主义现代化事业的建设者和接班人。这是我们的教育目的，必须坚持。

学生工作的重心在于服务学生，在于教育学生良好的个性。服务的过程就是教育的过程，我们知道，学生是我们的教育对象，更是我们的服务对象。在服务学生的过程中，我们把党和政府对大学生的关心和爱护进行传递与传承。把工作做到家，学生便能从我们的工作精神、态度、方法等方面中学到如何做人，如何办事，如何服务他人、服务社会，这是潜移默化的事情。

搞好学生工作，就要抓好学生教育，促进学生健康成长。学生工作是一个系统工程，各部门、各个系都要认真抓，把"德育为先"落到实处，形成"齐抓共管"的工作机制。要营造出一种气氛，营造出良好的育人环境。要形成一个良好的管理机制，要建立一支强有力的思想政治工作队伍。这些都是必不可少的。

把关心人，以人为本，以学生为中心贯彻到我们学校各项工作中去，将其作为我们的教育理念、管理理念。要着力构建大学生思想政治教育的长效机制，在制度建设上下功夫。在学校工作中，服务学生是大局。"师范无小事，事事是楷模"，我们的一言一行，都影响着学生。学生工作搞好了，其他工作就有了保障，有了基础。

[①]　本文系作者2004年1月5日在全校学生工作总结表彰会上讲话的部分内容。时任校党委副书记。

二、学生工作的重点放在基层

学生工作的重心在哪里？就在系部，在班级。学校学生工作是个系统工程，应该是三级管理体系。学校为一级，管理的是校风、学风，做好协调、大环境的营造。系一级是重心、重点，大的系学生多则上千，少则也有二三百人。系与系之间，专业不一样，管理方式方法自然不一样。再一级就是年级、班级的管理，而好的年级管理、班级管理，就能促进系部甚至是学校的管理和建设。

管理是一门科学，现代管理是科学管理。系部学生工作如何管？我们探索了许多门路和经验，这些经验确实是行之有效的。这次德育评估，各系部总分分别在900分以上，优秀与合格达标，相差并不是很远。但优秀总有其特殊性、典型性。在系部的管理中，我们接触的都是学生。如何塑造他们，培养他们健康成长、成才，是要费一点功夫的。

三、学生工作的核心在于有爱心

学生工作是育人的工作，要有高度的责任感。有责任心的爱是教育的核心，陶行知的"爱满天下"应成为我们的座右铭。我们的办学理念是以人为本，坚持三个一切，即"一切为了学生，为了一切学生，为了学生一切。"做到两个关心，即关心学生的就业，关心每个学生的成长。如果离开这些东西去谈其他，就失去了办学校、办教育的意义。教师的天职是教书育人。把书教好，把学生管理好，把学生教育好，就是称职。与学生打成一片，这是我们应该做到的。随着扩招，学生人数多了，教师与学生的接触机会少了。平时，学生渴望与教师交流互动，这个愿望并不是很难实现。因此，我们应尽可能与学生多接触、多谈心、多交流。要做到这一点，一是要靠自觉，二是要靠制度，三是要给予一定的激励，以调动广大教师的积极性。

四、学生工作的根本目的是培养合格的人才

培养人是我们教育的根本任务。我们办学的目的是什么？还不是为了培养出更多更好的人才吗？！但培养出来的人是不是人才，要拿到社会中去检验。产品是否合格都是要检验的，工厂生产的产品是需要经过检验的，毕业生是我们生产的产品，是不是合格，检验的标准之一看其是否能就业，是否适应社会的需要，是否被社会所承认。目前的就业形势很严峻，我们要努力地搞好毕业生就业工作，把就业工作当作一项重

要的工作来抓。就业工作是学生工作的重要一环,这是多年来我们的经验体会。要切实提高对毕业生工作重要性的认识,这项工作关系到学生的健康成长和学校的命运与前途,关系到国家的稳定和发展,我们必须认真地抓好。

毕业生就业工作是学校工作的一件大事。工厂生产产品,学校培养出人才,人才也就是学校的产品。刚才我们说了,产品是否合格,学校说了还不算,要拿到社会上去检验。一件钢铁产品,出炉前要锻造锤打。我们看,毕业生离校前的工作,何尝不是这样呢?因此,不要低估毕业生离校前的一个多月的工作,这一时期工作是非常重要的。毕业考试、毕业论文、就业指导,毕业生鉴定,毕业离校的各项工作,工作是千头万绪的。因而,我们的工作应该体现出计划性、预见性,要有全校一盘棋的思想,要深入细致地做好工作,特别要抓好就业指导,并且把思想教育、就业指导、纪律教育有效地结合起来。通过一系列的活动,让毕业生怀着希望和信心、怀着感恩之情离开母校,愉快地走上岗位、走向社会。

毕业生离开学校前,总希望与老师们谈一谈,我们应该满足学生的愿望。同时这也是我们的职责所为。作为政治辅导员、班主任和任课老师,从现在起,争取与每个毕业班的学生谈上一次话,给他们予以鼓励、支持。老师的许多话语将会影响学生的一生,我们不能低估谈心的教育作用啊。

3.8 论文明宿舍建设①

校学生工作办公室召开那么大规模的学生宿舍舍长会议，这还是第一次。此次会议的主题是进一步加强学生宿舍管理，营造有利于我们成长的学习和生活环境，为进一步培养优良的校风、学风而努力。我非常赞同。下面谈谈文明宿舍建设的重要性、内涵及其建设措施。

一、宿舍管理在学校管理中的地位和作用

学生宿舍是我们平时生活、休息、学习的场所，也是建立和谐人际关系的基础。学生宿舍体现着集体生活、团队活动的特点，而集体生活和团队活动是人的社会化的一个非常重要的环节。除上课、课外活动外，我们每个人每天在宿舍的时间都达到10个小时以上。同学们在集体生活中，大家互相交流、处理好人际关系，推进了人的社会化进程，使人得到了全面发展。可以说，良好文明的宿舍氛围是大学生学习、生活的重要保障。宿舍的自然环境和人文环境影响着青年学生的身心健康，这是不可忽视的。

从学校众多的各项管理中，学生宿舍管理是最直接且与每个同学息息相关的一项管理工作。和谐恬淡的宿舍生活环境，是每个人所渴望的。这些年来，尽管学校经费有限，但学校为加强学生宿舍的建设，投资了上百万资金进行扩建，增设了卫生间，改善了用水条件，配备了清洁工和宿舍管理人员，这次又安装了电风扇，尽可能地增加设备，逐步改善住房条件，尽力使宿舍管理水平上一个档次，力求达到学生公寓的标准化水平。这是学校建设和发展的需要，也是同学们的愿望。

有了现代化的设备，就需要有现代化的管理，更需要有现代化文明的意识与行为。多年来，学生文明宿舍建设取得了较好的成绩。但最近一段时间来，有些宿舍的文明意识就比较淡薄，许多方面表现得不够协调，甚至出现了一些违纪现象，影响了大家的休息和生活秩序，这是不良的表现，需要予以克服和纠正。

---

① 本文系作者2000年5月10日在全校学生宿舍舍长会议上讲话的主要内容。时任校党委副书记。

宿舍的人文环境是衡量校风的晴雨表。好的校风在一定程度上体现在宿舍人文环境上。可见，宿舍管理在学校管理中的地位和作用是极为重要的。

二、文明宿舍的内涵和要求

文明宿舍是文明学校的体现，文明宿舍建设是学校社会主义精神文明重要组成部分。建文明宿舍、创文明校园是学校办学的内在要求，也是我们成长成才道路的有效途径。要形成自我管理的习惯，提高宿舍管理水平，提高文明管理水准。

说到文明宿舍，先要讲到的是宿舍文化。宿舍已经成为大学生在校学习、生活、休息、娱乐和交流的多功能场所，成为学生基础文明教育、行为习惯养成、综合素质提高的重要阵地，是校园文化的折射，是社会文化的浓缩。大学生宿舍文化建设的主要内容包括物质文化建设、制度文化建设、行为文化建设和精神文化建设。风气是文化的表现，好的校风会体现在宿舍文化上。

自我管理和自我教育是现代管理、现代教育的范畴，是实现人的社会化的途径，是提高综合素质的重要措施。大学生应养成自我教育、自我管理的习惯。大家相聚在一起，需要自我管理、自我教育。在一个公共场所，光靠教师、管理人员的管理是不够的，还应做到自我管理，并且要达到一定的要求。一是要做到他律与自律结合起来，从自律中产生内化，变为自觉的行动；二是将外在约束和内外约束结合起来；三是管理与教育相结合，使宿舍管理达到一个较好的水平。这是大家的愿望，也是不难做到的。

宿舍是我们生活、学习的场所。我们为了一个共同的目标，走到一起来了，应该做到互相关心、互相帮助。在狭小的环境里，免不了碰碰撞撞，这时候应做到相互谅解，学会宽容。一个和谐的、融洽的学习、生活环境，比什么都重要。

在座的各位同学都是宿舍舍长，是排头兵。那么，舍长应该起什么样的作用呢？我认为，作为舍长，应是整个宿舍的带头人，是一个宿舍、一个共同体的核心。大家一同生活在一个空间、一个集体里，需要形成一种积极向上的气氛。在一个宿舍里，大家来自五湖四海、东西南北，爱好、性格都不一样，但大家都有着相同的目标，走到一起来了，这就是缘分，这是同学缘，它是我们生命中珍贵的情感，我们应该予以珍惜。毛主席在《为人民服务》这篇文章讲到"为了一个共同的目标，走到一起来了""一切革命队伍的人都要互相关心，互相爱护，互相帮助"。这是同志间、战友间的情感啊，大家自然都要珍惜。舍长应与每个同学都搞好关系，各方面要以身作则，起带头作用。要比其他同学勤快些，整理内务、搞卫生，要处处带头。所谓舍长，是为大家服务的。在一个环境里生活，要树立正气，还要敢于管事，不当老好人，要注意工作方法，密切联系广大同学，做同学的知心朋友，将心比心，以情感人。据报载，某高校一女生宿舍，共住6位女生，大家共居一室，相互鼓励，毕业前夕全部考上研究生。他们原来6人的基础不一，有的外语水平还处于年级中下水平，但她们立长志，气不馁，宿舍的团结气氛非常和谐，互相帮助、互相鼓励、互相支持，最终取得优异的成绩。这就说明，良好的学习环境是能促使人健康成长的。

三、加强宿舍管理的措施

要使宿舍文明达到一定的水准，就必须加强管理，这是由学校教育目标所决定的，也是同学们的内心愿望。最好的管理方式，不是控制约束，而是启发人人自律，自我管理，自我教育。自律胜于他律，自觉自愿自我约束是慎独的表现，体现出文明的素养，体现出人的崇高思想境界。

建文明宿舍，做文明学生，是培养德智体美全面发展人才的需要。我们应花大力气把它抓好。建文明宿舍，起码要达到以下要求。

一是有明确的健康的舆论和氛围。宿舍是公共场所，也是培育新人的地方。和谐的环境对人才成长是极为有益的。

二是有一整套的规章制度。"国有国法，家有家规"，建立健全宿舍管理制度是非常必要的。遵纪守法，是一个合法公民起码的要求，大学生更应该有更高的思想境界和高尚的情操。

三是有一支宿舍管理队伍。这支队伍包括宿舍管理员、专兼职清洁员和宿舍自身管理委员会成员等，这些管理人员与每个宿舍成员是平等的、和谐的。

四是每个宿舍成员都应有自觉的行为。每个人都要增强自律意识，加强自我修养，提高自控能力，做到在任何情况下都能稳得住心神、管得住行为。

五是开展文明宿舍的评比。文明宿舍评优条件是内务卫生好、学习风气好、文明习惯好、人际关系好、文化氛围好、考评成绩好。要做到这"六好"并不难，关键是人人都要参与，形成良好的氛围，这是学校所希望的。

建设文明宿舍，贵在自觉，贵在坚持。"建文明宿舍，做文明学生"这是一项有益同学们身心健康的活动，我们大家应该积极参加，为营造一个恬淡的良好的育人环境而努力，同时在这和谐的环境中得到健康成长。这是共赢，我们应该积极维护集体的声誉和荣誉。大家相处在一起，应该做到互相关心、互相帮助、互相爱护，体现出集体主义的情怀与风范。

3.9　论学生干部的桥梁和纽带作用[①]

刚才刘江同学和陆莉莉同学传达了广西青联七届一次会议暨广西学联第八次代表大会的精神。这次大会，是我区广大青年和学生的盛会，区党委领导同志出席了会议并发表讲话。我听了大会精神传达以后很受鼓舞。为此，我们要认真学习贯彻好大会精神，推动学校各项工作特别是青年工作、学生工作的开展，以促进同学们全面健康的发展。

前两天，在座的有11名同学当选为校团委委员，校学生会委员会也得到了充实。至此，校团委、校学生会委员会的成员也已配备落实好了。在这里，谨向你们表示祝贺！你们是新鲜血液，一定会有更大的作为。在座的诸位同学都是校级学生干部，今天的会议既是学习会，也是工作交流会。趁这个机会，我与同学们谈三个问题。

一、牢记使命、立志成才

在世纪之交，千年之交，我们一定认清形势、勇敢地挑起重担。上个千年初，中华民族还一直走在世界的前列，令西方望尘莫及。只不过到了二三百年前，我们落伍了，落后就要挨打，这个沉痛的教训我们铭刻在心。一百多年来，中国人民进行了抗争。从19世纪中叶到20世纪初，许多仁人志士在探求着救民救国的道路，但后来都失败了。"十月革命一声炮响，给我们送来了马克思主义。"五四运动的爆发，中国共产党的诞生，拉开了中国新民主主义革命的新纪元。在中国共产党的领导下，我们将希望、梦想变成了现实。新中国的成立，使"中国人民从此站起来了"，这是人民的力量，也是青年的力量。"青年兴，则国兴；青年强，则国强。"一代又一代青年发挥了应有的作用。我们这一代青年是有希望的。广大青年是社会主义改革开放事业和现代化建设的生力军和突击队，是大有希望的一代。从前段时间对北约暴行的抗议活动，看出了我们这一代青年的勇气与成熟。你们是跨世纪、跨千年的青年，是有希望、大有作为的一代。党和人民信任你们，从你们身上，看到了我们国家和民族的未来。希

[①] 本文系作者2000年1月5日在校级学生干部会议上的讲话内容。时任校党委副书记。

望大家不负重托，树立远大理想，按照毛主席"德智体全面发展"、邓小平"四有新人"、江泽民"四个统一"的要求，发奋学习，勤奋钻研，勇于开拓，脚踏实地，建功立业。在人才培养目标上，共青团与学生会的目标是一致的，要做好相互支持、相互配合。

二、加强建设，发挥作用

加强共青团建设，就要进一步明确高校团组织肩负的重任。我校团委已被团中央批准为创建五四红旗团委单位，我们要积极搞好创建工作。校、系、班三级团组织，都要围绕培养人才这一中心积极开展工作。从某种意义来说，学校学生工作基本也是共青团工作。共青团的工作搞好了，学生工作自然有了保证。学生工作搞好了，又促进了共青团组织的建设。在新的形势下，许多优秀青年人才在社会主义改革开放事业中发挥了重要作用。我们要明确和牢记共青团是党的助手和后备军，这是共青团组织的性质。共青团的先进性和群众性是相统一的，共青团是先进青年的群众组织，它不同于一般的群众组织，我们要充分发挥共青团组织的作用。同时，要积极发挥学生会的作用，校学生会在校党委的领导下、在校团委的指导和帮助下独立的开展学生工作。共青团、学生会都是学校党委、行政联系广大同学的桥梁和纽带。

如何发挥桥梁和纽带作用呢？首先，要领会学校的意图，学校的教育目标和培养目标都是要把同学们培养成为德智体美全面发展的社会主义现代化事业的建设者和接班人。共青团组织、学生会与学校的目标是一致的。共青团组织与学生会都要为这个目标而努力。其次，共青团组织和学生会工作两者间应有所侧重。共青团组织重在思想建设、组织建设，利用政治上、组织上的优势，实现团的思想对高校学生社团建设的引领和指导，最终促进社团的科学健康和可持续发展。学生会侧重组织同学开展学习、科技、文体、社会实践等多项活动，促进同学们全面发展。再次，共青团组织与学生会都要积极联系广大同学，为完成学校的目标而努力。最后，把各种教育寓于活动之中，教育本身就是活动，在活动中要注意教育的引导作用。

三、以身作则，当好表率

当学生干部，就是要有一种奉献精神。乐于为同学服务，是学生干部应有的品质。在校团委、学生会任职的同学，是学校领导、老师与同学都信得过的人。在座的是校团委、校学生会的干部，是同学们选出来的，理应为同学们服务。学校是个训练场，是锻炼人、培养人的地方。用心的人是可以学到东西的。当学生干部，接触领导、接触老师和同学多一些,这是一种锻炼,是一种学习的好机会,是一个展示自我的舞台。因此,大家要虚心学习,谦虚谨慎,戒骄戒躁,不断锻炼自己,不断提高自己,在工作中积极为同学服务。服务意识是我们党的宗旨所决定的。为人民服务,为师生服务,为同学服务是一致的。

学生干部要做到"四勤",即勤动手、勤动脚、勤动口、勤办事。懒惰的人是做不好学生干部的。大学的时光,是人生最灿烂、最快乐、最值得回味的,对人生的意义深远意长,我们要把握好大学生活。勤奋是成才的基础。我们要力求多办实事,不说空话,积极肯干,脚踏实地地做好每一件事。"从我做起,从现在做起",这是当年北大、清华的学长们提出的口号,这是一种责任感的表现。学生干部要有朝气,要有积极向上、乐观的心态,与人友善、热情,与同学团结友爱、互相帮助、共同进步。

学生干部要为加强学风、校风,建设优良育人环境而努力,做出表率,积极投入到"建文明校园、做文明学生"活动中去。榜样的力量是无穷的,希望学生干部真正成为同学们的榜样。

同学们,新世纪的钟声已经敲响,我们要迈出坚实的第一步。在新的世纪、新的千年里,我们中华民族应该更有作为,希望寄托在你们青年人的身上。让我们共同努力,在新世纪的伟大进程中,做出应有的贡献。

3.10　谈课外读书活动与成才[①]

刚才听了各系课外读书活动情况的汇报，我感到很满意，也很有启迪。这说明，我们的课外读书活动算是抓对了。读书是学生成才的基础，课外的读书活动吸引了广大学生，拓宽了课堂教学内容，扩大了学生的知识面，提高了学生综合素质，这是有益于学生身心健康和成长的事，何乐而不为呢？

我们知道，学生的主要任务是学习，但仅仅以课堂上、教科书里学到东西是远远不够的。开展课外读书活动，就是有意识地引导学生进行读书学习，做到课内外活动相结合，教科书与课外读物相结合，理论与实践相结合，这是教学改革的一种尝试。

课外读书活动是教学计划的有机组成部分，是课程改革的一项内容，各系抓这一项活动还是比较早的，也积累了一定的经验，这些经验都需要认真地总结。在活动中，涌现出许多先进的典范。通过开展课外读书活动，同学们的学习目标明确了，学习态度端正了，学习劲头足了，学风、校风转变了，这是好的现象。但发展不平衡，有些问题还有待解决。为了推进这项活动的开展，特提出以下几点意见。

其一，进一步提高对开展课外读书活动意义的认识。当今的时代，是信息和竞争的时代，只有具有现代意识和掌握一定本领的人，才能在时代的潮流中站稳脚跟，才能成为一个可以实现社会价值与个人价值相统一的人。读书是成才的基础，大学生应该成为博览群书的人，利用在学校这一美好的时光，多读一点书，学以致用，健康成长、成才。

其二，建立读书小组，积极开展阅读和书评活动，营造一种氛围、一个良好的育人环境。"三人行，必有我师"，大家在一起读书，交流学习心得，这是一种有益的读书方法。要建立一个良好的读书机制，做到有计划、有督促、有检查、有评比，读书是需要形成氛围的，只有大家互相交流读书心得，共学互帮，才能提高学习效果。

其三，讲究读书方法，提高读书效果，提高学习质量。"读书破万卷，下笔如有神。"毛主席的"不动笔墨不看书"，华罗庚的从薄到厚、从厚到薄的学习方法，托尔斯泰读书时身边永远带着一支笔和笔记本的习惯……所有这些，都是读书的经验之谈。

[①] 本文系作者1999年6月2日在全校读书经验交流会上讲话的主要部分。时任校党委副书记。

让学生要学会做读书笔记，扩大读书的范围，视野要开阔，心域要放宽。只有用心了，掌握了学习方法，才能做到开卷有益，读书有用。

其四，开读书会，畅谈交流读书心得，交流读书经验，并让老师做读书指导。有高手、大师做指点，就少走一点弯路。要将读书活动持久地深入开展下去，关键要有个机制，要形成氛围，要持之以恒，这样才能做到学有长进、读有所获。

其五，以课外读书活动推动专业知识的学习。课外读书活动不是节外生枝，而是有的放矢。通过这项活动，使同学们又深又广地学习本专业的知识，培养对本专业学习的兴趣。课外读书活动与专业知识的学习是具有互补性的。开展这项运动，就要做到与专业学习相结合，与示范教育相结合，与实践相结合，与综合素质和能力的训练相结合。只要我们坚持下去，持之以恒，对学生的一生必有好处。培养一种阅读的习惯，掌握有效的学习方法，对学生的成长是有益处的。

3.11　论校庆文化[①]

受潘运琛书记、校长的委托，趁今天的全体教职员大会，我与大家谈一谈校庆55周年活动筹备工作的情况，有以下三个方面。

一、校庆是一种文化

我们为什么要举行校庆？这是不言而喻的。校庆是学校文化传承的重要载体，是学校文化记忆的重要形式。大学校庆文化，作为一种文化现象，其影响日益重大，已经越来越被人们所重视。我们知道，在学校建设和发展中，蕴含着深厚的学校文化，这是学校发展的底蕴。而校庆文化是学校文化的重要组成部分，对学校的发展起着十分重要的推动作用。可以说，校庆文化既是一种回顾学校历史的反思文化，也是一种面向未来的展望文化。

我校具有悠久的历史和优良的传统。1938年，壮族教育家岑永杰先生创办学校前身田西师范、百色师范的壮举，令人动容。之后，百色师专、百色地区师范、右江民族师专一路走来，经历了55年的沧桑和风雨、曲折和辉煌，这样的办学历程值得总结和回顾。我们学校有今天，是全校师生员工共同努力的结果。学校的发展，倾注了几代教育工作者的心血。举办55周年校庆，就是回顾办学历史，总结办学经验，激励大家。我们要充分利用这一重要契机，激励自己，鼓舞斗志，展望未来。

校庆展示的是办学的成果，校庆将给我们带来自信，带来凝聚力，带来新的力量和希望。只有不断总结经验，增强、坚定信心，我们才能大踏步地前进。这就是校庆文化的魅力所在。

二、校庆体现的是一种精神

精神是文化的核心。大学校庆的精神文化功能对于塑造大学精神文化价值具有极

[①]　本文系作者1993年6月15日在全校教职员大会上讲话的主要内容。时任校党委书记助理、校长办公室主任兼校庆筹备办公室主任。

其重要的作用。大学校庆的精神文化功能包括大学精神文化的总结与传承、反思与创新。

　　大学校庆文化的价值核心在于弘扬办学传统，凸显办学特色，凝练大学精神，取得社会的认可。通过校庆各项活动，有助于学校组织成员对过去办学历史和成果的梳理及反思。通过校庆活动，凝集人心，凝集力量，办好学校。在这 55 年的办学历程中，我们形成了团结奋进、勇于拼搏、开拓创新的学校精神。当年岑永杰先生创办学校前身田西师范、百色师范的壮举，倾注了老一代教育工作者的办学情怀。没有当年老一辈教育工作者的努力，就没有我们学校今天的辉煌。学校的办学精神和优良传统是一笔宝贵的财富，我们应该继承和弘扬。55 年的办学历程凝集了师专人艰苦奋斗、顽强拼搏的精神，这种精神将激励我们不断奋发向上。

　　举办 55 周年校庆活动，已经得到大家的共识。校庆筹备工作开展至今已有三个多月了，目前形势喜人，很鼓舞人心。全校上上下下一致认为，举办校庆，能振奋精神，鼓舞斗志，能加强学校与社会各界、校友之间的联系，提高学校知名度，让整个社会都来关心我们这所学校。这是大家的心愿，大家是这样想的，也是这样做的。几个月来，校庆筹备工作进展顺利，硬件建设和软件建设都有成效。

　　校庆活动应着眼于学校的持续和良好地发展。目前，校内的校庆筹备工作有条不紊，校外对校庆活动的支持热气沸腾。这几个月来，社会各界、各地校友都热情支持我们搞校庆，彰显我们学校的办学雄风。从校友联络组到各地与校友联络的情况看，确实是鼓舞人心的。从这当中就体现出一种精神，这是我们的骄傲。广大校友都非常希望母校能搞一次校庆，凝聚人心。原来的老领导、后来调离学校的李源、张恒、唐崇锦、陆大同、韦朗风、顾映高等同志和还在校的老领导夏昭慎、周华等同志，都表示支持搞校庆。如老校长唐崇锦先生最近寄来了 300 元，他的夫人杜兴荣老师给我们画了一幅精美的画，表示了他们对支持搞校庆和对学校美好的祝愿。广西民族出版社副总编辑、原中文专业教师苏长仙和图书馆管理人员许福仙两夫妇捐了 1253.36 元的图书。前两周，我与潘校长、覃若萍老师到田东参加驻田东校友代表座谈会，田东二中黄礼宽副校长说，他父女俩曾先后在我校就读，对母校有很深的感情，对母校搞校庆表示拥护和支持，他曾主持筹备过两所中学的校庆，深知校庆是凝集力量、凝集人心的意义所在。座谈会上，他当即就给母校捐出了 300 元，这笔款项，是这次校庆捐资最早的一笔。百色有个叫何振兴的校友，是 40 年代简师毕业的。一天，他在一位老同学那里闻讯母校今年要搞校庆，于是夜不能寐，连夜疾书，奋笔写满了 4 页信笺的信；第二天一早，他把那封信和 100 元及一本 40 年代的校史资料拿到学校财务科。老易打电话跟我说了这件事，我即与他谈了半个多小时。看了他那热情洋溢的信，真令人感动。后来我又把这事告诉了潘校长，校长即会见了他。何校友说，他看到母校发展那么快，非常高兴，言表里充满着对母校的感激和热爱之情。这就是一种母校的情怀，这就是一种精神的体现。

当我们听到了这些激励人心的消息，谁不感到欢欣鼓舞呢？重振雄风，凝集力量，走内涵发展的道路，把学校办得更好，把我们的事业向前推进，这是全体教职工的呼声，也是广大校友的愿望。由此可见，校庆将凝练出一种积极向上、团结奋斗的精神。

三、校庆是学校一项重要的工作

校庆不仅是一种内容和形式，而且体现的是一种精神，精神是文化的精华。举办一次成功的校庆，是对学校整体力量乃至育人水平的一次检验。为了搞好55周年校庆，下面我提出几点意见。

一是提高认识，统一思想。校庆的重要意义刚才已经说了，这里就不再重复。筹备55周年校庆，是大家所认同的事。学校是大家的，我们理应把它办好。这是我们第一次办校庆，只能搞好，这是大家共同的事情。既然是大家认同和学校已经决定的事，那就要千方百计把它搞好。

二是统筹协调，双管齐下。校庆是一项系统工程，校庆筹备是一项系统性的工作，应该硬件软件一起抓。前不久，学校已经决定要上"5510"工程。"55"，即校庆55周年；"10"，即10个工程项目。这10项工程包括图书馆、新校门、幼儿园、新学生宿舍楼、新教职工宿舍楼、万名廊、校史、教学成果展览、宣传长廊、青春塑像等。这些项目，有软件、有硬件，实施这些项目，将对学校面貌起着促进作用。"5510"工程，是改革工程、惠民工程，有的还是标志性工程，一定要搞好这项工程。更重要的是，通过"5510"工程，凝集力量，凝集人心，调动一切积极因素，促进学校的建设、改革和发展。

三是联系校友，扩大影响。校庆是一项有益的活动，而校友活动无疑是校庆活动的重中之重。校友活动的开展情况，间接地检验了一所学校的教育质量和办学水平，没有校友活动的校庆是不完整的校庆。校友是一个学校永远不能分割的重要组成部分，是一个学校培养质量的体现，是学校声誉重要的组成部分。校友工作同时也是学校重点工作之一。从我们走访的校友来看，大家都希望我们学校搞一个规模较大的校庆活动，有很多生动的例子，令人难忘。在这里，不妨举两个例子说一说。第一件事是，上个月的下旬，百色地区召开了教育学会换届选举。教育界知名人士云集百色，那天我有幸地参加了开幕式。在主席台上，从地区领导到教育界的知名人士，我数了一下，台上的15人中竟有10人是我校工作人员和校友，另外还有3人与我校还有关系，他们的家人都在我们学校学习过。而教育学会下属各研究会的理事长、副理事长几乎都是我校教师和校友，这是一笔宝贵的办学资源和精神财富啊。会议期间，与会的校友闻知母校准备举行55周年校庆，都纷纷表示给予支持。第二件事是，前不久，我赴首府参加驻南宁校友代表座谈会。据驻南宁校友联谊会负责人韦俊卿、黄宇群校友说，原来只是计划开个30人参加的小型座谈会，没想到，大家听说后，好友之间、师生之间相互传播信息，一下子就涌来了60多名校友，把广西教育学院的一间大教室都坐满了。大家为母校的建设和发展及55周年校庆筹备工作都提出了很好的宝贵意见。会上，从离校50年的黄宝山学长到刚离校50天的李海老师都发表了热情洋溢的讲话，气氛非常热烈。这是一种心系母校的情结。与这些校友接触，你会感到他们对母校的怀念之情，感到在他们身上那种谦逊诚朴、积极向上的精神。他们说，自己所取得的成就是母校哺育的结果，是母校的精神激励了他们成长。他们希望母校不断兴旺发展，祝愿母校事业灿烂辉煌，这是赤子的拳拳之心。他们的热情、激情和义举，对我们在母校工作的教职员工是一个巨大的鼓舞和鞭策。同志们，看到校友们对母校那样的挚爱之情，我们还有什么理由不把校庆活动准备一下，不好好把学校办好呢？

四是积极努力，确保成功。作为学校教职工，我们每一位同志都可以想一想，我能为55周年校庆做些什么？我为学校的发展做些什么？今天离12月5日校庆日还有173天，时间紧，任务重，只有齐心协力，才能把校庆搞好，才能把学校办好。办校庆，如办其他重要的事情一样，不办则已，办就要把它办好。因此，我们将以校庆的成功为激励，大力弘扬学校优良传统，把学校各项工作搞好，不断总结经验，进一步丰富我校的办学精神，为学校的改革、建设和发展提供更加强大的力量源泉，为培养更多的建设人才做出我们应有的贡献。

最后，请让我引用一位1958届毕业生潘绍仁校友写给母校的信中的一段话作为我讲话的结束语："为了母校的微笑，为了大地的丰收，在母校55岁生日即将到来的时候，请让我们献给母校一份爱心吧！"

3.12　论校友工作[①]

校友工作是学校工作的重要组成部分,校友的声誉就是学校的声誉,搞好校友工作,关系到学校的办学质量和发展前途问题。做好校友工作,需要大家一起达成以下几个方面的共识。

一、提高对校友工作重要性的认识

在学校工作中,我们要充分认识做好校友工作的重要意义,进一步明确校友工作的地位和作用,把它作为一项重要的工作来抓。

校友工作就是围绕校友开展工作,开展的目的是加强校友与母校的联系、交流与合作,促进学校健康快速发展,促进校友和学校的共同发展。我们知道,校友永远是学校不可分割的重要部分。每一个人都有两个"母亲",一个是生养我们的母亲,一个是曾经受教育的母校。每一个人都有母亲、母校情结。谁不爱自己的母亲?谁不爱自己的母校呢?校友工作不单是校友会的工作,而且是呼唤那些学子们内心深处的母校情结。可以说,校友工作是服务校友的工作。换句话说,是服务学校的工作。

校友工作是学校教育工作的延伸。广大校友的建功立业,是对母校的最大回报,是学校可持续发展的不竭动力。社会对大学的评价,就是从毕业生质量和社会贡献来评价的,校友的声誉、贡献,就是评价标尺之一。以资源方面来说,校友是大学丰富的潜在教育资源,校友资源分为有形资源和无形资源。校友资源的开发,是一个学校发展的基础性工作。我国高校校友工作历史悠久,源远流长。早在1913年,清华大学就建立有校友总会,北京大学、北京师范大学、南开大学等院校也比较早相继成立校友会,开展校友工作。以我校来说,近二三十年来,我们通过1993年的55周年校庆和2008年的70周年校庆活动,广泛地与校友联系,取得包括广大校友在内的社会各界的大力支持,提高了学校的声誉,为学校的发展奠定了一定的基础。

[①] 本文系作者2014年9月19日在全校校友工作会议上讲话的主要部分。时任校党委委员、副校长。

二、建立健全校友工作机制

一是加强学校与校友的联系与交流。校友工作要遵循以人为本的工作理念，校友工作是大学教育的延伸。校友毕业后，通过校友反复的关怀，肩负起校友终身教育的义务，这是现代教育的表现形式。学校工作离不开校友的支持与帮助，校友工作是学校总体工作的有机组成部分。母校是校友的精神家园与坚强后盾，校友力量是母校发展的牢固基石。校友是学校的一个细胞，校友的成就在某种程度上代表母校的办学水平和形象。

二是加强校友的归属感。每一学子都有与母校建立关系的情结。这样的归属感，自然来于母校在社会上的地位。学子与母校的互动，自然促进双方的发展。校友的成功与母校息息相关，校友心系母校，在关键时刻为母校献策助力，是学校建设发展的重要资源。这对在校生的影响也是很大的，今天的在校生就是明天的校友。今天我以母校为骄傲，明天母校为我而自豪。校友工作是涉及学校生存、发展的重要工作，是学校的基础性工作之一。加强各地校友和母校之间、校友和校友之间的紧密联系，集中各地校友智慧，听取校友对学生培养和学校发展的良言良策，促进母校少走弯路，较好较快地发展，以便母校多出人才、快出人才。这不正是学校工作目标所在吗？

三是建立校领导联系地方校友会制度。定期走访地方校友联谊会，保持与各地校友的感情联络和信息交流。领导出差、公务时，走访、看望当地校友，将向校友通报学校建设与发展情况，征求校友对学校办学意见作为常规工作。

四是各单位要做好与校友之间的联系和交流，增强校友的归属感。同时，校友办要加强与各高校校友工作机构之间的联系与交流，互通有无，共同提高。

三、发挥校友联谊会的作用

要加强校友联谊会的工作。多年来，我们学校已经在许多市、县建立了校友联谊会。要加强对校友联谊会的指导，建立经常性的联系制度，脚踏实地开展一些实际工作，促进校友工作的开展。首先，完善地方校友联谊会。这是母校联系校友的桥梁。过去校友联谊会发挥了很大的作用，我们不应该忘记。其次，要建立院系校友会及其工作机制。在学校校友总会的统一框架下，突出相对的独立性、特色性、针对性，生动活泼地开展工作。再次，加强学校与校友之间的联系、交流，广泛开展合作项目活动。最后，帮助校友为事业建功立业，助力终身教育，发挥校友应有的作用。

四、努力营造校友文化

　　校友文化是学校文化的重要内容。校友建功立业是母校发展不可缺少的部分，他们的工作是母校工作的延伸。要建立校友网络、出版《校友工作通讯》会刊，内部发行，开创一个校友交流平台；要通过举办校庆日、优秀校友事迹报告会，广泛与校友联系，营造校友文化氛围。

　　学校校友工作机构和各部门、各系应经常做到走访校友，召开校友座谈会，请校友回校参观，召开校友联谊，加强校友间的联系；对有困难的校友伸援手，给予支持、帮助他们解决一些实际问题，积极听取校友的建议。要将这些工作作为常态化，使校友文化得到健康地发展。

3.13 试论学校档案工作[①]

今天学校召开的全校档案工作会议,非常重要。在当前申本的热潮中,档案工作自然要适应学校发展的需要。重视学校档案工作,就是重视学校改革、建设和发展。我们知道,档案是人们在社会活动中直接形成的原始记录,是人们办理完毕保存备查的一种文件载体,它是融原始性与记录性于一体的特殊事物。档案工作是学校工作的重要组成部分。搞好学校档案工作,意义重大。

一、提高认识、统一思想

档案工作在学校建设中具有不可替代的作用,没有档案,学校历史就会出现空白,教学活动就难以有序进行。档案工作虽默默无闻,是慢工细活,但同时又是一项必不可缺少的基础性工作。

大学是积淀知识、积淀资料的地方。档案是有形资产和无形资产的结合,是无价之宝。档案承载着学校几十年来发展的丰富内涵,有巨大的价值,档案和档案工作对学校改革和发展起到资政作用,对业务工作起到信息支持和保障作用,并且有文化传录、法律维权及爱国爱校教育等方面的作用。这是不可忽视的。

信息化社会的到来,为档案工作带来的是机遇,也是挑战。档案工作要更新观念,不断全面提高自身素质,增强利用社会化工具的本领,不断提高档案工作水平,以工作实绩在学校取得应有的地位和发展空间。

二、建章立制,完善机制

档案的建设,重在落实规章制度。右江民族师专成立 67 来,我们已经成立了综合

[①] 本文系作者 2005 年 4 月 22 日在全校 2004 年度档案工作总结表彰会上讲话的主要部分。时任校党委副书记。

档案室,有了一整套的档案规章制度,建立了档案人员的岗位责任制,健全了档案的收集、整理、立卷收纳、保管、借阅、登记、保密、鉴定销毁、库房管理等制度,这是好的,但是还不够。现代信息社会要求包括档案工作在内的各项工作必须适应社会主义事业的发展。因此,加强综合档案的建设,意义重大。首先,要抓好建章立制工作。综合档案室是一级行政管理部门,又是具体业务部门,其能够执行国家档案法规,负责规范管理全校档案工作,对本校档案工作进行管理监督、指导,要依法管理档案工作。其次,创造档案工作良好的运行机制。再次,抓好规章制度的落实。有了制度,就要抓好落实。否则,制度就似一张废纸。

三、立卷归档,完整无缺

做好档案立卷归档,是一项基础性的工作。注意收齐原始档案,做到不遗漏、不疏忽、不缺失。这项工作,要认真仔细。20年前,我曾主持过学校办公室工作,直接分管过综合档案室工作,就深感到学校档案工作的重要性,特别对立卷归档工作,认识和体会更深,也有经验教训。档案管理是一门学问,是学问就要认真对待,马虎不得,要按规律办事。因而,我对档案工作还有一定发言权。可以说,档案工作就是要从最基础的工作做起,即从收集材料、整理档案做起,这个工作过程并非是一个简单的事情,这一工作是一项基础性、科学性、前瞻性的事情,要做到事无巨细,真的马虎不得。我们常说"细节决定成败",用在这里更贴切。从事档案工作是可以做出一番成绩的,是大有作为的。刚才说到,档案工作是一门学问,任何学问都有其规律性的东西。按规律办事,就是按科学办事。因此,立卷归档立意要眼睛向下,动手要快,需归档的东西要尽快收齐、收全、收好,不要怕麻烦,要负起责任。立卷归档,应视"一纸值千金"啊!遗失和挂漏的档案材料,是任何东西都是不可替代的。把这个基础性的工作搞好了,档案室的其他各项工作就迎刃而解了。

四、档案的开发利用

档案是学校的基础和见证,学校的建设和发展离不开档案工作。档案的最大价值就是开发利用。加强学校的档案工作之根本目的是及时、准确地提供档案材料,为学校和社会服务。10多年前,我们成功举办55周年校庆,建立了校史展览室,编写了第一部校史,联络了广大校友,联系了社会各界,开展了教育教学研究活动等,所有这些,学校档案帮了很大的忙。没有这些档案,那些校史资料是不可能编写出来的。可以看出,档案工作平时不起眼,也不引人注目,常常被忽视,但档案又是一项对历史负责，为现实服务，对未来起着依据整治和延续历史作用之极其重要工作。

从目前的情况看，学校档案利用水平还不高，还有待我们开发与利用。今后，我们要努力开发档案信息资源，馆藏优先数字化，促进学校档案工作科学化、标准化、现代化。

第4辑　行知合一篇

　　行知合一，即知行关系，也就是指的道德意识和道德践履的关系，也包括一些思想意念和实际行动的关系。《论学陶师陶与知行合一》《让读书成为一种习惯》《优秀是一种习惯》谈的是人生的意义。《激情、智慧、超越是一种精神》《勤奋是一种积极的人生态度》《文学的生命力来源于生活》谈的是做人做事与做学问的关系。

4.1 论学陶师陶与知行合一[①]

今晚很高兴参加我校大学生陶行知研究会新会员入会仪式。看到那么多的"陶子"在陶行知旗帜下,决心实践陶行知教育思想,学习陶行知,研究陶行知,走陶行知教育之路的壮举,我感到由衷的高兴!这是一种情结,一种为人民教育事业而献身的情结。同学们是好样的!在这里,谨向新会员表示热烈的祝贺!

陶行知是一位伟大的人民教育家。他的一生,献身于民族的伟大复兴,献身于人民教育事业。他的"捧着一颗心来,不带半根草去"的伟大情怀,是他一生奉献的写照;他的"千教万教教人学真,千学万学学做真人"的思想正是他追求真理、追求光明的描绘;他的"教学做合一"的理论,体现了他的教育思想的核心,至今仍闪耀着光辉。今天我们学习陶行知,实践陶行知教育思想,仍有深远和现实的意义。

一、学习陶行知,就要了解和认识陶行知

陶先生 1891 年 10 月 18 日生于安徽歙县。1914 年毕业于金陵大学,后赴美留学。1917 年回国,历任南京高等师范学校教授、教务主任等,五四运动后,从事平民教育运动,创办晓庄学校。1932 年起,先后创办了"山海工学团""晨更公学团""劳工幼儿团",首创"小先生制",成立"中国普及教育助成会",开展"即知即传"的普及教育运动。1934 年主编《生活教育》半月刊。7 月,正式宣布将自己的名字由"知行"改为"行知"。"九·一八"事变后,他积极从事抗日救亡运动。出访欧洲、美洲、亚洲、非洲的 28 个国家和地区,出席"世界和平大会""世界新教育会议"第七次年会、"世界反侵略大会"等,当选为世界和平大会中国执行委员,为树立中华民族在国际舞台上的良好形象做出了杰出的贡献。1938 年 8 月,陶先生回国路过香港,倡导举办了"中华业余学校",推动香港同胞共赴国难。1939 年 7 月,在四川重庆为儿童创办育才

[①] 本文系作者 2008 年 10 月 27 日晚在百色学院陶行知研究会新会员入会仪式上讲话的主要部分。与会者有 400 多人。该研究会是学校 20 多个大学生社团中最活跃的社团之一。时任学校党委委员、副校长,兼任中国陶行知研究会理事、广西陶行知研究会副会长。

学校,培养有特殊才能的儿童。1945年,在重庆创办社会大学,推行民主教育。抗日战争胜利后,回到上海,立即投入反独裁、争民主、反内战、争和平的斗争中,始终站在民主运动的最前列。1946年7月25日因患脑溢血逝世,享年55岁。陶行知的一生,是奋斗的一生,爱国的一生。毛泽东称他为"伟大的人民教育家"。周恩来评价他是"一个无保留追随党的党外布尔什维克"。宋庆龄赞颂他是"万世师表"。郭沫若称他是"二千年前孔夫子,二千年后陶行知"。邓颖超说过:"陶行知先生是值得我们敬佩和学习的,我们开会纪念他,就要以辩证唯物主义和历史唯物主义的观点和方法研究他留给我们的宝贵的精神财富。"胡乔木称赞他:"陶先生是一个伟大的、进步的教育家、教育思想家、伟大的民主主义战士、伟大的共产主义战士、伟大的爱国者。"1999年11月,李鹏向陶行知教育思想研究与实验先进表彰大会致信祝贺指出,陶行知先生是我国著名的教育家,研究和继承他的教育思想,对于搞好我国当前的教育改革,具有很重要的意义。2002年9月,江泽民在北京师范大学建校100周年庆祝大会上,赞扬全国教师特别是广大农村和边远贫困地区的教师,在艰苦清贫的条件下恪尽职守,默默耕耘,为祖国的教育事业无私奉献,涌现出了许多可歌可泣的先进人物,充分体现了陶行知先生当年倡导的"捧着一颗心来,不带半根草去"的崇高精神。这种平凡而又伟大的精神,永远值得我们学习和发扬。2005年的教师节,温家宝总理引用陶行知"千教万教教人求真,千学万学学做真人"的名言向全国教师致以节日的问候。所有这些,表明了陶行知的思想和理论已经逐渐被大家大力推崇,表明了党和国家对学习陶行知教育思想的肯定和支持。

二、学习陶行知,就要学习陶行知精神

我们学习陶行知,就要学习他献身于祖国人民教育事业的爱国主义精神,学习他"爱满天下"的博爱精神和无私奉献精神,学习他追求真理、做真人的求真精神,学习他的严谨治学的精神。救国思想和人民思想始终是陶行知教育思想体系的最底部的积淀层。陶行知曾在国外留学,获得很高的学位,回国后,国民党当局给他高官厚禄,而他却不为所动,毅然到山乡办学,创办晓庄学校,创建山海工学团,创立育才学校,为民族的复兴奔波辛劳。他把眼光投到贫困的中国农村,宁可自己吃苦,也决心培养人才,这是何等的精神!陶行知的一生,是在人民生灵涂炭、国家多难、民族危急之秋度过的,他以"捧着一颗心来,不带半根草去"的赤子之忱,与劳苦大众休戚与共,与共产党人亲密无间,为人民教育事业,为中国的民族解放和民主斗争事业鞠躬尽瘁、奋斗终生,做出了不可磨灭的贡献。陶行知严谨治学的精神是值得我们学习的。他做学问很认真、很勤奋。他多读书,但又不读死书。他获学士、硕士、荣誉博士学位,

学贯中西，但非常虚心地向人民群众学习。他的演讲论述，明白如话，通俗易懂。他严于律己，言行一致，这是思想与品德的结合。2006年11月，我收到陶行知先生的孙女、北京行知中学高级教师陶铮女士寄来的《爱满天下——陶行知名言警语》一书，打开扉页，见到陶铮老师用她的祖父"千教万教教人求真，千学万学学做真人"名言作赠言勉励，我感到由衷地激动。这句话说得真好！我们应该时刻铭记在心里！陶先生认为，培养人才不看形式而要看实际的真本领。他称"教人求真"的教师才是第一流的教育家，"教人求真"关键在一个"真"字上，教人做真人就是要培养有真知识、真本领、真道德的人。因此，我们不管做人做事做学问，都应该像陶行知那样具有"教人求真"和"学做真人"的精神，这正是作为一名教育工作者所追求的真谛。

三、学习陶行知，就要学习陶行知生活教育理论

陶行知是我国现代伟大的人民教育家、思想家，也是五四运动以后中国最有影响的著名的进步教育家。他的一系列进步教育理论包括生活教育、平民教育、普及教育等思想，是中国教育发展史上的宝贵精神财富。生活教育思想是贯穿在陶行知所有的教育思想之中的。他的生活教育理论内容非常丰富，主要体现为生活即教育、社会即学校、教学做合一。他特别重视生活教育的作用，他把生活教育当作改造中国教育、社会的唯一出路。在陶行知看来，有了生活教育就能打破"死读书、读死书、读书死"的传统旧教育；有了生活教育就能"随手抓来都是学问，都是本领"；接受了生活教育就能"增加自己的知识，增加自己的力量，增加自己的信仰"。他主张"教学做是一件事，不是三件事。我们要在做上教，在做上学"。毛主席曾于1939年说过，陶行知主张知行合一，提倡生活教育，把教的、学的、做的统一起来，这在马克思主义来说，就是理论与实践的统一。可以看出，陶行知的生活教育理论已是家喻户晓、耳熟能详，对中国教育发展产生了深刻而积极的影响，具有现实性和启发性。他的生活教育理论主张"生活即教育""社会即学校"，与毛主席倡导的既读有字之书又要读无字之书是相通的，他的教育思想与实践同今天的素质教育是相通的。实施素质教育，就要采用教学做合一的方法，充分调动学生的内在积极因素，通过动手动脑，提高学生认识问题、分析问题和解决问题的能力。陶行知说过："做是发明，是创造，是实验，是建设，是生产，是破坏，是奋斗，是探寻出路。是活人必定做。活一天，做一天；活到老，做到老。"作为新世纪的大学生，我们必须树立终身学习的理念，需要掌握教学做合一的学习方法，把学习书本知识和社会知识结合起来，把理论与实践结合起来，学以致用，才能成为一个德智体美全面发展的社会主义现代化事业的建设者和接班人。

四、学习陶行知，就要学习陶行知创造教育理论

我们要学习陶行知"敢探未发明的新理""敢入未开化的边疆"的勇于探索、积极创造的精神。这是社会发展的必要条件，是现代人应有的素质。陶行知师承杜威，是杜威的得意弟子，但他并不是固守杜威理论不变，而是结合中国的国情对杜威的理论进行了根本性的改造，将"教育即生活"转变成"生活即教育"；"学校即社会"转变成"社会即学校"；"从做中学"转变为"教学做合一"，这就是伟大的创造，成了全新的生活教育理论。

陶行知教育思想在本质上是一种实践的教育学说，也是一种社会改革学说。陶行知创造教育理论是教育现代化的思想，揭示了现代化教育的一些基本规律，对我们今天推进教育现代化进程仍有借鉴意义。今天，我们可以从陶行知的教育理论和实践中，获取更多的有益借鉴。他讲"千教万教，教人求真；千学万学，学做真人"，在教育方法上特别重视"教学做合一"，所体现的就是一切从实际出发的求真务实精神。

五、学习陶行知，就要投身于教育改革实践之中

陶行知先生离我们远去已60多年了，中国发生了巨大的变化。但陶行知教育思想离我们并不遥远，如今还有现实的指导意义。我们《百色学院》校歌中唱到"志远行敏，德高业精，手脑合作，励志成长。"这"手脑合作"就是陶行知教育思想的内容。早在70余年前，我们学校首任校长岑永杰先生就把陶行知教育思想运用到学校教育工作中，把学院前身田西师范办成乡村师范，培养为乡村办学的人才。岑永杰是陶行知的学生，之后又到陶行知创办的晓庄师范见习。受陶行知影响，他立志改变家乡，走"教育救国"之路。岑永杰出生在桂西的壮族山乡，但从9岁起就跟随叔父到城里念书起，直到大学毕业都在大城市生活，深感城乡差别之苦，深感旧中国制度的弊端和经济落后之苦楚。在陶行知的影响下，他谢绝了亲戚让他留在大城市工作的好意，而是利用自己关系和影响，请求广西省教育厅长、著名教育家雷沛鸿同意他回桂西山区办学。雷沛鸿满足了他的愿望。岑永杰自回到田西乡下办学起，就脱下西装革履、旗袍，穿上了民族服装、布鞋；他从大城市、中城市、小城市、县城，一步步走回壮族山村里，成了乡村教师，这是一种平民情结，这是一种执着精神，是难能可贵的。在田西办学的8年时间里，岑永杰积极学习与宣传陶行知教育思想，运用与实践陶行知教育思想，着力办好田西师范、百色师范，培养为民族山区服务的人才。在田西师范办学之初，岑永杰就有意把她办得像陶行知创办的晓庄师范那样的愿望。之后，又力主在

师范学校里开办为山区服务的"边教班",亦称"特种教育师范班",专门招收边远山区的苗族、瑶族等特少数民族学生入学,毕业后回本县本乡的苗村、瑶寨办学。他办学的指导思想、教学计划、教学内容、教育方法,无不体现了陶行知教育思想,应该说,他是少数民族地区学习与宣传陶行知教育思想的先行者。由此可见,在百色学院办学 70 年不间断的办学历程中,有着学习实践陶行知教育思想的传统,并且取得了显著的成绩。今天,我们应该使学陶师陶活动得到不断发扬光大。学习陶行知,就是要以饱满的热情投身于教育改革的洪流中。让我们认真解读陶行知教育思想,用先进的教育理念,用人类悠久的人文精神和教育者的人格力量,润泽受教育者的灵魂,呵护他们的心灵,唤起他们的自信和勇气,认真推行素质教育,提高教育质量,以我们的实际行动,贡献自己的青春才华。

4.2 让读书成为一种习惯

——在"世界读书日"的讲话[①]

让读书成为一种习惯,应该是我们每一个人的自觉行为。其实,作为一名大学生,这也是不难做到的。因为,我们本身就是一个"读书的人"。但是,读书人与读书的人是不一样的。为什么说不一样呢?读书人能主动地读书,是热爱读书的人,或者称之为读者;而"读书的人"则是被动地读书,是为争取文凭而读书。因此,仅是一个"读书的人"还是不够的,应该成为一个热爱读书的读书人,成为优秀读者。

从今年起,学校图书馆将开展每年一度的优秀读者评选、表彰活动,表彰那些热爱读书的同学。这是一项有意义的事情。刚才,我们为2009年度26名优秀读者颁发了荣誉证书和纪念品,谨让我们再次为他们表示祝贺!

今天是第15个"世界读书日",这是书的节日,也是读书人的节日。我们在这里举行世界读书日宣传活动暨百色学院第一次优秀读者颁奖仪式,这是图书馆的一件盛事,也是同学们的一件大事。

"世界读书日"有怎样的由来呢?4月23日,是西班牙文豪塞万提斯的忌日,也是加泰罗尼亚地区的大众节日"圣乔治节",传说中勇士乔治屠龙救公主,并获得了公主回赠的礼物一本书,象征着知识与力量。每到这一天,加泰罗尼亚的妇女们就给丈夫或男朋友赠送一本书,男人们则会回赠一枝花。实际上,这一天,也是莎士比亚出生和去世的纪念日,又是许多世界著名作家的生日。因此,1995年,联合国教科文组织通过决议,将每年的4月23日定为"世界读书日",并呼吁:"希望散居在全球各地的人们,无论是年老还是年轻,无论是贫穷还是富有,无论是患病还是健康,都能享受阅读的乐趣,都能尊重和感谢为人类文明做出巨大贡献的文学、文化、科学思想大师们,都能保护知识产权。"自那时以来,这个独树一帜、墨香洋溢的节日声誉日隆,受到全世界人们的关注和欢迎,其宗旨和意义也逐渐深入人心。读书日不是说到了节日才想起读书,有节日总比没有节日的好,过节日是让人们记住读书这有意义的事,让人们在这个节日里表达对人类文明发展的信心和希望。在这一世界潮流之中,我们的

[①] 本文系作者2010年4月23日在全校2009年度优秀读者表彰会上的讲话。时任校党委委员、副校长。

热情也日趋高涨——多读书、读好书，正成为今天我们全社会的共识与需求，一股股清新的读书之风扑面而来。

同志们，同学们，在人类文明的历史上，书籍的发明和使用是一座巍峨的里程碑。书是人类进步的阶梯，一本本书的铺垫构成了人类向更高阶段攀登的基础。人类的阅读史几乎就是人类文明的发展史。我们是到大学读书的，有机会接受高等教育，自然要比别人读更多的书。书是人类精神财富的载体，人类的点滴进步和成果都在书籍里记录、传承并发扬光大。我们要在书中获得知识和能力。读书、著书一直以来就是人类获得智慧、传递文明的极为重要的方式。

在当今时代，信息爆炸，潮涌而来，种种现代传播媒体在拓展人们视野的同时，也在挤占人们读书的时间。社会浮躁之风、快餐文化等诸种不利因素，也阻碍了全民阅读的展开与深入。科学发展，以人为本。在全社会大力倡导读书之风，提升国民的知识水平、自我学习和发展的能力，特别是我们在校大学生，培养阅读的兴趣，让读书成为我们终身追求的"时尚"，十分有利于建设学习型社会和创新型校园，有利于实施科教兴国、人才强国的国家战略。

"世界读书日"只有一天，但它的意义在于使每一天都成为"读书日"。我们记住这一天，是学习这种读书的精神。身在热爱读书的国度，我们更应该在每一天享受读书带来的进步和乐趣。愿我们都爱读书、多读书、读好书。

同学们，多年来，学院十分重视图书馆建设，学院领导十分关心同学们的读书情况，多次到图书馆进行调查研究，并不断加大图书馆经费投入，新书到馆量逐年增加，读者到馆率成倍增长，这说明我们的同学、读者是热爱读书的，是热爱图书馆的。图书馆做了很多工作，营造了有益于大家读书的好环境，图书馆资源利用率的提高与我们的馆职员工努力工作是分不开的。馆员们不断提高服务水平，增强服务意识，努力创造良好的学习环境，是吸引更多读者到馆学习的有效举措。学院将继续加大对图书馆的投入，不断加大馆藏资源更新力度，最大限度满足广大读者的需求。

读书是一种心灵的活动，书可以改变人的生活，改变人的气质，可以培养一个品格高尚的人。培根说："读书足以怡情……读史使人明智，读诗使人灵秀，数学使人周密，伦理使人庄重，逻辑修辞之学使人善辩。"莎士比亚说道："生活中没有书籍，就好像没有阳光；智慧里没有书籍，就好像鸟儿没有翅膀。"我们知道，"读书的目的在于使用"，这是毛主席说的。陶行知在谈读书的时候说过："书只是一种工具，和锯子、锄头一样，都是给人用的。我们与其说'读书'，不如说'用书'。书里有真知识和假知识。读它一辈子不能分辨它的真假；可是用它一下，书的本来面目便显了出来，真的便用得出去，假的便用不出去。"这些话说得多好！我们想一想，如果不读书，怎么能学到知识，怎么学到技术，怎么学到更多的本领，怎么能使用它呢？在第15个"世界读书日"到来之际,谨向大家提出三点希望:一是希望在我们的共同努力下,把图书馆的事业办得越来越好;二是希望获得 2009 年度优秀读者的同学继续发扬热爱读书的作风,并带动更多的同学到图书馆读书学习,让读书成为一种习惯;三是希望广大馆职员工继续努力工作,不断提高服务水平,增强服务意识,更好地为广大师生、读者服务。

4.3 优秀是一种习惯[①]

古希腊哲学家亚里士多德说过:"优秀是一种习惯。"英国著名哲学家培根也说过:"习惯真是一种顽强而巨大的力量,它可以主宰人生。"这些话,都是很有哲理的。

所谓习惯,是一种常态,一种经过长期培养历练而成的自然而然的状态。好习惯是培养出来的,是个人素质的集中体现。良好的素质一定有个好习惯,优秀一定是一种好习惯。

但是,不是所有的人都优秀,也不是所有的习惯都优秀,但优秀一定是一种习惯。把优秀视为一种习惯,你就觉得优秀的行为和优秀的表现处处会有。在学生时代,让门门功课都优秀,既不可能,也不实际,全才是极少的。但其中的一门或数门达到优秀,这完全是有可能的。

每一个人的行为都有优秀的可能。比如说你坚持每天早晨锻炼、跑步、做操,坚持下来,持之以恒,"每天锻炼1小时,健康工作50年,幸福生活一辈子",将这句励志的话牢记在心,将行为保持下去,这不是优秀吗?再如,坚持每天动笔记日记、写作,笔下生辉,会陶冶情操;坚持每日朗诵吟唱,美妙语句就会脱口而出。再比如,你经常做一点好事、善事、实事,"一个人做点好事并不难,难的是一辈子做好事。"这里的"一辈子"就是这样坚持下来,雷锋、焦裕禄、孔繁森、吴仁宝、钱学森等不正是这样优秀的人才吗?俗话说,积少成多,聚沙成塔,万丈高楼都是一块块砖石叠起而成的。当优秀成为一种习惯时,你会觉得优秀距离我们并不遥远,人人都有可能成为优秀,只要持之以恒。"莫以善小而不为,莫以恶小而为之",好事要从小事做起,你不就不知不觉的变为优秀人物了吗!"一屋不扫,何以扫天下?"连自己身边的事情都做不好,怎么能够干得了大事情呢?上述所说的正是这个道理。

百色学院的莘莘学子,他们是好样的,多年来,能做得到"下得去,留得住,用得上,干得好",在工作中脱颖而出,赢得了社会的尊重。诸如,郭惠平因为学业优秀,师范毕业后留校,成绩突出,学校破格让他担任了师专体育教研室主任,工作干

[①] 本文系作者2012年10月在学校大学生陶行知教育思想研究会新会员入会仪式上讲话的部分内容。时任校党委委员、副校长、兼任广西陶行知研究会副会长。

得很出色，后来到武汉体育学院进修，两年后，该校就把他留在那里，从学员又变成教学骨干。孙向学因为优秀，在学校读大二时就在学报发表了学术论文，后来30年笔耕不止，现在有了10多部著作问世，其中有的获了大奖，成了著名作家。李明因为优秀，在学校学习时被评为新长征突击手，毕业后又奋发了几年，就摘取了博士帽。这都是与良好的行为习惯有关，与优秀有关。这样的例子数不胜数。

勤奋是一种习惯，专注是一种习惯，投入也是一种习惯。有哲人说，行为决定习惯，习惯决定性格，性格决定命运。习惯做好每一件小事，习惯做好每一件好事，就能够成才。如果光会喊空口号，哪能建起大厦。可以看出，习惯会改变你的性格，习惯会改变你的人生，机遇留给有准备的人。

习惯是什么？习惯是一种养成，是一种品格，是一种比较确定的思想和行为方式。养成好的习惯其实是"做人"。从最小的事做起，爱祖国、爱人民、爱劳动，讲卫生、爱学习、尊敬师长，这都是好的习惯。

如果优秀能养成好的习惯，那么不优秀也能养成一种习惯。优秀是一种品质，习惯是在长时间养成的，不容易改变的行为。习惯是一种养成，是一种比较确定的思想和行为方式。最近我读了一本叫《好习惯，造福你一生》（汕头大学出版社2011年版）的书，其中有一段是这样写道："在日常生活中，习惯无处不在，每个人都有各种各样的习惯。在这些习惯中，既有好习惯又有新习惯。好习惯可以使你功成名就，坏习惯能够让你身败名裂，老习惯也许使你执迷不悟，新习惯可能让你茅塞顿开。""成功和失败，源于你所养成的习惯。"这话说得多好啊！

从最简单的事情做起，从小养成习惯，从身边的事情做起，这是我们培养少年儿童的方法，也是培养干部的好方法。优秀也需要从小做起，从少年做起，从学生时代做起，做到优秀并不难。上了年纪的人，做了领导的人，担负一定责任的人，同样要规范自己的行为，遵纪守法，爱民为民，热爱本职工作，多为人民谋利益，这是一种习惯，这才是人民的好公仆。

因此，优秀是一种习惯。

4.4 让陶花在八桂大地遍地盛开[①]

一所重点中学多年来一直在市里保持先进的荣誉，它靠的是什么？这其中当然有许多因素，但重要的一条，是靠学陶师陶活动的推进，是靠陶行知教育思想与实践的落实，靠推进素质教育的结果，这一点是不可否认的。

钦州市第二中学"爱满天下，乐育英才"的经验，有普遍推广的意义。从刚才刘世伟校长的经验介绍中可以看出，他们学校的办学很有特色。从领导重视、方案实施、制度保障到时间安排、活动场地、环境美化，都营造了学陶师陶研陶气氛、打造高品位的学校文化、强化师德师风建设、做好学陶师陶的教育教学的几项结合，即课内外、校内外结合，促进了基础教育新课程改革，提高了教育质量，提高了学校的知名度。这些经验，对于我们各级各类学校尤其是陶行知实验学校都有学习借鉴的作用。

钦州市子材小学的学陶师陶的做法也很有特色。以民族英雄冯子材命名的学校算是名副其实了。"让学生在爱中成长"的办学理念，已深深地印在每位教师的心里。爱是教育的核心，这是支撑教师从事教育工作的基础。该校的学陶师陶活动有很多特点。刚才黎相艳校长也做了很好的经验介绍。该校的许多做法，是很成功的。诸如引进了"合作课堂"项目，建立了全新的教学模式；以合作促改革，以科研促教研，以竞赛促智力，以培训促教改，以名师促新人的做法，都比较新颖。在德育引领方面，他们开展了革命传统教育、养成教育、感恩教育、消防教育，建设和谐校园，效果很好，很有特色。这些经验，理念新、办法好，是值得我们大家学习的。

这两所学校的经验介绍都非常好。大家听了以后一定很有收获。

先进典型是值得我们大家学习的。这两所学校，他们都是首批的广西陶行知研究会实验学校。在教育实践中，他们都带了个好头，树立了榜样。可以说，大多数的广西陶行知研究会实验学校的办学成果是显著的，从这两所学校的典型事例中可以充分说明这一点。可以看出，陶行知教育思想在我区教育系统各个学校，特别是陶行知实验学校中已经深入人心，学陶师陶活动蓬勃开展，陶花已经遍地开放。但发展还不平

[①] 本文系作者2013年4月18日在钦州市召开的广西陶行知研究会工作会议上的讲话（主持词）。时任校党委委员、副校长，兼任广西陶行知研究会副会长。

衡。我们还有很长的路要走,还有许多问题有待去解决。我们要在探索中前进,在实践中总结经验,在改革中求发展,不断提高办学效益。

通过这次会议,我们要进一步掀起学陶师陶的热潮,学好陶行知教育思想,学习先进学校的典型、经验,不断深化教育改革,认真实施素质教育,不断提高教育质量。

刚才,陈洛会长做了年度工作报告和"陶行知教育思想和谐观"的学术讲座,内容丰富,指导性强。他首先回顾了2012年的工作情况,接着谈了2013年的思路,讲了八个工作要点。应该肯定,2012年,广西陶行知研究会做了很多工作,取得了很大的成绩,这是有目共睹的。可以说,我们这个研究会,是广西社会团体中开展活动较多、影响较大的社会团体之一,应该继续发扬光大。在2013年的工作中,我们希望研究会各团体会员单位和各市陶行知实验学校,要根据研究会的工作计划,结合自己的实际,切实开展学陶师陶研陶工作,切实抓出成效,抓出特色,为发展广西教育事业做出新的努力。

同时,陈会长的"陶行知教育思想和谐观"的学术报告主题鲜明,观点新颖,很有实用价值和学术价值。我认为,陶行知的生活教育论是多元和谐思想方法的产物,生活教育论的"生活即教育,社会即学校,教学做合一"是他的教育思想的三个基本命题。陶行知教育思想和谐观是有现实意义的,这与今天我们建设社会主义和谐校园的理念是吻合的。实践和落实陶行知教育思想和谐观,对于我们实施素质教育,建立社会主义和谐校园,是有意义的。因此,我们要认真学习陶行知教育思想和谐观,在学校教育活动中,努力创造恬淡的、和谐的有利于人才健康成长的人文环境,努力推进学校各项工作的开展,促进社会主义教育事业的发展。

4.5 激情、智慧、超越是一种精神[①]

刚才，我校校友、深圳市石岩公学朱文彦校长给我们做了一场精彩的报告，在他近两个小时的讲座中，他以生动的趣味、深刻的哲理、通俗的语言娓娓道来，大家听了以后，一定感受很深，收获很大。

朱校长曾在我们学校工作多年，十五年前他到深圳工作，又取得一番成就。自2001年起，他担任深圳市石岩公学校长，成绩显著，2007年被中国教育协会授予"全国创新型校长"。他主张"以人为本，依法办学""博爱、志公"，以优良的业绩赢得了大家的信任和尊重。他已公开出版教育著作和发表论文100多万字，他的先进理念已引起了同行的共识，他是好样的。

我与朱校长曾经是同事，他在我们学院的前身右江民族师专时任过校长助理，我任书记助理，而且同在一个办公室里一起办公。那时候，他激情、智慧、超越的精神都已经初露端倪。十五年过去了，他成为一名知名校长、优秀校长。那么，他的成功靠的是什么呢？可以说，这"激情、智慧、超越"六个字是他的人生写照，这样的评价是恰如其分的。在10多年里，他在中国改革开放最前沿的地方——深圳发展，受到了改革开放新思想、新观念的洗礼，他的工作是超前的，这是一种创新进取、奋发拼搏的精神。

朱校长的成长道路是不平坦的，但他是成功的。他用六个字概括了他成功的经验和体会，那就是"激情、智慧、超越"。什么是优秀？优秀是一种过程，当然也是一种品质，更体现出一种精神。他的"激情、智慧、超越"，使他成长为一个优秀的校长。他的事迹是先进的、优秀的。这几年，我曾三次到过他所在的深圳石岩公学考察和调研，每一次去都感到有收获，都感到他们的学校在变化发展。他为该校的出名和脱颖而出，倾注了心血，他是无愧的。

一个人的成长靠什么？靠的是科学理论的支撑，靠的是理想信念和精神支柱，靠环境、机遇，靠自身积极努力、勤奋向上，更靠激情、智慧、超越。勤奋是成功的前

[①] 本文系作者2008年9月16日在主持"知名校友、深圳市石岩公学校长朱文彦先生报告会"上演讲的主要内容。时任校党委委员、副校长。

提，认真做人，认真做事，积极工作，这就是勤奋。而激情是勤奋的动力，没有激情，就没有投入，又哪来的智慧？更谈不上超越。智慧要具有丰富的知识，善于总结，勇于探索，富于创新。只有这样，才有成功的可能。

人的知识是哪里来的？不是在头脑中固有的，智慧不是先天存在的，也不是从天上掉下来的。要靠自己的勤奋去获取，靠自己的勇气去探索，靠自己的不断实践去充实。列宁说"只有用人类创造的全部知识财富来丰富自己的头脑，才能成为共产主义者"讲的就是这个道理。那么超越是什么呢？超越，就是要有超前意识，就是要有争先创新精神。要超越他人，超越空间，首先要超越自我。正如朱校长刚才说的，从一个放牛娃成长为一名教师，又从一名普通的教师成长为优秀的校长，这是一种超越。这说明，出身不重要，重要的是超越自我，从"小我"中融入"大我"，以达到新的境界。

成功是一种过程，成功也是一个一个阶段地积累。积累的过程就是去实践、去奋斗的过程。朱校长的事业是成功的，他今天的演讲也是成功的。在这成功之谈中，你悟出些什么呢？他说了他的人生经历和事业的发展过程，他认为"激情、智慧、超越"是人生成功的三个答案，这是有道理的。

拥有激情才能成就梦想，拥有激情和勤奋才是成功的前提；时刻保持激情，才能取得事业的成就；要想事业取得成就，还要善于发现机遇、抓住机遇和创造机遇。这些话语，包含着他成长的经验归纳和人生的感悟。这些话语，也是人才成功的规律，非常富有哲理。

同学们，让我们慢慢地认真地品味着智者的话语，在学习中，在人生的道路上，做到激情、智慧、超越，闯出一条新路，努力成长、成才、成功。

4.6 勤奋是一种积极的人生态度①

刚才覃乃昌教授给我们做了一场生动且深刻的学术报告。他从敢壮山布洛陀遗址发现与布洛陀文化、华南珠江流域各民族历史文化研究状况、构建壮学体系进展等三个方面进行了主旨演讲，让我们打开了眼界，扩大了视野，我自己就感到收获很大，启发很深。对他的精彩报告和辛勤劳动，我们表示衷心的感谢！

覃教授的报告内容很丰富。民族文化的研究是一个富矿，但要致力于这一方面的研究，就必须舍得投入，有投入才有收获，而这种投入是花精力和时间的。他的研究成果颇丰，著作甚丰，影响很大。他是一位著名学者、民族文化研究大师，是广西社会科学研究事业的一面旗帜。他有很多方面是值得我们学习的。那么，我们应该学习他哪些方面呢？

一、学习覃教授严谨的治学精神

一个人的成功，重要的是对事业的热爱和执着，对工作的积极进取。就是做你喜欢做的事，然后把它做到最好。这是事业心和实干精神的结合。覃教授就是这样的人。他学识渊博，学术造诣深，这与他的敬业精神和勤奋是分不开的。他的成果，很多都是原创的，价值很高。他著作颇丰，成果很多。那么，他的时间从哪里来？是靠挤出来的，在别人喝咖啡的工夫中挤出来的。一个优秀学者的学术积淀并非一日之功。"冰冻三尺，非一日之寒。"任何科学的发现，都是锲而不舍、治学严谨和努力拼搏的结果。覃教授在壮族稻作农业史、华南民族文化史、华南与东南亚民族历史文化关系及民族区域自治理论研究方面，都取得突出成就。特别是在壮族那文化、布洛陀文化等研究方面，有许多开创性研究成果。这些成就的取得是来之不易的。如果没有忠诚的敬业精神，如果没有严谨的治学精神，要取得这样的成功那是不可能的。因此，我们首先学习他的忠诚的敬业精神和严谨的治学精神，做一个有作为的人。

---

① 本文系作者 2007 年 1 月 19 日在覃乃昌教授做的学术报告会上的主持词的主要部分。时任校党委委员、副校长。

二、学习覃教授勤奋的积极的人生态度

勤奋是一种积极的人生态度。每个人都在追求实现人生价值，人生的目标不在于追求成功，而在于做有价值的事情。覃教授是大师级的专家，是壮学研究领域的灵魂人物，系中国民族学学会副会长、广西壮学学会会长、《广西民族研究》主编、享受国务院政府特殊津贴专家、广西有突出贡献专家。然而，他的成功与他的努力是分不开的，他的成就与他的积极的科研态度是分不开的。覃教授是成功的，而成功的后面包含着他艰苦的劳动和毕生的投入。在他十多年的艰苦努力下，继蒙古学、藏学之后，在中国五个自治区的自治民族历史文化方面建立起新的壮学研究体系，为广西民族学界争得了巨大的荣誉。可见，勤奋的积极的人生态度，这是做学问的基础。

三、学习覃教授独特的科研方法

覃教授的报告生动、有趣、前沿，学术性强。他的研究方向来自我们的身边，如布洛陀文化、珠江流域文化、壮族稻作文化的研究，我们都很熟悉。我们的祖先，有过灿烂的文化，正是壮、汉等各民族的团结互动与交流，促进了中华民族的团结、统一、进步。灿烂的民族文化，使我们倍感自信。在座有学中文、旅游、管理专业的老师和同学，我们都应该从讲座中得到收获和启发。这样看来，我们身边就有丰富的民族文化资源，甚至有这方面的基因，只要我们善于捕捉、挖掘、探究、提炼，我们就会有所发现、有所发明、有所创造，这就是科研。只要我们付出了，我们就会拥有。读书是研究问题的基础。我们每一位接受过高等教育的人，都应该可以搞科研、出成果。研究并非高不可攀，兴趣、爱好、责任、探索，将能推动自己不断地发明、发现。科学研究，应该是态度认真、讲究方法，像覃教授那样"仔细研究，才能发现"，他这一通俗的语言，包含着很深的道理。他读的书多，跑的地方多，发现的问题多，出的成果也多。凡遇到一个问题，他都深入地了解、探讨，终于发现了问题，有了见解，这就有了发现、发明、创造，就有了一篇篇论文，就有了一道道良言计策，就有了一本本专著，一项项成果。这就是对社会的贡献，这就是作为，这就实现了个人价值和社会价值的统一。

什么是成功？成功最重要的秘诀，就是要用有效的方法。覃教授的研究方法也是特殊的，重在实践，重在接地气。他深入壮乡瑶寨，一待就是好长时间。没有艰苦的劳动，要想取得成功那是不可能的。当然，这种行为，不仅是方法，而且是一种态度，更是一种精神。

4.7 文学的生命力来源于生活[①]

首先,对校友孙向学和吴林林返校进行讲学及各位作家、学者的到来表示热烈的欢迎!对校友孙向学为母校赠书表示衷心的感谢!

孙向学是一位知名作家。他是中国作家协会会员,出版了10多部书,著作颇丰。他的作品,在社会上受到了很大的反响。他从1981年开始,先后在《广西文学》《三月三》《红豆》《广州文艺》《特区文学》《十月》等杂志发表中短篇、长篇小说,获得了读者的好评。主要作品有中短篇小说集、长篇小说《该死》《二傻》《岭南烟云》,散文集《蛙鸣集》《泗城往事》。2010年8月长篇小说《仙儿堂》在《十月》杂志发表,2011年4月由新世界出版社出版单行本;2011年长篇小说《沧桑》在深圳宝安日报连载,明年上半年将由《十月》杂志发表。曾获国家级、省(自治区、直辖市)级、市级文学奖。长篇小说《岭南烟云》获广东省第七届"五个一工程奖",并被改编成电视连续剧《深圳湾》,在中央电视台等多家电视台播出。散文集《泗城往事》获全国散文学会散文一等奖。这一大串的数据,足以说明孙向学文学创作的成就和工作业绩。

孙向学作品很多,但他觉得他个人最好的作品是《仙儿堂》,现在正在写其姐妹篇《玉儿堂》,即将完稿。"其实做文学就是要创作读者喜欢的文学,能写出大家喜欢的作品才是一个成功的作家。"他这样说,也是这样做。他表示在深圳这个物欲横流的城市,作家的心态要保持平和,不要以赚钱为目的,只为自己能够写出好作品。这是一种高思想境界。他还说过:"如果我的作品哪天能够录入读书月的阅读书目里,那就证明我已经成功了。"其实他已经成功了,我们向他表示祝贺!

这些年来,我有幸读到了向学校友的许多作品。我虽然不是搞文学的,但我也是一名读者,也喜欢文学,我为他执着的精神所感动,为他的作品能达到这么高的水平而感到欣慰,为他的成功表示敬佩!

33年前我与向学校友就在母校里相识,那时他是78级大专中文专业的学生,是一

[①] 本文系作者2011年11月1日在"孙向学作品研讨会暨校友孙向学赠书仪式"上的致词。时任校党委委员、副校长。

个勤奋向上的好同学，各科成绩都很好。他与校友吴林林是同班同学，他们都是品学兼优的好学生。吴林林也是个文学爱好者，毕业后他在广西黄埔军校同学会任职，工作也很出色。他出版散文集《三街旧事》，出版以后反响很大。我读了以后，觉得文笔的确很不错。

孙向学读大二后，他就在学校校刊上发表了学术论文。在座的雷奇文先生是他的任课老师，是中文科负责人，兼任校刊编辑部负责人。雷老师文学功底很深厚，是毕业于北京师范大学的高才生，在小学、中学、大学都任过教，上课很受同学们的欢迎。他发现向学同学这个苗子后即予以大力扶持，使向学进步更快。那时我在学校团委工作，就与向学有过不少的接触和交往。他的好学和所取得的成绩，团组织也对他予以鼓励和支持。他的勤学好问、谦逊聪慧，给我留下很深的印象。重要的是在交往过程中，我从他的身上学到了不少好东西。后来他毕业了，先在桂西山乡里当过中学老师，再后来他到深圳发展。不管在哪里，他都做出了一番成绩。不管做什么工作，他手中的笔就没有停顿过。原来的文学创作，仅是他的副业，后来被社会发现了，现在变成了主业。常言道，社会的需要就是我们的责任，社会的责任就是作家的责任。责任是社会对每个公民的必然要求。作为作家，向学做到了。作为校友，他一直心系母校。多年来，我们还一直保持着联系。我为他取得这样好的成就而感到高兴。今天，他回到了母校，赠送了他写的书，展示了他的成果，并进行了讲学，与学弟、学妹们分享着成功的喜悦，这是献给母校的歌，他是无愧于母校的。母校为他取得这样优异的成绩，为有这样的优秀校友而感到骄傲和自豪。

我觉得，一个人的成功自然有很多的因素，但是勤奋好学和诚实谦逊是一个重要的因素。向学一直关注、关心着母校的发展，常怀报答母校培养之恩，他是好样的。

向学作品的艺术来源于对生活的热爱、对社会的关注及对民生的关心。孙向学作品的特点、人物形象及语言的描写都与他儿时、青年时期生活的环境息息相关。他的作品得到了读者的喜爱。他的《泗城往事》《遗梦桂西》就是写凌云、写桂西的；《深圳湾》《调到深圳又如何》自然是写深圳的。而他的大部分的作品，就是写桂西山乡的人和事，因为他青少年时期是在桂西山乡度过的，这是他的根，这是他自己最熟悉的。写自己生活中所熟悉的东西，这是创作的源泉。写的东西是让人看的、让人读的，读者喜欢作品，这是作家的愿望。艺术来源于生活，又高于生活。文艺是为人民服务的，是为社会主义现代化建设服务的，这是文学创作的方向，自然是作家努力的方向。向学的作品，正是体现了这一精神。

我认为，作家需用一颗用心、用功、执着、敬业、创新的心去创作，这样才能做出一番成就。向学正是这样做的。他的成长、成功，与他在校时学习的用心、用功、执着，无不有很大的关系；与他从业时的敬业、勤奋、创新，无不有很大的关系。我们向他学习，就是学习他对祖国的爱、对人民的爱、对生活的爱，学习他的积极向上、严谨的治学态度与拼搏精神。希望同学们通过阅读他的作品，立志做一个立长志、有事业心的有能力有专长的人，从而在将来的人生道路上走出自己的风格，走出自己的辉煌，实现个人价值和社会价值的统一，为社会主义现代化建设做出我们应有的贡献。我们也衷心地希望孙向学、吴林林等校友，积极创作，不断有新的优秀作品问世，为母校争光，为国家争得荣誉。

4.8 激励自己与奋发成才[①]

今天很高兴参加学校举行的自治区人民政府奖学金颁奖大会。在这次评奖活动中，我们学校有44名同学获奖，其中吴先睿等14位同学获一等奖；林艳丽等30位同学获二等奖。刚才庞月露同学代表获奖同学发言，讲得很好！同学们之所以获奖，是党和政府对贫困山区的优秀学生的关怀与鼓励，也是你们努力学习、加强修养、奋力拼搏的结果。在此，我代表校党委、行政向获奖同学表示热烈的祝贺！

下面，趁这个机会，给全校同学提三点希望。

一、立志成才，报效祖国

同学们获奖是光荣的，所取得的成绩和荣誉是来之不易的。这一荣誉，体现了党和政府的关怀与温暖，包含了全校同学和老师对你们的信任。荣誉的取得，将激励我们大家奋发向上，不断攀登新的高峰。

大家看到，国家对大学生寄予了厚望。高校的扩招，使很多的青年，特别是来自贫困地区的青年学生有机会进到大学校门，高等教育已经由过去的精英教育向大众教育转化。追求教育公平，实现民族教育现代化，是我们努力奋斗的目标。能使更多的优秀青年上大学，接受更高层次的教育，这是许多人梦寐以求的愿望。这个愿望，在开放改革的今天，终于能够实现了。由此可见，社会主义改革开放事业给我们带来了实惠，也说明了只有国家有了前途和希望，个人才有前途和希望。"有志者，事竟成。"实现社会价值与个人价值的统一，需要我们不懈地努力，努力拼搏，立志成才，奋发成才，报效祖国。一个人的能力总是有大小的，但只要有这种精神，有这种志向，我们就会有动力，就会有力量的源泉，就会超越自我，永远保持积极向上的青春活力。

[①] 本文系作者2003年5月29日在全校自治区人民政府奖学金颁奖大会上讲话的主要部分。时任校党委副书记。

二、发奋学习，提高素质

学生的主要任务是学习。趁年轻的时候，多读点书是有好处的，许多成功人士的奋斗史表明，他们在学校读书的时候就很刻苦。像我们学校校友李明、黎克林、王翰灵博士等，他们取得一番成就与他们在校时和毕业后用功是分不开的，他们的学习态度也是不一般的。许多有出息的校友，在学校读书时也是担任学生干部，学习、工作各方面表现都很出色。

爱因斯坦说："什么叫成功，成功等于艰苦的实践加上正确的方法，再加上少说空话。"苏霍姆林斯基也说过："大学生每天都不要让日子白白流过，每天都要读书。"陶行知也说过："人生两个宝，双手与大脑。用脑不用手，快要被打倒。用手不用脑，饭也吃不饱。手脑都会用，才算是开天辟地的大好佬！"知识和能力都是靠平时的积累而来的，不要想一口就能吃出个胖子来。大学生生活是幸福的，但我们要明白这幸福是来之不易的。同学们，让我们每一天都在欢欣愉悦中度过，每天都像海绵一样地汲取知识，把你的兴趣化为你的行动，把父母之爱、亲友之情、国亲之恩化作学习的动力和生命的支点。这样的生活才是有意义的，这样的青春才美丽、才有价值。

三、团结协作，为营造良好的育人环境、为推进良好学风和校风建设而努力

获奖的同学是无愧的，你们赢得了同学们的尊重、信任和期望，你们是好样的。学校号召全校同学向获奖的同学学习，向先进学习。榜样的力量是无穷的，希望通过你们的努力，发挥学生骨干和先进分子的作用，以先进带动全体，以优良的作风影响大家，在全校同学中形成勤奋学习、争先创新的良好风气，营造互相关心、互相帮助、共同进步的良好氛围。

我们有缘在一起学习、生活、工作，这是一种机遇，也是一种缘分。优良的育人环境需要我们用心去爱护、去呵护、去培育。"三人行，必有我师。"古人说，同伴一起学习，同伴的相帮互学、共同探讨，是学生时代最好的学习形式之一。一个良好的环境，一个优良的学风、校风对每一个同学都是重要的。让我们共同努力，为培育优良的育人环境做出自己应有的贡献。衷心祝愿同学们生活愉快、学习进步，不断取得新的优异成绩。

4.9 奋发学习是成才的基础

——在 2006 年度自治区人民政府奖学金和
广州助学金颁奖会讲话[①]

老师们、同学们：

大家好，非常高兴参加今天的颁奖大会。首先，请允许我代表学院党委、行政向荣获 2006 年度自治区人民政府奖学金和广州助学金的同学表示最热烈的祝贺！

高校的帮困助学工作是育人成才工程中重要的部分，得到了党和政府的高度重视，并从制度上加以保障。因此，学校要以极大的热情推进帮困助学工作，使各个层面的帮困措施发挥最大的功效，将思想政治教育贯穿于整个帮困工作中，体现"服务育人、管理育人、全员育人"的理念，不仅从经济上去扶持贫困学生，更重要的是通过系统化、立体式帮困体系，培养、塑造学生的意志、品格，将祖国和人民给予的荣誉、关怀化为学生不懈拼搏的动力。

随着我国经济体制改革的深入和高等教育大众化的推进，高校贫困生问题已经成为全社会都比较关注的热点问题。保证广大贫困家庭的子女上得起大学并顺利毕业，不仅关系到学生个人和家庭的发展，而且直接关系到社会的公平与和谐。美国著名的教育家贺拉斯·曼曾说过："教育是实现人类平等的伟大工具，它的作用比任何其他的文明都要大得多。"教育是推动经济与社会发展的重要力量，它不仅影响经济与社会发展的效率目标，而且影响着经济与社会发展的公平目标。当教育作为推动经济与社会发展效率的手段时，它可以推动社会生产力、繁荣社会经济文化；当教育作为促进社会经济发展的公平手段时，它可以提高人们的文明素养、和谐人际关系、稳定社会秩序、优化社会环境，更为重要的是，它可以显著地改善人们的生活及生存状态，特别是在知识经济时代，人的职业选择、流动能力、社会地位的取得和提升、自身生存价值的体现及人的社会适应性都与受到的教育程度密切相关。从这个意义上讲，失去受教育的机会，就意味着将失去进一步生存和发展的机会，可见教育的公平是一种最基本的公平，没有教育的公平就不可能有真正的社会和谐。因此，全社会都应当积极地

[①] 本文系作者 2006 年 6 月 9 日在全校 2006 年度自治区人民政府奖学金和广州助学金颁奖大会上讲话的主要内容。时任校党委副书记。

行动起来，多渠道、全方位地对社会弱势群体给予关爱，对贫困学生给予扶持，保证他们接受教育机会的公平。

为了帮助家庭贫困的大学生顺利完成学业，激励大家勤奋学习、努力进取、全面发展，从2002年起，国家和自治区政府决定设立国家奖学金和自治区政府奖学金。去年，又进行了改革，实行奖助分开，在保留原有奖学金的基础上，增加了国家助学金和自治区政府助学金项目，目的是让更多学生特别是家庭困难的学生能够得到资助。根据改革后的相关制度规定，国家奖学金和自治区政府奖学金用于奖励全日制本专科家庭贫困、生活俭朴、诚实守信、品学兼优的学生，受资助总额和获奖人数及其比例为历年之最。这一情况说明了什么呢？说明了党和政府高度重视教育，高度重视弱势群体，高度重视社会公平和社会主义和谐社会的构建，这是我们党的宗旨所决定的。

在党和政府加大对贫困生资助力度的同时，我们学校近年来也进一步健全和完善"奖、贷、助、补、减、保"六位一体的学生资助体系，进一步扩大奖助力度。2005年，我院发放各类助困奖助学金达456.8万元，占学生应缴学费总额的30%，大大超过了国家规定的学生资助经费为当年学费收入10%的要求，大大地缓解了贫困学生的缴费压力，这些成绩的取得和学生处、财务科及各系领导、老师的大量细致、鲜为人知的工作是分不开的，他们为帮困助学付出了辛勤的劳动，正是因为他们的努力和付出，才有今天的成绩。

根据国家和自治区政府的相关精神，国家还会逐年加大对贫困家庭大学生的资助力度，学院也在酝酿资助体系及资助制度改革，总的思路是进一步把助困、助学和奖学有机结合起来，不断加大勤工助学力度，通过资助这一手段，一方面资助那些热情好学、热心学校公益事业、文明守纪、诚实守信的学生，从而推动学校优良校风的建设；另一方面资助那些家庭经济特别困难，各方面表现比较好的学生，从而保证贫困学生能够顺利完成学业。今天，我们隆重地举行这个颁奖仪式，其目的之一就是在经济困难学生中树立典型，鼓励先进，激励所有经济困难学生像获奖学生一样德智体美全面发展，同时希望所有获奖学生再接再厉，合理利用政府和学校提供的资助经费，争取更大进步。

同学们，今天你们获得了奖学金，是你们以前努力的结果，但成绩只能说明过去，为此，我对大家今后的学习生活提几点希望和要求。

一、自强不息，发奋成才

贫困算什么？贫困不是我们的过错。实事求是地讲，贫困只能代表一个人的家庭经济背景，代表着一个人过去和现在的经济生活状况，贫困并不能代表着一个人尤其是一个大学生的未来。大学生这个称谓本身就是一种财富，蕴含着一种价值，这种价值意味着拥有这种称谓的人在今后的发展潜力。我们要正视贫困，牢固树立战胜困难的信心，做一个坚强的人。按照舒尔茨的人才资本理论，一个条件基本相同的人，上大学与不上大学，其未来的市场"标价"是截然不同的，从这个意义上讲，越是贫困的人越要上大学。因此，我希望所有贫困的大学生不能被贫困所压垮，不要为贫困而气馁，人穷志不短。有个同学说得好："穷困是我们不能改变的事情，但我们不能表现出穷酸。正是因为我们贫穷，所以在各方面我们更不应该落后，对任何事情都要保持一颗昂扬的心。"我们应明白一个道理：社会责任感与贫穷无关，优秀也与贫穷无关，关键是我们的心态不能因为贫穷而贫穷了。前些天，一位老师告诉我，她让几位同学利用课余时间把几张课桌椅子从一栋楼搬到另一栋楼去，劳动强度并不大，而且还有报酬，但还有一些同学不太情愿，看不起这个差事。同学们，任何有出息的事情都是从一桩桩小事做起。优秀是一种行为，优秀更是一种习惯。2005年12月16日，教育部发出了向洪战辉学习的通知。洪战辉是怀化学院的一名大学生，在家庭屡遭不幸的情况下，12年来坚持抚养一个父亲捡回来的妹妹，弘扬了时代精神，为当代大学生树立了榜样。今年初，我到上海参加一个学术研讨会，与怀化学院院长相识，他谈了洪战辉的先进事迹，让我深受感动。我觉得洪战辉同学确实是一个了不起的年轻人，是一个有志气、有责任、有作为的大学生。因此，我们要相信自己、相信明天，相信每天的阳光都是新的，切记命运要靠自己来改变，美好的生活要靠自己来创造。

奖学金不仅是物质上的奖励和支持，更重要的是激励青年学生坚定理想信念，立志成才报效祖国，在建设中国特色社会主义事业中贡献才智，增光添彩。我时时刻刻都能深切感受到政府奖助学金对我校事业发展的巨大促进作用，对青年学生成长成才的巨大帮助作用。同学们应该好好地珍惜这个机会，奋发图强，刻苦钻研，用实际行动来回报党和政府的关心与厚爱，树立勤勤恳恳、自强不息的事业精神，把学习搞上去，发奋成才。

二、知荣明耻，完善自我

胡锦涛同志的"八荣八耻"讲话很重要。我们要用"八荣八耻"的荣辱观来修身，要用"八荣八耻"的荣辱观来交友，要用"八荣八耻"的荣辱观来处事。树立社会主义荣辱观关键在于落实。我们要认清自己在树立社会主义荣辱观中肩负的重要责任，坚持从我做起，从点滴做起，切实把"八荣八耻"转化为自觉行动，努力做社会主义荣辱观的模范实践者和积极推动者。

同学们在校期间要锻炼自己的品格，大学生不仅要学知识，更重要的是学做人。

有人说，大学里什么都不缺，最缺的是良知与诚信。就是说，学校要培养具有良知和诚信的人，这是基础。我们要做诚信的人。诚信是一个人的品质，通俗地讲，诚信就是要求人们真诚无欺、实事求是和信守承诺，就是要求人们要说老实话、办老实事、做老实人。借条、契约、合同等外在的约束固然很重要，但人心中的诚信更重要。如果一个人没有诚信，没有道德上的"慎独"自律，就可能去钻外在的、法律的空子，甚至为一己私利而不惜触犯法律法规。我们要率先垂范、带头实践，使"八荣八耻"的基本要求成为我们的行为标准和自觉行动。

要把践行"八荣八耻"与学习成长结合起来，自觉弘扬真善美，摒弃假丑恶，真正做到人人知荣而为之，个个知耻而不为，学会奉献，以自强自立为荣，以尊师爱校为荣，以奋发图强为荣，以感恩奉献为荣，自觉将自己的一言一行与学校的中心工作结合起来，树立"校荣我荣，校耻我耻"的观念，为学校的繁荣发展做出应有的贡献。

三、学会感恩，服务人民

当今的大学生大多生活在一个以自我为中心的家庭环境中，习惯了接受父母和亲友的帮助，有时甚至将其理解为天经地义，不懂得感恩和回报。应当说，懂得念恩、知恩回报是一个人有涵养、德行好的表现。中国有句古话说得好，"滴水之恩，当涌泉相报"，讲的就是知恩、感恩与报恩。这是本分，也是常识。6月8日上午，也就是昨天，院长办公室收到我们学校一位学生家长的来信。信中说他的儿子把家里给他缴学费的钱花光了，老人很伤心。他写信让学院领导、老师好好地教育他的儿子。这是教育的责任！我看了信，感到很难过，心里久久不能平静。也许这位同学也坐在会场中，我希望这位同学和全体其他同学要永远感谢父母的养育之恩。他们的辛劳和付出，我们要永远珍惜。明天，我们将邀请中国感恩励志协会的杨老师到学校来讲学，目的只有一个，就是让同学们做到永怀感恩之心，常思做人之道。常言道，没有阳光，就没有温暖；没有水源，就没有生命。爱因斯坦说："学校教育不应当仅培养专家，而应培养和谐的人。"我们只有做一个有良知的人，一个知恩图报的人，才能是一个和谐的人。有一首歌唱得好："感谢明月照亮了夜空，感谢朝露捧出了黎明，感谢春光融化了冰雪，感谢大地哺育了生灵，感谢母亲给了我生命，感谢生活给我友谊和爱情。"最后我想再加上一句话，感谢党、感谢政府、感谢学校、感谢我们的老师及一切有爱心的人，感谢他们在我们困难的时候给予我们的关心和帮助。让我们共同行动起来，努力学习，在爱的社会中不断拼搏，用我们的青春和才智回报社会、服务人民。

4.10 谈坚定信念与廉洁从政[①]

——参加第六期新任厅级领导干部廉洁从政学习班心得体会

2007年12月上旬，我有幸参加了第六期新任厅级领导干部廉洁从政学习班学习。几天来，我们认真学习了党的十七大文件精神，听了自治区领导的报告和专家的讲座辅导，观看了廉洁从政专题电教片，参观了干部警示教育基地，进行了小组讨论，提高了思想认识，感到收获很大。

一、提高了反腐倡廉的信心

学习是提高党性觉悟和思想境界的重要途径，也是提高理论水平和执政能力的根本手段。这次学习班，时间虽短，但主题突出、内容丰富。通过学习，认清了反腐倡廉的形势，提高了反腐倡廉的信心。胡锦涛同志在党的十七大报告中指出："中国共产党的性质和宗旨，决定了党同各种消极腐败现象是水火不相容的。全党同志一定要充分认识反腐败斗争的长期性、复杂性、艰巨性，把反腐倡廉建设放在更加突出的位置，旗帜鲜明地反对腐败。"这充分表明了我们党反对腐败的坚定决心，有力地说明了我们党有决心有信心把反腐倡廉工作抓紧抓好，相信我们党完全有能力解决腐败问题。通过学习，提高了认识，统一了思想，增强了信心，使自己有了强烈的责任感和紧迫感。因此，我们要以党的十七大精神为指导，大力加强反腐倡廉建设，落实好十七大报告的各项任务，自觉从讲政治的高度来认识和把握自己的工作行为，始终与党中央保持一致，保持政治上的坚定。要进一步加强对马列主义、毛泽东思想、邓小平理论和"三个代表"重要思想的学习，落实科学发展观，用以指导自己的思想和工作实际，保持正确的方向。作为一名高校党员领导干部，只有把学习放在第一位，才能不断提高马克思主义理论水平，坚定走中国特色社会主义的信念，认真地贯彻党和国家的教育方针，坚持社会主义办学方向，切实办好为人

[①] 本文系作者2007年12月11日参加中共广西区党校第六期新任厅级领导干部廉洁从政学习班的心得体会。时任校党委委员、副校长。

民所满意的学校,办好为人民所满意的教育。

二、增强了廉洁从政的意识

廉洁从政,是对领导干部的基本要求。始终保持廉洁自律的行为规范,两袖清风,清正廉洁,这是每一名干部最基本的行为准绳。作为一名党员领导干部,要坚定树立正确的世界观、人生观和价值观,坚定共产主义信念,始终坚持全心全意为人民服务的根本宗旨。党的各级领导干部,要正确使用手中的权力,因为这权力是人民赋予的,必须为人民谋利益。执政为民,就是把最广大人民的根本利益作为我们一切工作的出发点和落脚点,真正做到"权为民所用,情为民所系,利为民所谋"。党一直教育我们要廉洁奉公,严格自律,经常向大家敲警钟。党员干部不廉洁,不仅会使党在群众中的形象受到扭曲和破坏,而且会使党和国家、人民的利益受到损害,有些党员干部并非学识不高、能力不强,而是因为未能廉洁自律,最后走向犯罪。因此,我们一定要树立正确的世界观、人生观和价值观,牢记全心全意为人民服务的宗旨,排除非分之想,始终保持共产党人的浩然正气,永葆共产党员的先进性。

廉洁从政,就是要求领导干部做到自觉遵守廉洁自律的各项规定,坚持廉洁奉公,不谋私利,自觉抵制腐败现象,事事处处严格要求自己,工作中能严格执行党风廉政建设的各项规定,严格履行党风廉政建设责任制;坚持严于律己,不以权谋私。要求别人做到的自己首先做到,要求别人不做的自己首先不做,不利用手中的点滴权力,不损公肥私,时刻以廉洁自律为行动指南。在日常生活中,严格按照有关规定执行,保持两袖清风、一身正气;保持良好心境,勤奋工作。作为高校领导干部,要做好教书育人工作,为国家培养出更多更好的社会主义事业的建设者和接班人,为提高我国的综合国力,实现中华民族的伟大复兴做出我们应有的贡献。因此,我们要努力做到严于律己、为人师表、扎实工作、爱岗敬业,用自己的实际行动净化校园环境,建设和谐校园。要始终围绕育人这个中心,满腔热情地关心学生、爱护学生、帮助学生,真正体现育人为本,树立"一切为了学生,为了学生一切,为了一切学生"的理念。要牢固树立正确的权力观,切实把立党为公、执政为民的要求具体、深入、落实到学校各项工作中去;牢固树立群众观点,倾听群众呼声,反映群众意愿,努力使学校制定和实施的各项方针政策和措施更好地体现师生员工的利益;要始终与师生员工同呼吸、共命运、心连心,牢记群众利益无小事的道理,时刻把师生员工的安危冷暖挂在心上,为师生员工诚心诚意办实事,尽心竭力解难事,坚持不懈做好事,为学校的建设和发展做出应有的贡献。

三、增强遵纪守法的自觉性

遵守党纪国法,这是党员干部的起码要求。党风廉政建设的根本在于落实。那就是严格要求自己,严格廉洁自律,用党纪政纪规范自己的行为,在各项工作中起先锋模范作用。要认真学习党和国家有关条例、法规,强化政治意识和大局意识,强化马克思主义在意识形态的主导地位,进一步增强党员干部遵守党的政治纪律的自觉性。拥护党在新时期的路线、方针、政策及决议;贯彻执行党的基本路线和各项方针、政策;在日常生活、工作和学习中,始终以一名共产党员的标准严格要求,起到表率作用。坚持党和人民的利益高于一切;在实际工作中,坚持从我做起,从点滴做起,立足本职,奉献青春,兢兢业业地干好自己的本职工作;自觉遵守党的纪律,遵守国家的法律法规,发扬社会主义新风尚,遵守社会公德;团结同志,联系群众,努力做好工作。加强党性锻炼,遵守党的纪律。作为一名共产党员,自己要时刻保持清醒的头脑,严格约束自我,自觉接受党组织的教育、监督、管理,坚持做到自重、自省、自警、自励。

遵纪守法应该是一种自觉的行为,党员领导干部应当成为遵纪守法的模范。要坚持防微杜渐,时刻为自己敲醒警钟,明白自己该做什么,不该做什么。我们知道,道德的最高境界是慎独,就是说,当别人看不到自己的时候,能做到洁身自好,一身正气。要从身边人、身边事中吸取教训,耳边警钟长鸣,心中筑起道德和法纪两道防线。

作为党员领导干部,应始终保持艰苦奋斗的优良传统。近年来,有少数党员干部,淡忘了艰苦奋斗作风,贪图享受,热衷于追求个人和小家庭的安乐,抛弃党纪法规,贪污腐败,最后走上犯罪的道路。我们一定要引以为戒,要继续发扬艰苦奋斗的作风,恪守党的宗旨,提倡勤俭节约,反对铺张浪费,矢志不渝和发扬艰苦奋斗的优良传统。党员领导干部的榜样焦裕禄、孔繁森、牛玉儒等先进事迹让人深有感触,他们具有坚定的革命信念,深怀爱民之心,恪守为民之责,始终保持人民公仆的政治本色,把实现好、维护好最广大人民群众的根本利益作为一切工作的出发点和落脚点,把群众呼声当作第一信号,把群众需要当作第一选择,善于抓住关键环节实现人民群众的根本利益。这不正是我们最好的楷模吗?我们要把奉献在岗位上看作是自己天经地义的事情,勤勤恳恳地做好本职工作。在工作中做到正确地认识自己,真诚地对待他人,表现出做人的人格魅力,以此来激励自己,影响他人,共同进取,严于律己,率先垂范。联系群众,团结协作,转变作风,廉洁自律,老老实实做人,踏踏实实做事;做人靠诚实,做事靠扎实,把做好本职工作作为我们实现共产主义理想的实际行动,让理想和信念在岗位上闪光。用自己的实际行动,履行共产党员的职责和义务,为共产主义事业奋斗终身。

4.11 论群众观与服务意识[①]

——参加党的群众路线教育实践活动的学习体会

2012年11月,党的十八大明确提出,围绕保持党的先进性和纯洁性,在全党深入开展以为民务实清廉为主要内容的党的群众路线教育实践活动,这是新形势下坚持党要管党、从严治党的重大决策,是顺应群众期盼、加强学习型服务型创新型马克思主义执政党建设的重大部署,着力解决人民群众反映强烈的突出问题,提高做好新形势下群众工作的能力,是推进中国特色社会主义伟大事业的重大举措。为统一思想,凝聚力量,实现中华民族的伟大复兴,托起"中国梦",开展党的群众路线教育实践活动是非常必要的。

一、谈谈对开展党的群众路线教育实践活动意义的认识

今年6月18日,党的群众路线教育实践活动工作会议在北京召开。习近平总书记出席会议并发表重要讲话,对全党开展教育实践活动进行部署。他强调指出,开展党的群众路线教育实践活动,是实现党的十八大确定的奋斗目标的必然要求,是解决群众反映强烈的突出问题的必然要求,是保持党的先进性和纯洁性、巩固党的执政基础和执政地位的必然要求。学习了习近平总书记的重要讲话,我们深刻领会到开展党的群众路线教育实践活动的重大意义。

毛主席说过:"我们共产党人区别于其他任何政党的一个显著标志,就是和最广大的人民群众取得最密切的联系,一刻也不脱离群众,全心全意为人民服务,一切从人民的利益出发。"中国共产党成立90多年来,始终紧紧地依靠群众、扎根群众、服务群众,以对人民的无限忠诚赢得了群众的拥护和支持。党的历史经验证明,党群关系如何是关系到执政党生死存亡和执政事业兴衰成败的一个根本问题,群众工作是党的工作的永恒主题。

执政党的党风关系到党和国家的生死存亡,马克思主义执政党的最大危险就是脱

[①] 本文系作者2013年9月参加党的群众路线教育实践活动的学习体会。时任校党委委员、副校长。

离群众。这些年来,从整党到"三讲"教育,从保持共产党员先进性教育到深入学习实践科学发展观活动,我们党高度重视作风建设、一贯要求从严治党。党的群众路线教育实践活动,正是我们党在新形势下坚持党要管党、从严治党的重大决策,是顺应群众期盼、加强学习型服务型创新型马克思主义执政党建设的重大部署,是推进中国特色社会主义事业的重大举措。

全心全意为人民服务是党的根本宗旨,群众路线是党的生命线和根本工作路线。深入开展党的群众路线教育实践活动,对于教育引导党员干部牢固树立宗旨意识和马克思主义群众观点,切实改进工作作风,赢得人民群众信任和拥护,夯实党的执政基础,巩固党的执政地位,具有十分重大而深远的意义。

二、深刻理解党的群众路线教育实践活动的内涵

认真领会党的群众路线的深刻内涵,是开展好教育实践活动的重要前提。这次活动的内容非常广泛,但概括起来就是"为民、务实、清廉"。可以说,这六个字把这次教育实践活动的深刻内涵生动地体现出来了。

为民,就是"权为民所用,情为民所系,利为民所谋",这是中国共产党人坚持执政为民的必然要求。执政既是一种权力,更是一种责任。这个责任就是全心全意为人民服务,就是事事处处把最广大人民群众的根本利益实现好、维护好、发展好。这是我们要牢牢记住的。

务实,就是要兢兢业业、勤奋工作、埋头苦干,扎扎实实地做好各项工作。真干而不是假干,实干而不是虚干,为党和人民干而不是为自己干,这不仅是党和人民对干部的要求,更是衡量干部是否做到求真务实的试金石。坚持群众路线是马克思主义的基本立场。"空谈误国、实干兴邦",既然党和人民把我们放在一定的岗位上,我们就要尽心尽力干出成绩来,不辜负党和人民的期望,真正当好人民的公仆,干好一番事业,实现社会价值和个人价值的统一。

清廉,就是要坚持严于律己、廉洁奉公,时刻把党和人民的利益放在首位,严格遵守党纪国法,坚持高尚的精神追求,永葆共产党人的浩然正气,切实做到心不贪、手不长、嘴不馋,忠实地代表人民利益。我们党没有自己的特殊利益,我们的根本利益都是为人民大众的。清廉是一种思想作风、人格力量,是立身之本、为人之道、处事之基,是党员领导干部工作的生命线,是我们党立于不败之地的基础。

我们党在战争年代之所以能取得胜利,其中最重要的一个原因就是坚持了党的群众路线。党长期执政的历程,是一部为了群众、服务群众的鲜活历史。实践证明,保持党同人民群众的血肉联系,始终与人民群众同呼吸、共命运,是我们党无往不胜的

根本。我们党的根基在人民、血脉在人民、力量在人民，在长期的革命战争中，我们党依靠群众、依靠信念，勇于斗争，最终取得了伟大的胜利。

百色起义时期，邓小平等红七军前委和右江苏维埃政府领导人无论在什么困难环境下，他们首先想到的是广大群众的根本利益，紧密依靠和团结广大群众战胜敌人和困难，做到与群众同呼吸、共命运。正是如此，才能打开右江土地革命的局面。为什么右江的农民大都当过赤卫军，支持红七军？这就是因为我们共产党是为人民大众干事的，为民、务实、清廉，所以得到人民群众的拥护。过去我们的党群关系是如此之好，就像一个人的皮肉骨一样密切，就像一个人的脑手脚一样合拍，是鱼水关系，血肉相连。正是如此，我们才赢得了中国革命的胜利。

今年六月，我随队到延安大学考察参观，瞻仰了延安革命圣地。在毛主席住过的窑洞前，我在深思着，为什么我们过去靠"小米加步枪"能够推翻了"三座大山"？这是紧紧依靠人民群众的结果，没有人民群众的支持，我们将一事无成。今天，时代虽然不同了，但是联系群众、依靠群众的思想观念和根本方法不变。新时期的群众路线是要各级领导干部真心真意地和老百姓交朋友，主动深入到群众中去，做群众的知心朋友，把群众当成我们的亲人，把老百姓的柴米油盐酱醋茶作为我们工作的重中之重。新时期的群众路线不是简单地送温暖，是要各级领导时刻关注大众民生，想群众之所想，忧群众之所忧，解群众之所难，真正地为老百姓做实事，真切地为百姓排忧解难。"人民对美好生活的向往，就是我们的目标。"这是我们坚持群众路线的真谛。

习近平总书记指出，群众路线教育实践活动要着眼于自我净化、自我完善、自我革新、自我提高，以"照镜子、正衣冠、洗洗澡、治治病"为总要求。这次教育实践活动的主要任务聚焦到作风建设上，集中解决形式主义、官僚主义、享乐主义和奢靡之风这"四风"问题。这"四风"是违背我们党的性质和宗旨的，是当前群众深恶痛绝、反映最强烈的问题，也是损害党群干群关系的重要根源。"四风"问题解决好了，党内其他一些问题解决起来也就有了更好的条件。

党的群众路线教育实践活动与历年来开展的活动相比有一个突出的特点，就是重在实践，重在行动，重在解决问题——不只是解决认识问题，更要解决现实问题；不仅要解决党员中存在的问题，更要解决领导干部中存在的问题；不仅要解决一般问题，更要解决突出存在的形式主义、官僚主义、享乐主义和奢靡之风的"四风"问题。

人民是历史的主体，人民是社会物质财富和精神财富的创造者，是社会得以存在和发展的基础和动力。我们要实现全面建成小康社会的宏伟目标，开创中国特色社会主义事业的新局面，必须靠党带领广大人民群众共同奋斗才能取得胜利。这就要求党员领导干部始终坚持群众观点，代表群众利益，坚持从群众中来、到群众中去的根本工作路线和方法，赢得群众的信任和支持。因此，我们对群众路线要真懂，就是要理解它包含的三层相互联系的内容：一是讲群众观点和群众基础；二是讲领导方式和工作方法；三是讲党的领导与群众路线的内在关系，从而保证党的领导与人民当家做主的有机统一。人民群众是我们党的力量源泉和胜利之本，失去了人民群众的拥护和支持，党的一切工作就无从谈起。

通过学习，使自己深刻理解党的群众路线教育实践活动的内涵，从而努力实现思想上的自我净化、自我提升，为深入开展教育实践活动奠定坚实的思想理论基础。

三、坚持群众路线，办好人民满意的高等教育

群众路线是党的事业不断胜利的重要法宝，是托举中国梦的擎天柱。群众路线事关人心、政权和发展，坚持群众路线永不过时、永无止境。作为一名高校党员领导干部，在工作实践中，应该努力做到以下五点。

（一）牢记党的根本宗旨，全心全意为师生员工服务

党的根本宗旨就是全心全意为人民服务。坚持群众路线，就是要牢固树立正确的权力观，切实把立党为公、执政为民的要求具体、深入、落实到学校各项工作中去。牢固树立群众观点，倾听群众呼声，反映群众意愿，努力使学校制定和实施的各项方针政策和措施更好地体现师生员工的利益；要始终与师生员工同呼吸、共命运、心连心，牢记群众利益无小事的道理，时刻把师生员工的安危冷暖挂在心上，为师生员工诚心诚意办实事，尽心竭力解难事，坚持不懈做好事。对师生员工面临的困难，特别是对贫困学生遇到的实际问题，一定要满怀爱心、帮助解决，让贫困大学生感受到党和政府的温暖，感受到学校和老师对他们的关爱。

（二）密切联系广大群众，紧紧依靠广大教职工办学

高等学校坚持群众路线，加强党的作风建设，就要以全心全意依靠教职工民主办学为核心，充分发挥广大教职工建设学校的积极性、主动性、创造性，以师生满意不满意、高兴不高兴、答应不答应作为检验我们各项工作的根本标准。我国的社会主义性质决定了教职工在学校的主人翁地位。我国《教育法》《教师法》《高等教育法》和《中国共产党普通高等学校基层组织工作条例》等都对此做了明确而具体的规定。充分发挥教代会的民主管理、民主监督的作用是实施高校民主管理的有效途径；发挥教代会在学校民主管理中的作用，贯彻党的全心全意依靠教职工办好学校的方针，调动广大教职工主人翁积极性，推进学校的改革与发展是毋庸置疑的。所有这些，我们要认真地贯彻执行。

(三) 增强服务意识，转变工作作风

高等学校的根本任务是培养德智体美全面发展的合格人才。坚持社会主义办学方向是实现人才培养目标的根本要求和根本保证。要把促进学生全面发展和健康成长，努力培养德才兼备的人才作为学校管理工作和各项工作的根本出发点和落脚点。坚持群众路线，就是高校管理的"以人为本"应该重点落实在学生身上，就是要围绕"服务教学、服务师生、服务大局"，按照"严谨、务实、负责、敏捷"的要求，积极为教学质量的提高创造有利的条件、提供有力的保障。在学校的管理工作和其他工作中，真正体现以人为本，"一切为了学生，为了学生一切，为了一切学生"的理念。作为从事管理和服务工作的领导干部，应该做到：心系科研教学，勤奋工作学习，甘当无名英雄；依法办事，规范管理，坚持原则，遵章循制；严谨有序协调，保证科学决策；坚持实事求是，注重调查研究；主动热情，高效服务。

(四) 加强党性修养，坚守道德情操

坚定理想信念，加强党性修养，坚守道德情操，不断增强中国特色社会主义道路自信、理论自信、制度自信，带头开展以为民、务实、清廉为主要内容的党的群众路线教育实践活动，做贯彻落实党的群众路线的表率。继续以踏石留印、抓铁有痕的劲头抓好中央"八项规定"的贯彻落实，在实干中破解难题、成就梦想、取信于民。要在克己奉公中坚守清廉底线，坚决反对享乐主义、奢靡之风，加强道德修养，筑牢思想防线，以敬畏之心对待权力、对待群众，永葆人民公仆政治本色。要求真务实，廉洁奉公，坚持公道正派，抵制不正之风。

(五) 加强学习提高认识，边查边改提高实效

继续搞好学习，提高认识；建立联系群众的常态制；定期召开不同类型的座谈会；认真进行调查研究，扩大联系点，如多到班级、学生宿舍等；不断完善制度；认真完成各项工作任务，边查边改，有的放矢；对照检查，提高实效，办好人民满意的高等教育。

4.12 反腐倡廉警示教育的体会[①]

3月16日,广西壮族自治区党校第3期自治区管理干部研修班全体学员在老师的带领下,前往南宁监狱进行警示教育活动。经过这次活动,我们受到了一次深刻的警示教育,思想认识得到了很大的提高。

一、坚定理想信念,增强宗旨意识

经过警示教育活动,我们深刻地认识到开展反腐倡廉警示教育的重要性和必要性。通过反面典型案例,我们明白到一些领导干部之所以违法犯罪,是因为不注重世界观、人生观和价值观的改造,"总开关"出现了问题,思想滑坡,信仰出现危机,个人意志不坚定,抵制不住诱惑,一步步走向深渊,走上犯罪的道路,结果令人痛心。我对此感受颇深,启发很大。诚然,始终坚定共产主义和有中国特色的社会主义的理想和信念,是共产党员的立身之本。党员领导干部丧失了理想信念,就会失去精神支柱,失去灵魂。我们只有加强学习,只有自觉地进行世界观、人生观和价值观的改造,坚定信念,牢记为人民服务的宗旨,坚持立党为公、执政为民,提高自我约束能力,坚决抵制市场经济条件下各式各样的诱惑,过好权力关、金钱关、人情关,才能经受住各种考验,抵制住各种诱惑,从而立于不败之地。作为一名高校党员领导干部,在新常态下,我们一定要坚定政治立场,严守政治纪律,遵守"八项规定",加强作风建设,不断提高政治敏锐性和政治鉴别力,不断改造世界观,树立科学的人生观、价值观,牢固树立全心全意为师生服务的思想,更好地为人民服务、为师生服务,为发展人民教育事业多做贡献。

二、保持清正廉洁,增强拒腐防变能力

以史为镜,可以知兴替;以人为镜,可以知得失。以案为鉴,通过听取服刑人员

[①] 本文系作者2015年3月参加中共广西壮族自治区委员会党校第3期自治区管理干部研修班(主体班)学习时的心得体会。时任校党委委员、副校长。

的现身说法,自己思想深处受到极大触动。通过警示教育报告会上,两名服刑人员用他们痛悔莫及的警醒、对阳光生活的渴望,给我们实实在在地敲响了警钟。通过这些典型案件说明,领导干部一旦贪欲膨胀、利欲熏心,就会丧失理想信念,就会在金钱面前打败仗,就会触犯法律受到制裁,最终变成人民的罪人。因此,领导干部要做到以身作则,坚持廉洁自律。古人云:"其身正,不令而行;其身不正,虽令不从。"为政者必须身正行直,办事公道;要耐得住寂寞,守得住清贫,稳得住心神;要有战胜自我的胆识和魄力,做到在拜金主义、享乐主义和极端个人主义的侵蚀面前一尘不染,构筑拒腐防变的思想防线。

三、加强党性锻炼,永葆共产党员的先进性和纯洁性

通过警示教育,我们增强了进行党性锻炼的自觉性。严格遵守党章党纪,始终保持思想道德的纯洁性,正确对待权力、金钱、名利,要有战胜自我的胆识和魄力,经得起诱惑,耐得住寂寞,经得起考验,做到自重、自警、自省、自励,做到在拜金主义、享乐主义和极端个人主义的侵蚀面前一尘不染,一身正气;要加强党性修养,克服自满安逸思想,强化忧患意识;树立高度的责任感和敬业精神,尽心尽力把工作做好;在生活上艰苦朴素,勤俭节约,不奢侈浪费,不追求享受,反对奢靡之风;做到不为名利所累,不为物欲所惑,不为人情所扰,堂堂正正做人,老老实实做事;树立正确的利益观、荣辱观、道德观、人生观,追求积极向上的生活情趣;保持和培育学校清正、廉洁的文明之风,带头弘扬社会主义道德风尚,坚决抵制歪风邪气,始终做到廉洁自律,自觉与各种腐败现象作斗争;要重温入党誓词,牢记"两个务必",坚决落实"为民务实清廉"的要求,勤政廉政,永葆共产党员的先进性和纯洁性,为共产主义事业奋斗终身。

第 5 辑　科研探究篇

　　科学研究是高校四大基本职能之一。高校只有坚持以育人为根本任务，以教学为中心，以科研为基础，才能不断提高教学质量。《关于壮学研究的几点思考》《试论高校新型智库建设》《高校智库要助力地方发展》《老区高校思想政治教育研究要有自己的特色》等阐述了民族地区高校科研的特点；《"老区精神与左右江革命老区振兴发展"学术研讨会综述——研讨会发言暨闭幕词》《浅谈壮族非物质文化遗产保护与开发工作》《广西陶行知研究会成立三十周年大会暨陶行知教育思想研修班综述》等对学术会议的学理性、科学性和适用性进行了中肯的评价和阐述。

5.1　关于壮学研究的几点思考[①]

今天,很高兴来到布洛陀的故乡田阳参加百色市壮学研究中心2015年的工作会议,并接受"百色市壮学研究中心顾问"的聘书,这是我第一次正式参加壮学研究的会议。我是壮族人,生长在右江河畔,是壮族文化元素抚育了我、激励了我。我在工作中也注意到壮学研究的发展,我的研究视野也离不开壮族地区、民族聚居地区的发展。近年来,市内所举行的布洛陀文化歌节、百越文化研讨会等,我都尽量参加,这让我得到很多的收获和体会。我认为,当年张声震先生所提出的"创立壮学组织、编撰壮学丛书"的体系,经过多年努力,取得了很大的成绩,使国内外认识了壮学、重视壮学,从而达到了增强民族自信和民族自豪感的目的。通过壮学研究,明确了壮族先人是珠江流域文化文明的开拓者,增强了壮族人民的历史认同感。从1951年费孝通先生到隆林进行民族考察与民族识别,到20世纪50年代中期中国社科院的专家到桂西壮族地区进行调研、考察;从布洛陀文化研究到壮泰各族渊源与文化的研究等,都出了一批成果。随着研究的不断深入,人们对壮学也有了更多的了解和认识,使壮学走出了区域,增强了包含壮族人民在内的全国人民的文化自信与文化自觉。可以说,这些和我们的壮学研究的努力是有密切联系的。

一、关于壮学研究方面的几个特点

什么是壮学?广义的壮学是指中外学者对壮族各方面进行系统研究的一门学科,它包括壮学与壮学研究。狭义的壮学是指以壮族学者为主体而对壮族历史文化、社会经济、哲学宗教、语言文字、文学艺术、天文地理、工艺科技、教育和医学等各种学科领域展开系统研究的一门综合性学科,它不包括壮族研究和当代壮学研究。本文所谈的是广义的壮学。综合来看,壮学有下面几个特点。

[①] 本文系作者2015年12月15日在田阳县召开的百色市壮学研究中心2015年工作会议上讲话的主要内容。时任广西高校人文社会科学研究中心重点研究基地百色学院老区建设与老少边地区发展研究中心主任、百色市壮学研究中心顾问。

（一）广泛性

通过研究，我们感觉到壮学的研究范围很广，内涵、内容都非常丰富，历史、文化、教育、经济、医学、体育、哲学、天文、地理无所不包。从历史上看，壮族人民为国家统一与完整、为中华民族的发展奠定了坚实的基础，做出了很大的贡献；从文化上看，布洛陀文化、壮族嘹歌文化、南北壮剧、铜鼓文化、图腾文化、稻作文化等，都是我们中华民族文化一个重要的组成部分，可以说，壮学的研究范围十分广阔，研究成果的前景非常看好。

（二）边疆性

壮族是一个边疆民族，壮族人民为祖国西南边疆的安全与稳定起到很大的促进作用。从侬智高起兵反交趾到瓦氏夫人领兵反倭寇，从宋代的横山寨军事要塞到刘永福的"黑旗军"抗法，从历代的保卫边疆战斗到30多年前的边境自卫反击战……壮族人民谱写了可歌可泣的爱国壮丽篇章，为保卫边疆做出了巨大贡献。

（三）革命性

壮族地区的百色是一个革命圣地。20世纪20年代，在中国共产党的影响和领导下，早期壮族农民运动领袖韦拔群在右江地区开展了轰轰烈烈的农民运动。1929年12月11日，邓小平、张云逸、韦拔群等领导的百色起义，又是一个惊天动地的伟业。中国共产党与农民革命武装相结合，建立了中国红军第七军，在少数民族地区第一次建立了区域性的苏维埃政府，创建了右江革命根据地。在红七军近万人的队伍中，百分之八十以上是壮族人。红七军主力北上以后，留下来的革命火种，坚持在壮族地区进行不屈的斗争，直到迎来新中国的诞生。这是壮族地区的红色基因、红色元素，与壮学研究都有关系，我们都要挖掘、研究。

（四）现实性

我们研究壮学，自然离不开现实。我们不仅研究过去的，还要研究现在的，更要探索未来的。壮族地区如何发展得更快些，这自然是我们壮学要研究的问题。今年年初，国务院正式批复了《左右江革命老区振兴发展规划》，给壮族地区带来了新的机遇。我们要好好地研究壮族地区可持续发展的问题，例如老少边山穷地区的精准扶贫、左右江革命老区的建设和发展、壮族地区区域经济发展、民族团结、壮汉的文化互动等，这都是壮学研究的现实问题。这些年来，百色的发展速度很快，但是和其他地方相比，和发达地方比，还有一定的差距，这都需要在壮学的研究中和现实结合起来，才能达到学以致用、研以致用。

二、关于做好壮学研究的几点建议

(一) 立足百色,立足原点,搞好壮学研究,为社会主义现代化建设服务

自治区广西壮学学会成立 30 年了,但是我们百色市壮学学会还没有成立。壮族人口最集中的地方就在我们桂西,就在百色,我们应该立足百色,把它研究好。区域文化、地方文化、壮族文化都是中华民族文化的重要组成部分,我们百色要怎样才能打出品牌,拿出什么样的"拳头"产品?这是需要我们认真考虑的。全市 12 个县(市、区)都各有自己的特色,我们应该利用好。比如百色壮族非物质文化遗产的保护与传承,应该作为"拳头"产品。百色学院的"右江流域非物质文化遗产博物馆",上级领导同志和外地专家学者来参观过后都给予了评价肯定,都觉得这是我们的品牌,大有"奔头",确实需要推介和广为宣传。

(二) 做好结合,把壮学和其他学科研究结合起来

壮学的研究已经得到了学术界的承认。关于壮学的内涵和外延,一些前辈已经论述得很清楚。我这里想说的是,我们所处的时代和机遇决定了我们的研究要把多学科结合起来。壮学不是一个单独的学科,它是综合性的学科。壮学与壮族研究、壮学研究是三个不同的学术范畴和概念,三者不可混为一谈。随着研究的深入,壮学领域不断拓展。壮学的研究内涵非常丰富,我们需要研究的问题很多,可以全方面从纵向、横向一个个侧面去研究。比如说壮学与语言学,我们的孩子从小学、初中到高中,人家是学"双语",我们是学"三语"。为什么广西的英语水平在全国是倒数几位?为什么壮族人学英语感到困难?应该怎样解决?还有壮学和经济学,这个也是值得我们认真思考的,当年的横山寨商贸曾辉煌一时;壮学与历史学,我们可以从距今八十多万年的人类活动一直研究到现在;壮学和民族学,壮汉文化的互动,壮族和其他民族的关系;壮学与社会学、民族学、人类学的交叉,把这些方面结合起来,使我们壮学的研究范围更大、更广,壮学可以说无所不包。当然,在壮学的研究中,壮学是根,是主干,其他学科是枝叶,不是什么东西都可以放到壮学这个"箩筐"里面去研究,研究的角度应该有所侧重,这样才能有所突破。

(三) 把历史和现实结合起来

我们研究壮学,就是要把壮族地区的发展历史与现实结合起来,促进少数民族地

区的经济发展和社会进步,这是我们研究的目的。壮族在历史上有过辉煌,比如布洛陀文化、句町文化、百越古道、宋代横山寨、壮族嘹歌、绣球文化、铜鼓文化等,但是过去的辉煌并不代表现在,这些文化在历史发展过程中有什么作用?有什么影响?有什么发展规律?近年来,我们百色的发展是快的,这其实是扶贫成功的典范。陈开枝同志来我们百色有90多次了,有一次我听到他讲过,百色的发展是非常迅速的,我们可以搞一个百色发展模式的研究成果,向全国宣传推广,这些也是我们研究的范围。田东县是中共中央政治局原常委、全国人大常委会原委员长吴邦国深入学习实践科学发展观活动的联系点,田东是落实科学发展观的成功典型,是值得研究的;靖西市的成立,对边疆的安宁与发展是很有意义的。我们的研究,要与壮族地区的精准扶贫、边境建设、移民开发、特色产业、生态绿色、民族文化等方面很好地结合起来,把壮学研究搞深搞阔,打出品牌,为现实服务,为区域发展服务,为社会主义现代化建设服务。

(四)把壮学研究和红色文化研究结合起来

这也是我们的一个特色品牌。我们可以试想,为什么在百色这个地方会发生那么早的革命而且长期坚持下来,坚持20年红旗不倒?为什么壮族人民革命那么坚强?为什么左右江的农民几乎都当上了赤卫军?为什么壮族人民容易接受新思想、新观念?可以看出,这是壮族人民的革命觉醒,这是中国化的马克思主义在壮族地区的光辉实践,是百色起义精神、老区精神弘扬与传承的体现。这些方面也可以给予我们启示:壮族人的特质、品性是形成壮族社会和谐的内在因素。因此,我们应当弘扬百色起义精神、老区精神,加快左右江革命老区的建设与发展。

(五)把研究、挖掘、宣传、传播结合起来

这些年来,百色人干的事情很多,但是在研究上、宣传上做得还不够,我们要把壮学的研究成果,把百色的研究成果宣传出去,就要建立机制、成立研究团队。搞研究离不开队伍,离不开机构,离不开协同创新,离不开相互支持。我想壮学研究中心应该配有一定的编制,这个壮学研究中心是属于研究机构的,不仅有我们团队的人,还要聘请外面的人。大家知道,广西大学有个东盟研究院,该校有一百多专兼职研究人员参加,校外参与的学者也有一百多人。这就需要加强新型智库建设。壮学研究中心和壮学会要结合起来。学会是群众性学术团体,而研究中心是政府的一个编制机构,有专兼职人员。要协同创新,才能"双拳"出击。百色学院有个老区精神与老少边地区发展研究中心,是自治区高校人文社会科学研究重点研究基地,这个研究中心与百色市壮学研究中心研究的内容有些相同和交叉的地方。研究中心欢迎校外人员参与课

题研究，包括我们在座的各位，只要承认我们的研究方向，得到我们的课题，都算是这个研究中心的兼职研究人员。我们的研究课题也是对外招标的，有重点课题、一般课题和青年课题，还有委托课题，成果不仅需要有著作、论文，而且最为需要的是咨政报告、研究报告。作为研究中心，我们要为党委、政府提供政策的依据、参考，为地方经济发展和社会进步服务。我们壮学研究中心也是如此：其一，我们要成立壮学会；其二，有我们的研究课题指向，找一些专家规划一下壮学研究中心的课题指南，属于壮族地区发展、民族地区发展问题的研究课题申报立项时，可以挂在市壮学研究中心，也可以挂在百色学院老区精神与老少边地区发展研究中心；其三，研究活动要有一定的经费支撑；其四，加强研究队伍的建设，可以联合在百色的几所高校、宣传部门、政策研究室、经济发展研究中心、党校、社科联、文联，以及其他各个部门等，各个县（市、区）的模式也是可以如此，把研究队伍建设起来；其五，进行协同创新，多出成果。只要我们大家齐心协力，联合攻关，勇于突破，我们的壮学和壮学研究一定会不断取得新的成就。

5.2 "老区精神与左右江革命老区振兴发展"学术研讨会综述①

——研讨会总结发言暨闭幕词

各位领导,各位专家,各位同仁:

大家好!秋高气爽,风和日丽。"老区精神与左右江革命老区振兴发展"学术研讨会,经过两天紧张而有序的研讨,即将落下帷幕。

这次学术研讨会,在上级的领导下,在与会同仁的共同努力下,顺利完成了大会预期的目的,取得了圆满的成功。在此,我代表会议主办单位——百色学院,承办单位——广西高校人文社科重点研究基地老区精神与老少边地区发展研究中心,协办单位——广西马克思主义理论研究和建设工程百色学院基地和广西百色市社会科学联合会,向出席会议的各位领导、专家和代表,向为这次会议顺利召开付出辛勤劳动的工作人员和所有朋友,表示衷心的感谢!

这次会议,有来自全国30多所高校、20多个党校、科研机构、党委政府部门和企业等单位的100多位专家、学者和代表参加。大会论文作者和参与会议代表具有广泛的代表性。有来自首都北京的有关负责人和专家学者,有毛主席的故乡湖南韶山来的同志,有中国第一个农村老革命根据地来的井冈山大学的专家,有山东革命老区的临沂大学的老师,有全国重点大学西南大学、湖南师范大学资深教授等,有民族院校的中南民族大学、云南民族大学的学者等,有我们广西区内的广西大学、广西师范大学、广西民族大学等各兄弟院校的代表,有广西壮族自治区党校、广西社会科学院专家,有政府机关、科研机构、企业单位的研究人员,有左右江革命老区特别是左右江革命老区核心区百色市各县(区、市)的基层干部等。大家相聚在一起,集思广益,献计献策,是难能可贵的。许多代表说,能与那么多的国内知名专家学者进行广泛交流,大家感受了国内权威学者的敏锐思维,这是这次研讨会的荣幸。

会议共收到论文120多篇,经过认真筛选,有105篇收入大会论文集。集子的封

---

① 本文系作者2016年9月23日在全国"老区精神与左右江革命老区振兴发展"学术研讨会闭幕式上的学术总结和闭幕词。时任广西高校人文社科重点研究基地百色学院老区精神与老少边区发展研究中心主任、教授。

面，由邓小平手迹集成。会后，我们还将择优选编正式出版。同时，将相关论文整理成专家建言摘录和整理成资政报告，以供党委、政府作为决策参考。

在开幕式上，中国老区建设促进会原副会长、老区精神研究中心主任、北京军区原政治部副主任邹万增少将，国家旅游局副司长、红色旅游办公室副主任胡呈军，百色市委常委、副市长李强和百色学院校长金长义出席了开幕式并讲话。会上，胡呈军副司长与中国老区建设促进会原副秘书长徐强国共同为"中国红色文化研究会广西壮族自治区工作委员会"与"革命老区红色旅游研究中心"揭牌。会议期间，代表们参观了中国红军第七军军部旧址和百色起义纪念馆，考察了百色市容市貌。

此次会议，有10位领导、专家在大会上做了主题报告、主题发言，有40多位专家在分组论坛上做了主旨发言。邹万增将军表示，要在传承红色基因、宣传教育、脱贫攻坚战中充分发挥老区精神的积极作用，把老区独特的精神文化、优良的传统挖掘好、梳理好、总结好，使其成为宝贵的精神财富。胡呈军副司长认为，革命老区约占国土面积的一半，在革命战争年代，老区人民为革命胜利做出了极大的贡献，老区精神不仅是当时鼓舞老区人民夺取革命胜利的强大精神力量，今天依然是老区人民脱贫致富实现跨越式发展的宝贵精神财富。李强副市长表示，如何有效发挥自身优势打赢这场脱贫攻坚战、如何加快推进百色革命老区工业转型升级、如何推进左右江革命老区核心城市建设，都是当前百色老区打赢扶贫攻坚战所面临的重要课题，因此，希望通过研讨会集思广益，群策群力，多建言献策，加强各地革命老区的对话与交流合作，共同致力于推动百色革命老区的振兴发展，为实现党中央2020年全面脱贫和建成小康社会的总体战略做出革命老区在新时代的贡献。金长义校长认为，老区经济社会要发展，必须教育先行，百色学院作为百色老区孕育出的一所高等学校，以服务老区振兴发展为己任，充分挖掘和利用区域特色资源，主动服务区域、产业、行业发展，打造红色教育品牌、实施应用型人才培养工程，积极探索革命老区新建本科院校改革发展的新路子，并形成了一系列的研究成果，积极发挥了高校在社会主义核心价值体系建设中的示范和辐射作用，在老区精神内涵的阐述和老区精神对经济社会发展的引领作用做了有益的探索。凌经球教授提出了做好老区精准脱贫，打好脱贫攻坚仗，振兴左右江革命老区必须值得注意的几个问题。徐仁立教授认为，老区精神是红色基因的积淀及其现实需要，争创文明新居，是实现老区跨越式发展的必由之路。庾新顺研究员认为，要打好老区牌，利用老区优势，把老区建设好。李资源教授认为，左右江革命老区民族团结精神是凝集人心、振兴老区的力量源泉，要大力弘扬这种精神。张泰城教授认为，挖掘红色文化资源是促进老区发展的需要。谭献民教授认为，老区精神是一笔宝贵的财富，要充分利用好。还有许多专家、代表发表了精辟的见解，这里不再一一列举。

与会代表就老区精神与左右江革命老区振兴发展问题进行了热烈的探讨,取得了共识。在分组论坛中,大家对老区精神,老区振兴发展,老区社会治理,老少边地区的文化、教育等方面做了比较充分的阐述。这些论文为左右江革命老区振兴发展提供了丰富的理论借鉴与实践参考。学术氛围浓厚,论文水平较高,许多论文体现出较高的学术性或学理性;研究地域广泛,多数论文立足老区历史与现实,尤其是结合《左右江革命老区振兴发展规划(2015—2025)》进行了深入探索,为老区振兴发展提供了丰富的理论依据与实践参考;服务性强,紧紧围绕老区振兴与发展等多个议题进行剖析,突出了为振兴老区经济社会发展提供服务的根本目标,为革命老区精准扶贫、精准脱贫发挥了哲学社会科学的智库作用。

可以看出,入选的论文和大会主题报告、小组分论坛发言的内容非常丰富,其体现出几个方面的特点:

一是科学性。在入选的论文、大会主旨报告、大会发言、小组分论坛中,大家都能以辩证唯物主义和历史唯物主义的观点,阐释了老区精神的内涵、意义和作用,阐释了革命老区振兴发展所要解决的问题。论文具有较高的学术性或学理性,为左右江革命老区振兴发展提供了丰硕的理论成果。观点正确、论证严密、论据充分、主题鲜明,体现了学术研究的科学性、严肃性、规范性,说明了各位专家学者治学严谨的态度。

二是革命性。老区精神是中国共产党在长期革命斗争中所形成的优良传统和作风的结晶,是一种无产阶级革命精神,研究"老区精神与左右江革命老区振兴发展"意义重大。习近平总书记指出,无论是革命战争年代,还是改革开放的新时期,老区人民为党和国家做出了巨大贡献,老区精神积淀着红色基因。他在多次讲话中提出了"大力弘扬老区精神"的要求。2016年2月1日,中共中央办公厅、国务院办公厅印发了《关于加大脱贫攻坚力度,支持革命老区开发建设的指导意见》,其中强调"大力弘扬老区精神"对老区振兴发展的重要作用。这次会议,大家对老区精神的阐释有着独到的见解和更深的理解。这为社会主义改革开放伟大事业、实践中国梦注入了强大精神动力。

三是时代性。这次研讨左右江革命老区振兴发展问题,是现实发展的需要。左右江革命老区振兴发展,一直得到党中央、国务院的亲切关怀。2015年2月,国务院批准实施《左右江革命老区振兴规划2015—2025年》,其范围包括了滇黔桂三省区、8个市州、59个县,是集"老、少、边、山、穷"为一体的全国连片特困地区,区域贫困人口占全国革命老区人口的30%以上。振兴左右江革命老区,打造全国旅游文化示范的文化老区,努力探索革命老区跨越发展、持续发展的新路子,加快老区开发建设步伐,增强老区自我发展能力,使老区人民共享改革发展成果,过上更加幸福美好的生活,与全国同步实现全面建成小康社会奋斗目标。这是告慰邓小平、张云逸、韦拔群等老一辈革命家、红七军将士、革命先辈的意愿和满足左右江革命老区各族人民渴求幸福、发展的需要。

四是适用性。科学研究的目的在于运用。在入选的论文和大会主题报告、小组分论坛发言的内容中,应用性研究占了很大的篇幅。这是好事!社会科学研究就应该接地气,应该为经济发展和社会进步服务。高校为地方服务,发挥智库作用,这是高校的基本职能。在研讨中,大家对发展老区、边疆、民族地区的现代工业、现代农业、现代服务业和物质文明、政治文明、精神文明、社会文明、生态文明建设都提出了很好的意见。这些意见和建议,将为地方党委和政府的决策提供良好的参考。

那么,如何弘扬革命老区精神,加快左右江革命老区的振兴发展?作为老区人,我们需要寻找出最佳的途径与办法。

首先,我们应该助力精准扶贫的路径选择,从现实的维度弘扬老区精神,传承和激活红色基因,从中汲取智慧和力量;其次,从未来的维度弘扬老区精神,大力实施先进文化引领、劳动者素质提升工程;再次,从理论的维度弘扬老区精神,全面分析老区现状,用老区精神启迪和带动老区开发建设与脱贫攻坚;然后,从实践的维度弘扬老区精神,精心设计老区脱贫路线,科学部署革命老区的加快发展;最后,从民族特色的维度弘扬老区精神,赋予老区精神以民族精神、民族特质和民族情怀,传承优秀传统文化。

这些观点应该都是比较前沿的、适用的、很有价值的!

不忘初心,方得始终。不忘初心,继续前进。弘扬老区精神,助力推进革命老区的振兴发展,就是不忘初心的体现。在 2020 年前,决战脱贫,决胜小康,老区将与全国同步建成小康社会,这是历史的使命,这是我们社会科学研究工作者的责任。

弘扬老区精神,需要我们加大内生动力,不等不靠,"干中求助",坚决打赢这场脱贫攻坚战,助推老区的振兴发展。习近平总书记指出,"没有老区的全面小康,特别是没有老区贫困人口脱贫致富,那是不完整的","绝不能让老区群众在全面建成小康社会过程中掉队",因此,我们要立下愚公志,打好脱贫攻坚战,让老区人民同全国人民共享全面建成小康社会成果。这是我们党的历史责任。我们要大力弘扬革命老区的优良传统,把老区精神转化为科学发展的强大精神动力,把革命老区建设好,加快革命老区的振兴发展!

此次研讨会,既发挥了高校在社会主义核心价值体系建设中的示范和辐射作用,也在运用老区精神引领地方经济社会发展等方面做了有益的探索。

两天的会议报告、研讨、参观、考察、交流,紧张而有序,时间虽短暂,但得到了交流的成果,沟通了感情。"老区精神与左右江革命老区振兴发展"研讨会,达到了预期目的，取得了圆满成功。

会议虽然短暂，但大家在交流过程中增进的友谊将是长存的、永远的。这次研讨会的成功举办，与各位领导、专家、同仁和朋友的关怀与支持是分不开的。在此，我代表大会的主办方，向大家致以衷心的感谢和敬意！同时，由于我们的经验不足，尚有许多需要改进的地方，有不周之处，尚请大家包涵。百色相会，我们不会相忘！希望大家今后常来百色看一看，不断促进左右江革命老区的建设和发展！衷心祝愿大家返程一路平安！一路有好心情、好风景！衷心祝愿全体与会专家和同仁身体健康！成功、快乐、幸福！

现在，我宣布，"老区精神与左右江革命老区振兴发展"学术研讨会胜利闭幕！

谢谢大家！

5.3 试论高校新型智库建设[①]

高水平的现代智库是一个国家重要的软实力，是政府决策科学化、民主化的重要保障。高校智库与官方智库相比，有其较强的独立意识和宽松的学术范围。

高校的智库建设能发挥排头兵的作用，起着引领社会、改变社会的作用。广西高校新型智库在广西特色新型智库建设中如何发挥自己的独特优势，体现自身的特色呢？

首先，做好定位。高校智库建设要在党和政府的领导下积极开展工作。高校要服务地方，要为党委、政府做好决策的参考，发挥生力军的作用。

其次，创建新的机制，智力制强，引进高端人才。高校是人才的摇篮，那里人才济济，如何发挥优秀人才作用，这需要一个好的机制。有好的机制和良好的人文环境，才能留住人才。

再次，设立新的模式。设立问题导向、研究模式。要坚持为党和政府决策服务的战略定位。急需的重大问题，通过高校的智库建设，拿出专业化、建设性、可操作性的新建议。同时，在建言献策中，注意深入实际，调查研究，着力为地方服务，做好党委、政府的参谋，提高咨政研究报告的质量，不断扩大影响力。

这些年来，高校智库建设取得了较好的成绩。区内外都有许多成功的经验，值得我们借鉴。

目前高校智库建设的问题是：重基础理化研究，轻应用技术研究；重纵向，轻横向课题；重专著、论文，轻咨政研究报告；单兵作战多，团队攻关少；纸上谈兵多，实际解决问题少；协同性差，前瞻性不够。这些问题的解决，有赖于我们各高校的共同协作，努力攻关，多出成果。

如何加强高校智库建设？

一要加强领导。坚持党管人才建设。党管智库建设的原则，积极开展工作。高水平的现代智库是一个国家重要的软实力，是政府决策科学化、民主化的重要保障。建设高水平智库，我们高校有天然的优势，我们要发挥这种优势。我们知道，高校人力

[①] 本文系作者 2015 年 10 月 29 日在广西大学由自治区教育厅主持召开的"广西特色新型智库建设专家座谈会"上发言的主要内容。时任广西高校人文社科重点研究基地老区精神与老少边区发展研究中心主任、教授。

资源集中,聚集着80%的社科力量,学科门类比较齐全,能够迅速结合,解决相关问题的能力较强;基础力量雄厚,可以为智库开局政策、研究、战略提供深厚的底蕴,可以说,建设高校智库是有条件、有基础的。高校要发挥人才优势、学科优势,增强大局意识,树立全校一盘棋的思想,增强大局意识、全局意识,积极为地方社会进步和经济发展服务。

二要打造特色。高校智库与官方智库相比有着不一样的地方,它具有较强的独立意识和宽松的学术氛围,这是一个良好优势和条件,应根据学校的实际打造品牌,挖掘资源,为地方服务。如我们百色学院在民族问题、扶贫开发、老区建设、东盟合作等领域研究上有着独特的资源,我们决心加强这方面的智库建设。我们有一定的优势——不仅有地域的优势,而且有人才的优势。要彰显这些优势,打出品牌,突出特色,力争多做贡献。

三要培养人才,协同育人。高校是培养人才的地方,要着眼于未来。加强高校智库队伍建设,要做到把人文社会科学与国家现实需要结合起来,以科研转型促进智库建设,推进协同创新机制。对接政府和高校学术机构联系的平台。信息报送双向流动机制,应该有计划地推荐高校智库人员到政府部门进行挂职,让这些智库人员适应信息,规范资政研究报告、熟悉成果上送渠道情况等,以便高校为地方服务。同时,高校在评职称方面,要注意将咨政研究报告与高水平论文同等对待;将高校智库建设和智库成果纳入高校科研和人才评介指标体系,增加科研机构的编制与统筹力量。这是大家所期望的。

5.4 高校智库要助力地方发展[①]

习近平总书记在2016年5月17日哲学社会科学工作座谈会上的讲话，为中国特色新型智库建设健康发展、更好地发挥智库作用指明了方向，提供了基本遵循。我们要继续认真学习习近平总书记讲话精神，把高校智库建设好，助力地方发展。

首先，发挥高校智库作用，服务地方社会经济发展。2017年3月，作为广西高校人文社会科学重点研究基地的百色学院、老少边地区发展研究中心与百色社会科学联合会等115家单位一起，被自治区咨询决策委员会确立为广西特色新型智库联盟成员单位，责任重大。加强高校智库建设，构建高校智库服务地方政府经济决策平台和机制，充分发挥高校智库服务经济发展的智力作用，是促进行政区域经济又好又快发展的必然要求和现实选择。改革发展任务越是繁重，越需要智力支持，越需要智库给力。智库应当是党委政府科学决策的'外脑'。我们应该以服务党和政府的决策为宗旨，以人民为中心，以改革创新为动力，述学立论，建言献策，勇担理论创新和服务社会责任，发挥好智库功能，为振兴左右江革命老区做出自己应有的贡献。

其次，加强对重大现实问题的研究，充分发挥思想库、智囊团的重要作用。成果是智库研究的核心，理论研究的目的在于应用。围绕区域经济社会发展开展课题研究，选题要准，主题需鲜明，研究思路要对头。习近平总书记在座谈会上说过，"智库建设要把重点放在提高研究质量、推动内容创新上"，智库成果相对而言更加具有政策性和实用性。我们要围绕区域经济社会发展开展课题研究与攻关，积极组织完成一批社科理论和应用成果作品，提高研究质量和水平，为加快老少边地区发展提出有前瞻性、针对性、实效性的建设意见，为实现百色"两个建成"目标激发"正能量"。

再次，推进自身体制机制创新，完善智库运行管理机制。地方高校智库需要明晰定位，发挥优势；将高端智库与基层实践有机联系起来，与社会智库等联合起来，协同攻关，着力构建高校智库服务地方政府经济决策的有效平台和持续机制，完善成果

[①] 本文系作者2017年5月16日在百色市社会科学界纪念习近平总书记5·17重要讲话一周年座谈会上的发言，时任广西特色新型智库联盟成员单位、广西高校人文社会科学重点研究基地百色学院老区精神与老少边地区发展研究中心主任、教授。

报送机制。对高端智库而言，可以搭建政府部门人员到智库交流的新通道，通过设立有针对性的治理研究项目，让其带着问题到智库开展短期专项研究，智库为其对接相关领域学者作为联合研究人员并提供理论指导。这种人才流通新方式可以将高端智库与基层实践有机联系起来，使智库研究既能"顶天"也能"立地"，既有"理论光芒"也有"泥土芬芳"。把两者很好地结合起来，才能为具有地方特色新型智库建设提供内生动力。

最后，高校智库人员要多接地气，深入实际，深入基层，开展实验研究和实地调查研究。只有走出去，才能出咨政研究成果，多出原创性成果，增强贴近性，不断提高政策影响力和社会影响力。

5.5 修史修志在于创新崇实[①]

——参加编纂《百色历史通稿》有感

《百色历史通稿》出版了,这是令人欣慰的。作为编委会成员,能参加《百色历史通稿》的编纂工作,是一件荣幸的事情。

我们赶上了新时代,碰上了新的历史机遇。盛世修史,是中华民族的传统文化,是中华文化走向世界的最佳途径。我国有修史的传统,中华民族历来重视治史,世界几大文明,只有中华文明延续下来,这同我们始终注重治史有直接的关系。以史为鉴,资政育人,是实现中华民族伟大复兴应有之义。

《百色历史通稿》的出版,在社会上得到了非常好的反响,这是个百年一遇的"百色文化工程"。史书开始称"百色"这个名称是1729年,至今也不过是287年的历史。从那时候起过了153年,即1882年,才有个《百色厅志》,再后来就没有什么系统的史书问世了。因此说,这个《百色历史通稿》编纂工程是百年一遇,是很有意义的。书出版后,大家都觉得百色市委、市政府组织编纂的这部书,是百色的第一部通史,完整地叙述了百色从80.3万年前到新中国成立的历史演绎过程,这是不易的,其出版发行意义是深远的。

我在编纂的过程中,有几点体会较深:

一是创新崇实。实是史学的生命,信是史学的灵魂。在编写过程中,编写组深入实际,实地考察,外出调研,走遍百色山山水水,多方寻找资料,挖掘历史资源,我们第一步的任务就是实事求是地把历史资料整理出来,做到准确无误,资料翔实。同时,编写组经常研讨,注意吸收近年来百色历史学的新发展和学界的研究成果,用新的视角和新的发展观去写史编史,运用历史学、政治学、社会学、人类学、民族学乃至与自然科学等学科相结合的研究方法,准确地认识和弘扬百色优秀文化,为构筑百色精神高地做出了积极的努力。

二是团结协作。编纂这一史书,是一个系统工程。编写组成员来自不同的单位,

[①] 本文系作者2016年5月11日在中共百色市委、市政府召开的《百色历史通稿》编纂出版发行工作总结会议上发言的主要内容。原载《右江日报》。时为百色市《百色历史通稿》编委会成员。

有着不同的学缘、资历、经历,这是一个优秀的团队。在主编黄桂宁同志的组织下,编纂工作运作有序,按期按质完成;副主编何毛堂教授多次举行讲座,讲清笔法,匠心独运;其他成员团结互助,工作认真负责,也使自己得到一次学习的好机会。可以说,本书的出版,是集体智慧的结晶,是大家团结奋斗的结果。

三是培养人才。本书的编写,是一次修史编志的大练兵。通过编纂这部书,培养了一批编史编志的人员,也为我市修史修志做了探索和积累了一些基本经验。

历史是一个民族、一个国家及其发展的真实记录。通过参加《百色历史通稿》的编写,我感觉到我们百色历史悠久,文化底蕴深厚,源远流长。我们研究百色,目的是了解百色、发展百色。因此,有以下两点建议。

首先,发挥存史资政、服务时代的作用。习近平总书记说过"以史鉴今,启迪后人","学史可以看成效、鉴得失、知兴替"。我们中华民族素来有重视历史的传统。编史修志,除了存史的功能,就是要古为今用,为现实服务。许多专家指出,《百色历史通稿》有很高的学术价值和存史价值。我们有了这部历史通稿后,还可以搞编年史、专门史、名人列传、历史专题事件研究等,不断挖掘百色历史文化内涵。

其次,发挥读史用志、教化育人作用。以史为鉴,资政育人,是实现中国梦和中华民族伟大复兴的应有之义。随着《百色历史通稿》的出版发行,我们还要加大宣传推介力度,让史书进入学校课堂,作为校本课程和乡土读物,让青少年学生和更多的人懂得百色的历史,让更多的人了解百色,提高百色的知名度。从而使大家立足百色,认识百色,热爱百色,发展百色。要通过读史学史活动与弘扬百色精神结合起来,充分发挥史书教化育人的作用,为推动百色经济发展和社会进步提供强大的精神动力。

5.6 老区高校思想政治教育研究要有自己的特色[①]

刚才蔡建章教授作了很好的学术讲座，大家听后一定深受启迪。多年来，蔡教授一直关注、关心我校，他是自治区高校"两课"巡视组组长，为我校荣获"两课"评估优秀单位倾注了心血和关怀，去年又应邀成为我校特聘教授，这是对我们工作很大的支持。他刚才作的讲座，讲得很生动、很实在、很有趣。下面我谈三点意见。

一、提高对大学生思想政治教育重要性的认识

大学生的思想政治教育非常重要。在现阶段，大学生的独立性、选择性、多变性、差异性明显增强，我们要力求做到以理想信念为核心，深入进行正确的科学的世界观、人生观、价值观教育。加强大学生的思想政治教育的主渠道在于教学，而且主要在思想政治理论课方面。我们知道，"两课"的统一提法已定为"思想政治理论课"，因此，我们要认真研究如何上好这门课。在教学中，要有针对性，要联系实际，联系学生思想实际，有的放矢，让这门课变活，让学生听得进去，学得进去，受学生欢迎，提高教学的实效性。

二、发挥思想政治理论课在思想政治教育中主渠道的作用

中宣部、教育部在《关于进一步加强和改进高校思想政治理论课的意见》中指出，高校思想政治理论要发挥课堂教育教学的主导作用和思想政治理论课的主渠道作用。要全面加强思想政治理论课的学科建设、课程建设，改进教学方法，改善教学手段，努力增强思想政治理论课的吸引力和感染力。加强和改进思想政治理论课，体现了其素质要求。我们要用科学理论武装大学生头脑，组织学生学习马列主义、毛泽东思想、

[①] 本文系作者 2005 年 3 月 15 日在全校思想政治教育学术研讨会上发言的主要内容。时任校党委副书记、校思想政治教育研究会会长。

邓小平理论，要以马克思主义中国化的最新理论成果为中心内容，完善思想政治理论课课程体系，如"和谐社会""科学发展观"的主题，要使教学内容不断得到充实，方法要得当。要理论联系实际，挖掘地方教育资源。百色是红色圣地，当年邓小平、张云逸、韦拔群等老一辈革命家在这里举义旗。求真理的革命实践、百色起义革命精神的科学内涵、优秀和民族文化的传统，是我们取之不尽、用之不竭的宝贵财富。因此，我们要善于运用一切教学途径，倡导启发式、参与式、研讨式教学，开设短小精悍的特色课，加强教学实践环节，运用现代化手段增强思想政治理论课的吸引力、感染力。

三、以科研促进教学，不断探索思想教育的规律，把科研立校、科研强校和思想政治教育研究提高到一个新的水平

目前，我们学校的思想政治教育研究已形成气候，也出了一批成果，得到了上级的肯定。但我们不应该自满，应该有超前的意识和战略的眼光。虽然我们的条件和水平在同等档次之上，但总的来看，我们的研究档次还较低，这需要我们下更大的力气。今后跨入本科的行列，我们需要新的起步、新的努力，要勇于探索、富于实践、积极进取，永远走在路上。目前，我们正处在申本的冲刺阶段，科研是一个很重要的环节。就我校来说，思想政治教育的研究应该走在教育科研的前面，我们有这方面的优势。作为老区高校，我们的思想政治教育研究要有自己的特色。我们要以"革命性、边疆性、民族性"为特点，抓住百色特有的红色文化资源做文章。这是一个突破口，也是我们的特色，有特色就有优势，有特色就是有水平，我们应抓住不放，持之以恒。这符合高校办学的社会主义方向，符合人才培养和服务地方的要求。因此，思想政治理论课的研究，要探索出规律来，探索出成果来。

5.7　高校思想政治工作之见解[①]

今天的全校思想政治工作经验交流会开得很好，开得生动活泼。刚才，有各系、各部门的8位领导、老师在会上做了经验介绍，他们讲的都很实在，各有千秋，各有特色。相信大家听了以后，一定感到有所收获、有所启迪。

归纳各系、各部门代表的典型发言，可以这么说，大家的经验虽然各有不同，但有许多是共性的。我觉得其中有几点经验体会，更是值得我们大家学习和借鉴。

一是加强思想政治教育、促进学生成才是实现学校培养目标的根本保证。多年来，正是学校和各系、各部门重视学生思想政治教育，以德育为首、以人为本、以学习为中心，把培养人的问题提到了根本性问题来认识，使学校思想政治工作得到了加强和改善，教学改革得到了深化，教育质量得到了不断的提高，学校呈现出新的面貌、新的气象，这是大家共同努力的结果。我们知道，思想政治工作是动力、是方向，离开了它会偏离方向。思想政治教育是与培养人、塑造人联系在一起的。培养人的问题是一个根本的问题。如何培养人，怎样培养人，培养什么样的人，这是必须明确的。我国是社会主义国家，我们要坚持社会主义的办学方向，所培养的人才，应该成为德智体美全面发展的社会主义现代化事业的建设者和接班人。要实现这一培养目标，我们就要加强思想政治教育，培养德才兼备的又红又专的人才。立德树人，德育是根本。在学校工作中，思想政治教育是我们的优势，也是我们的特色，我们应该把这一优势和特色传承下去。因此，思想政治工作只能加强，不能疏忽，常抓不懈，抓出实效。

二是思想教育是一个系统工程，只有提高全员育人意识，齐抓共管，形成合力，才能创造出一个良好的环境。育人是一个系统工程，思想政治教育是育人工程的重要一环，同时也是一个子系统工程，这不是哪一个系、哪个部门可以单独完成的，需要全员参与。系统工程力求的就是要有整体、全局的观念。所谓的系统，就是同类事物按一定的关系组成的整体。在学校的整体环境下，只有各系、各部门的通力合作，各个教职工的全员育人、全程育人，建立教书育人、管理育人、环境育人的全方位的育人机制，才能建设一个有利于人才成人的环境，才能营造一个良好的校风。

[①] 本文系作者2000年5月在全校思想政治工作经验交流会的总结。时任校党委副书记。

三是抓好思想政治教育，建立一支强有力的专兼职育人工作队伍。在座的都是这支队伍中的一员。应该肯定，我们这支队伍完全是可以信赖的。热爱学生是教师的天职，教书先要育好人，育人是我们的根本任务。教师是学生成长成才的导师。思想政治工作这支队伍要扩大、要加强，我们不仅需要专职的德育工作人员，还要一大批的兼职德育工作人员，每个教师都应该自己担当起教育学生的重任。在学校工作中，每一项工作都很重要，但负责思想政治工作的老师付出的时间和精力更多、责任更重大。因此，从事思想政治工作的老师，他们的付出也得到了回报。这回报就是培养出了更多更好的人才，这是我们的荣誉和骄傲。

四是多种方法的广泛运用是搞好思想政治教育的有效环节。我们做学生思想工作，说空话不行，说套话也不行，要动之以情、晓之以理，和风细雨、推心置腹，把道理讲给学生听，把情况跟学生讲明，不怕说不到，只怕做不到。各种形式的活动是思想政治教育的好办法，寓教育于活动之中，这是常理。做人的思想教育工作，是一项神圣的使命，是一项光荣的工作。思想政治教育要贯穿在学校工作的各个环节中，思想政治教育的有效性体现于多种思想工作方法，仅靠传统的几种办法是远远不够的。各种教育方法要符合青年学生身心发展规律，有的放矢，教学相长。

五是运用思想政治工作有效载体提高学生思想政治教育的有效性。学生思想政治教育的主渠道是"两课"。因此，要切实提高"两课"的教学质量。同时，要抓好学生的日常管理，加强学生社团建设，搞好校园文化活动、课外读书活动，寓教育于活动之中。在这方面，各系都有许多成功的经验，如中文系的辩论赛、"风景"系列、诗歌朗诵都搞得有声有色，政法经济系的"十个一"、班级的特色管理很有成效，化学系的"几个同时抓"效果很好。还有其他系部的经验都是值得肯定的，都是值得全校各系部学习借鉴的。

为提高学校思想政治工作的有效性，高校思想政治工作必须做到"三个到位""三个一切""三个结合""三项措施"。

"三个到位"，即认识到位、时间到位、工作到位。认识到位，是要我们深刻认识到高校思想政治教育的重要性。加强和改善大学生的思想政治教育，是一项重大而紧迫的政治任务。抓好这项工作，重要的一点是全身心投入这一项神圣的事业中，做出成效来。认识到位，是我们的工作职责，是我们的使命。做人的思想工作是一项复杂的重要的工作，思想政治教育要有创新要有活力，这是基础。时间到位，就是要保证做思想教育工作的时间。我们每一个人的工作时间和内容都分解为好多个方面，我们要合理安排，保证做思想教育工作的时间。工作到位，就是要提高思想政治教育的实效性。有付出才有回报，思想政治教育也是一样。而且，做人的思想政治教育，这是我们党的政治优势，我们应该发扬这一优势，把工作搞好。

"三个一切"，即"一切为了学生，为了学生一切，为了一切学生"，这是我们的办学理念。"一切为了学生"，我们办学为了什么？那当然是面向全体人民，面向所有的学生。我们的教育是为建设中国特色社会主义服务的，是为人民服务、为学生服务的。换句话说，教育的根本任务是培养人，而教育的核心就是服务，这是党全心全意为人民服务的宗旨的体现。为学生服务，促使他们早日成才，这是我们的职责。学生是学习的主体，我们的一切工作都要为学生的前途、未来、成长着想，也就是说，为了我们国家和民族的未来和前途着想。"为了学生一切"，那就是关注学生的方方面面，关心他们的成长。关注、关心，不是包揽一切。"为了一切学生"，要求我们关爱所有的学生，所有的工作都应该面向全体学生。

这"三个一切"，许多学校都在实施中，并且也取得了经验，我们应该向他们学习，我也曾在中层干部会议强调过。这"三个一切"，虽不是我们的创意，但是很符合我们的情况，适合我们的需要，而且我们在实践中也摸索出了一些经验，因而我们就要树立这个理念、增强这个理念，把我校的学生工作提高到一个新的水平。

"三个结合"，即课内与课外相结合、集体教育与个别教育相结合、德育与心育相结合。我们开展各种有益的教育活动，要注意这几个结合，要有机地把它们结合起来。单一的活动收效甚微、效果欠佳，这是实践所证明了的。

"三项措施"，即抓学风、保安全、促发展。抓学风，就从抓班风抓起，一个班一个班抓好了，一个系一个系的学风、教风搞好了，那么，校风必然会好起来。保安全，就是对安全教育要常抓不懈，经常性的教育要抓好，规章制度要实施，纪律要严明。促发展，就是要为学生的全面发展着想，为他们的健康成长着想，为学校、事业的发展着想。能做到这样，提高学校的政治思想教育有效性就不是空话。

5.8 民族地区高校科研要有自己的特色①

今天，我校民族文化翻译研究中心 2012 年度工作座谈会在这里召开，这很有意义。罗汉田教授、农敏坚主任前来指导，我们表示热烈的欢迎。

会前，我听了周艳鲜主任对研究中心工作的简单情况汇报，刚才又听了周秀苗副主任 2012 年的总结发言和 2013 年的工作计划的介绍，觉得民族文化翻译研究中心上一年的工作有了良好的开端，新的一年工作思路清晰，这说明研究中心的工作是富有成效的，也说明研究中心所研究的方向是对的，应继续发扬光大。

民族文化翻译研究是社会科学研究的一个新领域，是百色学院民族文化研究的重要组成部分。这几年来，民族文化翻译研究中心的工作是富有成效的，应该好好总结经验。我们虽然取得了很大的成绩，但所面临的任务还很重，研究的途径还很广阔，有很多东西有待我们去探讨。趁这个机会，我谈几点意见。

其一，开阔视野。百色独特的区域优势和丰富的民族文化资源，是我们研究的基础。布洛陀文化、壮族嘹歌文化、壮剧文化等，无不说明百色民族文化是博大精深的，这是中华民族文化的瑰宝。对它进行研究，是很有意义的。因此，民族文化翻译研究要形成团队，凝集学科方向，搭建科研平台，整合校内外研究力量，对壮族的社会历史、民间风俗、文化艺术、语言文字、伦理思想、民族典籍等进行全方位翻译研究。

其二，思路要清晰。在三至五年内，精选本区域壮族、瑶族、苗族等少数民族文化优秀作品进行翻译研究。要有世界眼光，借鉴别人的经验，推陈出新，挤进科研高地。"坚持数年，必有好处。"其他兄弟院校，有的走在我们的前面，而且有的经验是很好的。两个月前，我在北京学习期间就曾随队到了西南民族大学、四川民族学院考察，得到了新的启示。这两所院校与我们同属民族地区，在办学上有许多相同之处，应该说，他们的民族文化翻译研究是走在其他民族地区院校前列的，许多做法很有创意，其经验是值得我们借鉴的。

其三，立意要高。这两年，研究中心打出《壮族嘹歌》翻译品牌并推介出去，打

---

① 本文系作者 2013 年 1 月 18 日在百色学院民族文化翻译研究中心 2012 年度工作座谈会上讲话的主要内容。时任校党委委员、副校长。

造了一座金桥，使民族文化走出国门，走向世界。万事开头难，这是一个良好的开端。我们对这一领域的研究要充满信心。广西一直是宣传中国民族文化的窗口，我们要利用这个优势，打造品牌，创造特色。特色就是优势，特色就是水平。坚持下去，就能发展，必有好处。

其四，选料要准。百色是民族文化研究的富矿，也是民族文化翻译的富矿。民族传统文化的挖掘和开发，对创造出既有地域特色、民族特色，又有时代特色的新文化都具有意义。右江流域是人类的重要发源地，民族文化极其丰富多彩。早在唐宋时期，右江河畔的横山寨就是中央集权与西南各附藩国和邻国交流的桥头堡，起着举足轻重的作用。民族文化交流与互动是民族文化发展与繁荣的基础性工作。右江流域具有悠久的历史文化，我们要善于挖掘。民族文化翻译研究要力求为社会进步和经济发展服务、为现实服务，多出成果、多出精品。

其五，多方协作。一是希望民族文化翻译研究中心诸位老师继续积极努力，争取更上一层楼。我们要教学科研一起抓、一起上，争取在二三年内出更好的成绩。二是希望各位专家一同既往，继续支持民族文化翻译研究中心工作，推动民族翻译研究发展。给研究中心的每一位教师、每一位研究人员一点提示、一点压力。压力变动力，在专家的鼓励与支持下，相信研究中心工作在这几年内一定会有新的突破、新的发展。三是希望各部门、各学科积极支持民族文化翻译研究工作。这是一件有意义的事情，教学与科研是全校一盘棋，大家一定要同心协力一起办好，目标的实现和任务的完成需要我们共同努力。我相信，在大家的共同努力下，我们学校民族文化翻译研究工作和其他方面的工作一定会提高到一个新的水平。

5.9　地方高校科研要力求于创新[①]

这次学术研讨会开得很成功。A 组的下半场研讨会交流,共有 10 位专家、学者做了发言。这 10 人中,有西南民族大学、四川文理学院、百色学院和达州市委党校的老师。我们研讨的专题,即"革命老区的社会治理问题",涉及革命老区的经济、政治、文化、教育、生态文明等方面的社会治理,诸位专家发言的水平较高,文章的质量也比较好。我认为有以下几个特点:

(1) 科学性。社会治理是老生常谈的问题,又是前沿问题。党的十八大提出的"国家治理的现代化",其对社会的关注,尤其是老区的社会治理,是我们处在老区工作的社会科学工作者需要关注的。各位老师的论文中都注意到实地论证,这是好的,科学的结论在于调查研究之后。陈仲教授的《新常态达州市政法工作服务民生的模式研究》提出的老区政法工作服务民生的新思想,提出了"一二三四五"的模式,逻辑严密。韦顺国博士的《论革命老区乡村文化建设的主题、原则及价值》所提出的"五个原则""四个有利于"是比较合理的。陈熙隆副教授的《达州市中小学信息化应用的现状与对策研究》阐述的观点比较前沿,对教育信息化和教育现代化阐述得很透彻。康杰博士的《四川革命老区人才资源开发策略研究》的数据分析很突出,科学论点实在,能利用统计学、数据分析来阐明观点,利用定量和定性分析,用数据说话,使文章更具科学性,这是我们从事研究工作的目标。

(2) 创新性。创新是民族的灵魂,也是论文质量的水准。10 位作者的论文都具有创新。成良臣教授的《达州市基层文化建设现状及其对策研究》对现状分析透彻,提及的内容符合实际,提出达州市基层文化建设发展策略八个方面比较符合实际,是不可多得的文章。孙亮亮老师对川东民间传统体育进行分析研究后,提出川东村落民间体育传承推演,所提出的四点都具有一定的创新性。苟延杰老师所谈的"战略定位理论浅谈达州市城市品牌建设"情况,所提出的四个方面的达州市品牌战略实施措施,

---

[①] 本文系作者 2015 年 11 月 21 日在四川文理学院举行的"新常态下革命老区发展暨巴文化研究学术交流会"小组研讨交流会 A 组会场上应邀做点评发言的主要部分。时任广西高校人文社会科学研究基地百色学院老区精神与老少边地区研究中心主任、教授、研究员。

都很新颖，并且有年轻人思想敏锐的特征，文章立意新、观点新，是值得我们这些上了一定年纪的人学习的。

（3）实用性。文章的实用价值是我们追求的目标之一，在这一组论文和作者的发言中，都非常注意这一点。王秀玲老师的《达州市农村生态养老服务体系的构建》提出了老龄化这一实在问题，目前老龄化形势比较严重，农村养老困难重重，因而作者提出创新发展构建农村生态养老服务体系，讲得很实在，很有实用价值。杨登述老师提出的"川东革命老区软环境的问题及优化对策研究"从两个方面阐述，很实在，有创新。还有南景毓老师的《达州市涉法涉诉信访言论积案化解研究》很有针对性。

在这里特别提出的是，在这组文章中，不少是以课题组出现的，这说明大家的团队意识较强，有了群体攻关的意识。从这一组发言和文章中还可以看到，由原来注重基础研究向重视应用研究转变，由被动承担项目向主动服务地方转变，在这方面，四川文理学院做得相当突出。其他一些院校，也做得相当好。总之，地方高校科研要力求创新，这样才有生命力。

同时，我们也看到，在这一组的发言和提交的论文中还有一些不足。比如应用研究报告特别是资政报告的写法，还有些欠妥的地方，这是需要我们引起重视的。应用研究报告和资政报告如何更贴近实际、更贴近地方，如何向党委、政府提供更有效的政策参考，都有待我们努力去探讨。

人文社会科学研究要力求于创新，力求创造出更高质量的成果，为地方的改革和建设服务，为社会主义现代化建设服务，这是我们人文社会科学研究工作者努力的方向。

5.10 浅谈壮族非物质文化遗产保护与开发工作[①]

首先，对百色壮族非物质文化遗产保护与开发研讨会的胜利召开和获奖论文作者表示热烈的祝贺！

这次会议的召开，将有力地继承和发扬优秀民族特色文化，促进文化传承，推进文化强市建设，弘扬民族精神，为建设魅力百色做出新的贡献。

保护与开发壮族非物质文化遗产是一项有意义的工作。我们知道，非物质文化遗产是人类历史活的见证，是中华文化的重要组成部分，全国各民族共同创造了灿烂多姿的中华文化。百色已成为非物质文化遗产的富矿区，聚居着壮族、汉族、瑶族、苗族、彝族、回族、仡佬族等民族，少数民族占87%，其中壮族占80%。可以看出，壮族非物质文化遗产非常丰富，如壮族布洛陀文化、那坡壮族民歌、壮族织锦文化、壮剧、壮族嘹歌文化、田阳舞狮技艺等已经列入国家级非物质文化遗产保护名录。因此，保护与开发壮族非物质文化遗产非常重要。

为什么壮族非物质文化遗产保护与开发如此重要呢？我们可以看一看它具有什么样的特点。我认为，壮族非物质文化遗产的特点具有系统性、多样性、历史进步性和不可替代性的特点。

（一）系统性

壮族非物质文化遗产已经形成了系统。如百色市非物质文化遗产非常丰富。刚才孙彬副局长在报告的时候说了，全市已经有1 545个项目列入国家、省（直辖市、自治区）、市、县各级非物质文化遗产保护名录，其中国家级非物质文化遗产9项；列入自治区级保护名录的有107个，这是庞大的数据，居全自治区第一位。这些非物质文化遗产，形成了比较系统的民族文化组成结构。在这些遗产名录中，壮族非物质文化遗产占有很大的比例。而且，壮族与其他民族非物质文化遗产由于共同属于一个区域，

[①] 本文系作者2016年12月20日在百色壮族非物质文化遗产保护与开发研讨会上的讲话。时任广西高校人文社会科学研究中心重点研究基地百色学院老区建设与老少边地区发展研究中心主任、百色市壮学研究中心顾问。

它们的内涵不仅具有系统性，还具有同一性。这些非物质文化遗产，在社会上影响很大。百色学院右江流域非物质文化遗产博物馆收集了上述部分内容的物品与画面，区内外的学者专家来访时看了以后，反响很好。

（二）多样性

桂西民族地区壮族非物质文化遗产数量众多、范围较广、形式多样，其中包括了民间文学、民间舞蹈、民间音乐、民间美术、传统戏剧、民间民俗、杂技与竞技、传统手工艺、传统医药等大类，内容非常丰富，如2006年7月广西公布第一批非物质文化遗产代表作名录57个，百色市的就占有11个。这是不可多见的。我们这次研讨会的论文，就涵盖了对壮族非物质文化遗产的八大类研究的内容。多样性蕴涵了壮族、汉族等各民族文化的精神和广西精神、中国精神。

（三）历史进步性

壮族非物质文化遗产是一笔宝贵的历史遗产。如《壮族嘹歌》是经过数百年的口头传诵后，由壮族民间文人不断整理完善，用古壮字记录并在格式上做了适当规范的歌谣集，是广泛流行于桂西一带的田东、平果、田阳、大化、马山和武鸣等县的一种悠扬悦耳的壮族民歌。《壮族嘹歌》由《三月歌》《日歌》《行路歌》《贼歌》《建房歌》五部传统长歌和多部传统短歌及新近搜集整理的《恋歌集》《散歌集》《客歌集》《新歌集》组成，共4万多首，16万多行，可谓浩如烟海，堪称中国民歌之最，具有重要的史实研究、民俗学研究和古文字研究价值。口传史诗《布洛陀》和《壮族嘹歌》都是歌颂壮族人民英勇奋斗的史诗。有些壮族非物质文化遗产保护名录里面就有红色文化的基因，如百色起义时期的歌曲《我们是种田人》，通过运用牧羊曲调，老百姓都会唱，起到了宣传鼓舞的作用。

（四）不可替代性

非物质文化遗产是优秀的民族文化传统。我们保存和维护壮族非物质文化遗产，应该如同保存和维护物质文化遗产一样。它的价值不仅在于实质的存在，更在于精神的感召。每一项非物质文化遗产，都生动展现了中华民族在前进路上的光辉业绩和奋斗精神，都铭记着一段历史，昭示着一种精神。非物质文化遗产是稀有的活态流变的东西，失去了就不可替代。

（五）民族性

壮族非物质文化遗产本身就具有民族性。一个民族的文化历史愈长，文化积淀愈厚，文化的民族性就愈强。民族性是大众文化的根，失去了民族性，大众文化就失去了存在的价值和意义。壮族是中华民族的组成部分，几千年来，与汉族及其他民族一起，为维护中华民族的团结和西南边疆的稳固安宁做出了重大的贡献。壮族非物质文化遗产在某种程度上反映了壮族社会生产、生活及文化心理状况，展示出民族文化百花园中的奇葩。

但是，我们也应该看到，我们有的地方和行业对保护与开发壮族非物质文化遗产认识还不足，运行机制还有待健全。从理论层面看，诸如如何保护与发展壮族非物质文化遗产的研究还比较少，相关论著也较少，正式发表相关这方面的学术研究论文也不多，研究还一般化，较少深入和系统。从实践层面看，保护与发展壮族非物质文化遗产的机制、模式的研究很薄弱，一些非物质文化遗产的对外宣传推介做得还不够；还没有充分发挥学校教育在非物质文化遗产传承与发展中应有的作用，影响了非物质文化遗产的可持续发展。由于各种原因，有的地方由于认识不足、重视不够，法律保障不力，保护机制不完备及现代文明和外来文化的冲击，民族民间传统文化和非物质文化遗产保护及传承和发展面临着严峻的危机。这应该引起我们的高度重视。

要做好壮族非物质文化遗产保护与开发工作，我觉得需要抓好以下几项工作：

首先，要提高对非物质文化遗产保护与开发的意义的认识。非物质文化遗产是由人类以口头或动作方式相传，具有民族历史积淀和广泛、突出代表性的民间文化遗产，被誉为"民族记忆的背影"。文化是民族的血脉，是人民的精神家园。我们要认真学习习近平总书记关于文化建设的重要思想。总书记指出，中华民族创造了源远流长、博大精深的中华文化，中华文化是中华民族创造的精神财富，反映了中华民族强大的文化创造力。弘扬中华优秀传统文化是一个重要主题。培育和弘扬社会主义核心价值观，实现中华民族伟大复兴，就要重视中华优秀传统文化，继承和弘扬中华优秀传统文化，积极深入中华民族历久弥新的精神世界，把长期以来我们民族形成的积极向上向善的思想文化充分继承和弘扬起来。这是一项重要任务和历史使命。壮族的非物质文化遗产与其他民族的非物质文化遗产一样，都是中华优秀传统文化的重要组成部分。我们保护与开发好壮族非物质文化遗产，同样也要保护和开发好其他民族的非物质文化遗产；我们保护与开发好壮族非物质文化遗产，就是继承和弘扬中华优秀传统文化。中华优秀传统文化是中国特色社会主义走向未来的巨大动力和宝贵资源，是文化自信的表现。

其次，构建壮族非物质文化遗产保护与开发的运行机制。就是说，要有人管这个事，要做好研究阐发和保护弘扬，要把我们祖祖辈辈所创造的文明成果系统完整地保护下来，而不至于在我们手中流失。如果老祖宗的东西在我们手中损坏、消失了，那就是我们的失职。建议宣传、文化、教育等部门将这项工作列入议事日程。在保护和开发中，要做到心中有数，要有一个整体的规划，可以通过节庆活动举办文化节，把民俗文化和旅游文化紧密地结合起来，让更多的人参与这些活动，做好交流互鉴。文明因交流而精彩，因互鉴而精彩，在这方面，我们已经有了许多成功的经验。此外，我们还可以通过这些活动，注入正能量，力求得到创新发展，在创新中继承、在发展中弘扬。

再次，做好在壮族地区学校教育中传承与发展壮族非物质文化遗产工作。就是要将文化遗产加以活化，发挥好教化育人的作用。非物质文化遗产的特点是活态地保持在传承上，传承是非物质文化遗产的生命，传承的过程就是教育的过程。学校教育是根据社会发展要求和受教育者的身心发展需要，由教育者有目的、有计划、有组织地对受教育者施加教育影响的活动。在新时代，传承和发展非物质文化遗产，必须依靠学校教育活动进行。打造先进文化，保护文化遗产已经成为全社会的自觉行动。壮族非物质文化遗产的特点，决定了其传承与发展需要利用民族地区学校教育的功能予以推动和促进。昨天，我从百色学院的网站上看到学校组织征集和报送的论文获得41项奖，占该奖项总数（67项）的61.19%。看到我们学校和市里各行业非物质文化遗产研究队伍的人数和成果如此庞大及卓越，我感到由衷的高兴。学校要注意非物质文化遗产传承与发展的研究工作。学校应该以地方宣传、文化、体育、纪念馆等部门取得联系，积极开展这一工作，从教育学、民族学、人类学、社会学等多学科、多视角加强学校教育传承与发展非物质文化遗产的理论研究；创设非物质文化遗产研究的交流与对话、协调与合作的平台，提高教师民族文化素质和发展非物质文化遗产的能力，形成学校教育传承与发展非物质文化遗产的理论体系。可以考虑在各级各类学校里开设课程，增设校本课程，开设博物馆，培养师资，引进民间艺术传技，促进非物质文化遗产传承与发展。如在对国家级非物质文化遗产"靖西壮族织锦技艺"的保护和传承中，在旧州街小学开办了壮绣技艺班，由当地被誉为"中华巧女"的黄肖琴到学校传艺指导，为培养民族民间技艺传承人打好基础。近几年，田东县委宣传部、文体局、教育局在壮族嘹歌的发祥地——广养岩旁的思林镇广养村小学开办了嘹歌传唱班，并授予该校"嘹歌传承基地"牌。嘹歌传唱班开办后，广养村老支书梁胜耀、英竹村支书吕进严等歌师在传唱室里为广养村小学第一批嘹歌传唱学生传授演唱嘹歌的方法、技巧，引起了小学生的极大兴趣。经过传唱、学唱，学生的演唱嘹歌水平有了很大的提高。这些经验，都是值得借鉴的。

最后，依靠全社会各行业通力配合与支持，做好保护与开发非物质文化遗产工作。保护与开发壮族非物质文化遗产工作是一项系统工程，要积极发挥好政府职能，加强引导，调动各个方面的力量来参与保护，共同展示，共同发展，依法推进。我们认为，被一代代人认同的，一定是有好东西的。传承弘扬优秀民族传统文化要合规合法，有法可依，包括文物保护法、非物质文化遗产保护相关条例及其他相关法律法规。要加大文化立法工作，加强依法行政，依照法律法规来行事，把保护传承、弘扬创新等工作纳入依法行政的轨道。由此看来，壮族非物质文化遗产的传承与发展确实需要全社会的共同支持。我相信，在大家的共同努力下，壮族非物质文化遗产的保护与开发工作一定会提高到一个新的水平。

5.11 关于对《德保县志（1990—2005年）》书稿部分内容的评审意见[①]

看了《德保县志（1990—2005年）》书稿中的凡例、概述、大事记、教育、科技、气象后，觉得总体是可以的。

我们评审一部县志稿，主要就是做两件事：一是评志稿中的史料；二是评志稿的编纂体例。从史料上看，该县志稿史料比较充实；从编纂的体例来看，比较合理。

一、总体印象

其一，主题鲜明，观点正确。该县志稿思想观点符合党和国家方针政策，内容形式比较符合有关史志编纂的要求。

其二，结构层次合理，比较符合县志编纂的体例，基本达到合理规范。篇目布局上比较合理。凡例、概述、大事记这几章是县志的眼睛，基本上能写出全貌。从章节体上看，分篇、章、节、目四层，符合县志的体裁应用。县志稿体的组织形式，基本上是符合志书规范要求的。

其三，内容丰富，注重突出时代特色、地方特色、民族特色。资料性是县志最基本的属性。县志稿内容丰富、资料翔实，突出时代特色，能实事求是地反映德保县1990—2005年建设、改革、发展及经济社会的巨大变化。再如，壮汉双语教学一节内容、德保民族文化章节的提及，这是别人所没有的，因而就突出了民族特色。从县志稿的内容上可以看出，编写人员在资料收集和整理上是下了很大功夫的。

其四，文字运用得当。文字功底厚实，符合志书语言。文字比较规范，概括综合能力较强。文字资料、数据资料、图表资料相互衬托，收到了相得益彰的效果。

其五，不足之处。对一些事情的叙述还不够突出；内容条目可能有疏漏的现象；有些章节表格稍多。

[①] 本文系作者2016年11月29日在《德保县志（1990—2005年）》评审会上的发言。时任百色学院教授、《百色市志》编写委员会成员。

二、对相关章节的评价

（一）关于"凡例"

编纂志书，首在"发凡起例"。凡例是一部志书的大法、纲领和通例。本"凡例"所列的10条，基本说明了问题，涵盖县志稿的方方面面，是指导志书的大纲。作为指导志书的大纲，应该加上指导思想，即在"马克思列宁主义、毛泽东思想、邓小平理论、'三个代表'重要思想、科学发展观及习近平系列讲话精神指导下"开展工作。

（二）关于"概述"

概述是志书的第一印象，是志书的制高点，是对全志内容进行提纲挈领的概括性的综述，是全书主要内容的浓缩，通过概述可以了解其全貌。黄炎培称概述为"重在简略说明本志内容之大要"。志书中设置概述，是志书编修体例的创新。县志稿的"概述"中分列了五部分，是可行的；开头部分起到承上启下的作用，而且第一轮修志时没有提及，第二轮修志时就必须补上；县志稿遵循续志体例，较好地处理了与前志的关系，处理好与前志的衔接和继承问题，这是好的。后面几部分，突出了1990—2005年的特点，先自然、地理，后社会、文化，分叙而述之，层次分明，让人对县况一目了然。"概述"与"大事记"的关系非常密切。一般来说，"概述"涵盖年度的综合性，"大事记"一般记叙事件发生的时间，二者各有侧重。

县志稿的"概述"应该对各行各业改革做些综述和对"几个文明"的建设做一些叙述，如对华银氧化铝开工和对教育跨越性发展特别是"普及九年义务教育"，应该有所提及。

（三）关于"大事记"

大事记是志书总体结构中的重要组成部分，一般以时为序，一事一条目，记述一个县的重大事件，记述内容应反映时代特征、地方特色和行业特点。志稿把大事记作为县志重要组成部分，置于概述之后，和概述相互配合，概括地反映了德保县1990—2005年16年间的历史和现状，起到画龙点睛的重要作用。但还有以下不足之处：

（1）一些重要的事情没有提及。如有的年份只列了几条，有些大事也漏了，有的叙述过于简单。如"2005年的共产党员先进性教育"活动，这是大事，但没有列入，或许是漏了；华银氧化铝的开发虽提及，但叙述太一般化，应点出参加开工典礼主要领导人名单和该企业的地位："华银氧化铝一期工程，是我国铝工业发展史上一次性投资最大、一次性建设生产规模最大的氧化铝项目，是中华人民共和国成立以来广西获国家批准建设的最大的工业项目。"再如普及九制义务教育，这个也没有列上。编志写史要详今略古。这16年来，我们都是过来人，对这些重要事情还是记忆犹新。但哪些事可以入志、什么人可以入志，都应该有个规定。

（2）一些领导职务的提法。"组织部长""秘书长"是区党委、市委常委的，应标明"区党委常委、组织部部长""市委常委、秘书长"，这是不同级别领导的称谓，不能漏了"常委"。

（3）对自然灾害、交通事故、治安等重大事件应有个标准，不要无论大小均列入。对一些保密的条目，也应略写。

（4）对工程项目的列入，也要掌握一个度。那些投资额较大、影响大的项目应该列入，但有些仅几十万元的投资项目，对一个县在现阶段的发展来说影响不大，就不必列入了。

（四）关于"教育"

教育是民生工程。"教育志"部分内容很丰富，县志稿写得比较详细。这一章的开头概述写得好，重点突出；列了16个节选，基本上都涵盖了教育的内容，所以说这部分是比较全面的。但从另一角度来说，由于县志篇幅有限，不要什么都收集进来，搞得志书太厚。

（1）对"第二节 幼儿及学前教育"的意见：删去"幼儿及"，因为学前教育是总称，已包括幼儿教育。这一节应做些改写，一些名词解释如"教育宗旨"等应略，改为用叙述工作的形式反映学前教育的做法及成就。

（2）这一章分16节显得太多，有的可以合并。把"普及九年制义务教育""希望工程"相应内容并入"小学教育""初中教育""教育经费"各节中，因为与其他节标题不相符合，可以在节中列目。

（3）将"壮汉语教育"这节改为"民族教育"，同时在内容上做些概述补充，说明民族教育的基本情况及民族班情况，使这一节的内容更丰富，体现出民族特色。

（4）表格达26个，似乎多了一些。有些可以做些综合叙述，做些说明，更能体现志书的概括力。

（五）关于"科技"

过去反映科技的篇章太少，这是因为我们的现代科技起步晚，没有多少东西可以写上。而1990—2005年，是我们科技的春天，应该花力气挖掘。如除了农业科技推广外，其余各行各业的科技开发、科技应用与推广，应尽可能列入。

(六) 关于"气象"

"气象测报"只有 2005 年的数据,内容单薄。如能查到 1990 年或其他一两个年度的数据,就可以做些比较,使内容更有说服力,使志书更有价值。

其余意见见眉批。综上所叙,志稿再做些修改、补充、润色,可以达到出版水平。

5.12 谈谈对"教学做合一"思想的理解和认识[①]

广西陶行知研究会 2017 年工作会议暨"教学做合一"理论与实践论坛，经过两天紧张而有序的研讨，已经胜利完成了既定的目标和任务，即将落下帷幕。值此机会，我代表广西陶行知研究会向与会代表表示热烈的祝贺和致以衷心的感谢！

出席这次工作会议暨论坛的有来自广西陶研会理事、各陶行知实验学校和团体会员单位的校长与教师代表共 328 人。会议内容非常丰富。会上，北海市教育局教科所倪峥书记致欢迎词并介绍了北海市教育改革的经验，中国陶行知研究会副会长、广西陶行知研究会会长陈洛教授作了工作报告和学术报告，天津大学博士生导师陈卫东教授作了学术报告；大会给 21 所新的陶行知实验学校颁发了牌匾；昨天下午，代表们实地参观和考察了北海市中等职业学校、北海市第九中学、北海市第二实验学校、北海市第一幼儿园；今天上午，有桂平市实验中学、贵港市职业教育中心、钦州市第五中学、梧州市第二职业学校、钦州市灵山县第三小学、玉林市第一职业中等专业学校、岑溪市中专、北部湾职业学校、北海市中等职业学校的校长或教师代表在论坛上作了典型发言；刚才，副会长兼秘书长黎君教授对在论坛上的典型发言作了点评和演讲。大会达到预定的目的，取得了圆满的成功！

这次会议，收获是很大的。

一、增强了人民教师对教书育人的荣誉感、责任感和使命感

我们学习陶行知、研究陶行知，从陶行知教育思想中吸取精神力量，从而献身于社会主义教育事业，这是一种责任。这两天，我们一起学习了陶行知教育思想，聆听了专家的报告，听取了先进单位的典型发言，实地考察了北海市几所实验学校，无不为许多优秀校长、教师的先进事迹所感动。许多代表在典型发言和交流中说道，作为

[①] 本文系作者 2017 年 3 月 18 日在广西陶行知研究会 2017 年工作会议暨"教学做合一"理论与实践论坛上作的闭幕词。时任百色学院教授、广西陶行知研究会副会长。

一名教育工作者，我们应该像陶行知那样"捧着一颗心来，不带半根草去"，学习他"爱满天下"的博爱精神和无私奉献精神，学习他追求真理、做真人的求真精神，学习他严谨治学的精神，怀着对人民教育事业的忠诚、热爱的情怀，育人为本，立德树人，遵循教育规律，注重学思结合，知行合一，言传身教，引导学生德智体美全面发展，增强自身的责任感和使命感。

二、加深了对陶行知"教学做合一"思想的理解和认识

教学做合一，是陶行知生活教育中的教学论部分，也是他教育理论的核心和杰出创造。中等职业学校的代表认为，陶行知"教学做合一"思想，对中等职业学校的教学改革有着深远和现实的意义。从陶行知"教学做合一"的思想内涵中，我们可以悟出：教学做是一件事，即三者应该合一；"教学做合一"强调必须以做事作为出发点，教与学都要以"做"为中心。可以看出，陶行知"教学做合一"把"做"放在教学中心环节，但并没有忽视教与学的作用，也不是简单地以"做"来代替教和学。高中、初中、小学、幼儿园的代表认为，在"教学做合一"的理论和实践的探索中，基础教育要转变教育思想，更新教育观念，不断地从传统和现代的教育思想中去吸纳新的养分。在研讨中，许多代表认为我们可以从陶行知的教育理论和实践中获取更多的有益借鉴。他所讲的"千教万教，教人求真；千学万学，学做真人"，在教育方法上特别重视"教学做合一"，所体现的就是一切从实际出发的求真务实精神。通过研讨，我们加深了对陶行知的教育思想内涵的理解。大家从其"教学做合一"思想内涵出发，觉得在当今信息社会新课改的实践中，在推进素质教育的过程中，要抓紧建立更新教学内容的机制，运用"教学做合一"的思想方法，加强课程的结合性和实践性，重视实验课教学，充分调动学生的内在积极因素，培养学生的实际操作能力，通过动手动脑，提高学生认识问题、分析问题和解决问题的能力，提高其综合素质。

三、加强了各实验学校和团体会员单位之间的联系

目前广西已经有216所陶行知教育思想实验学校。为了相互交流，取长补短，我们广西陶研会基本上每年开一两次会议，让大家有一个很好的研讨和交流的平台。我们高兴地看到，这些年来有许多实验学校和各团体会员单位在办学中有了自己的特色，积累了经验，值得总结和推广。从昨天我们参观的4所实验学校和今天在论坛上9所实验学校发言及会议交流的情况看，各实验学校、各团体会员单位确实有许多新颖的、创新的东西，有了典型的经验，因此，需要大家在一起相互学习，互相交流，共同提

高。通过这次工作会议和论坛，我们进一步认清了陶行知教育思想与当前教育教学的结合力度，加强了对陶行知教育思想实验学校、团体会员单位的统筹协调，推动各项工作任务落到实处，这是非常有益的。

这次工作会议和论坛所研讨的问题，是当前特别需要解决和探讨的教育思想认识问题，所提交的大会主旨发言材料和论坛及专家的报告，均具有一定的科学性、直观性、实践性、前瞻性和创新性，相信每一位与会代表会从中得到新的启迪，这是难得的学习机会，我们应该好好珍惜。这次会议，必将对广西学陶师陶研陶活动的开展，深化新课改，推进素质教育，不断提高教育质量起到一定的促进作用。

关于2017年的工作任务，陈洛会长在工作报告中已经做了布置和安排，其中重要的一项是今年10月在南宁举行广西陶行知研究会成立三十周年纪念活动，希望各团体单位、各实验学校及与会代表结合实际，积极工作，做出成效，做好表率，以实际行动纪念广西陶行知研究会成立30周年。

这次会议的成功，与广西陶研会所挂靠的单位广西教育学院和北海市教育局、北海市中等职业学校、北海市第九中学、北海市第二实验学校、北海市第一幼儿园的大力支持是分不开的，是大会秘书处全体工作人员的辛勤工作及全体代表共同努力的结果。对大家的辛勤劳动，我们感到由衷的敬佩，在此表示衷心的感谢！

各位代表，2017年的春天，我们相会于神奇的北部湾；2017年3月，我们有缘于美丽的海滨城市北海。请记住今天这美好的日子，记住我们的学习成果，记住我们在北海结下的友谊，以我们的情怀和智慧，用心浇灌育苗园地，让"陶花"在八桂大地竞相盛开。金秋十月，我们再相会于首府南宁。

5.13 广西陶行知研究会成立三十周年大会暨陶行知教育思想研修班综述[①]

纪念广西陶行知研究会成立三十周年大会暨陶行知教育思想研修班，经过两天紧张而有序的学习和研讨，已经胜利完成了既定的目标和任务，即将落下帷幕。

出席这次纪念大会暨研修班的有来自广西各有关市、县教育行政部门和教育科研机构的负责人，广西陶行知研究会理事，各陶行知实验学校和团体会员单位的校长与教师代表共237人。中国陶行知研究会副会长、秘书长吕德雄教授，星海音乐学院院长蔡乔中教授出席了会议。会议内容非常丰富。在纪念广西陶行知研究会成立三十周年大会上，广西教育学院党委书记容本镇教授致欢迎词，宣读了中国陶行知研究会贺信；中国陶行知研究会副会长、广西陶行知研究会会长陈洛作工作报告；自治区政协秘书长全桂寿，广西教育厅副厅长孙国友，广西民政厅副厅长冯志出席会议并讲话。会上，表彰了73个"陶行知教育思想优秀实验学校"和475名"先进个人"；南宁市埌东小学、南宁市江北小学、广西教育学院艺术学院表演了学陶师陶优秀节目。

在陶行知教育思想研修班上，星海音乐学院院长蔡乔中教授，中国陶行知研究会副会长、秘书长，晓庄学院原党委书记吕德雄教授，广西教育学院副校长、广西陶行知研究会副会长徐书业教授，广西陶行知研究会副会长、广西教育学院原党委副书记卫荣凡教授，广西陶行知研究会副会长、广西师范学院职业技术学院院长王屹教授作了专题讲座；玉林师院附中校长陈凯林、南宁市位子渌小学校长青军作了经验介绍。会议暨研修班分别由广西陶行知研究会副会长王兴辉教授、李克教授、唐德海教授、黎君教授主持。

这次大会和研修班是在党的十九大召开的日子里举行的，具有重要的意义。在十九大精神的鼓舞下，全体代表集中精力，认真开好会，认真学习，使会议暨研修班达到预定的目的，取得了圆满的成功！值此机会，我代表广西陶行知研究会向与会代表表示热烈的祝贺和致以衷心的感谢！

[①] 本文系作者2017年10月22日在广西陶行知研究会成立三十周年大会暨陶行知教育思想研修班上的闭幕词。时任百色学院教授、广西陶行知研究会副会长。

一、会议收获

这次纪念大会暨研修班，收获是很大的。主要有以下几方面。

（一）认真总结了广西陶行知研究会成立三十周年的经验，增强了广大教育工作者教书育人的责任意识

三十年来，广西陶行知研究会做了大量的工作，成绩显著，主要表现在：

一是研究会活动开展得非常活跃。广西陶行知研究会走过的三十年，是硕果累累的三十年，这标志着弘扬和践行陶行知伟大教育思想进入一个新的阶段、达到新的水平。陶行知研究会的宗旨是开展陶行知教育理论的研究和实践，推进和发展教育公益事业；提倡陶行知先生的奉献精神和创造精神，培育和推广在教育改革和发展中涌现出的先进典型和先进经验；积极探索促进教育改革和发展的新方法和新思路；总结本地区的教育改革先进典型经验，为各地的经济和教育的协调发展提供了可以借鉴的经验和模式。研究会始终坚持以党和国家的教育方针为指导，致力学陶师陶促教改，结合时代特征，联系区情实际，弘扬陶行知先生的崇高师德，积极开展陶行知教育思想研究，取得丰硕成果。仅2017年，广西陶行知研究会就收到论文1 431篇，经评审，获奖1 200篇，其中一等奖208篇，二等奖403篇，三等奖589篇。

二是全面推动了素质教育的开展。三十年来，全区各地学习实践陶行知的教育思想，并取得显著成绩，涌现了不少的先进集体和先进个人，在全区教育系统特别是普通教育和中等职业教育中产生较好的影响。陶行知研究会在实施素质教育、培养学生全面发展方面做了许多有益的探索和实验，配合课改，运用"教学做合一"的方法论，深入课堂创建培养学生动手动脑，会学习、能创新的教学新模式，取得了一定的成绩。

三是设立了一批实验学校。自2006年以来，广西陶行知研究会在全区设立222所陶行知教育思想实验学校，遍布广西14个地市。这批实验学校，在全区中起到了示范作用，产生了较大的影响。

（二）深入学习陶行知教育思想，对陶行知教育思想有了更深的理解

学习、研究、实践陶行知教育思想，对当今推进教育改革仍具有重要的现代价值。在广西陶行知研究会成立三十周年大会暨陶行知教育思想研修班上，各位领导同志在讲话中都阐述了陶行知教育思想，5位专家就学习陶行知教育思想举行了专题讲座。他们讲得很透彻，深入浅出，理论联系实际，学理性、创新性、适用性强，让我们享受了一次精神营养大餐，这是难得的。代表们通过学习，进一步学习了陶行知教育思想，

特别对陶行知的生活理论、"教学做合一"教育思想有了更深的理解。蔡乔中教授作的《谈音乐审美与感性素质培养》讲座,阐述了听觉艺术对开发人的智力的作用,犹如一堂启蒙的音乐课;吕德雄教授作的《谈陶行知的精神遗产》讲座,全方位地介绍了陶行知教育思想的形成、发展、弘扬过程;徐书业教授作的《今天我们应怎样看待学生——陶行知学生观的启示》,卫荣凡教授作的《践行行知创造教育,注重内生动力激发》,王屹教授作的《陶行知职业教育思想与教师职业教育生涯规划》讲座,都从不同的角度阐述了陶行知生活理论、创造教育、职业教育等教育思想,使大家收获匪浅。

(三)加强了各实验学校和团体会员单位之间的联系,增进学陶师陶活动的交流

我们高兴地看到,这些年来许多实验学校和各团体会员单位在办学中有了自己的特色,积累了经验,值得总结和推广。从今天在大会所发言的2所实验学校及会议交流的情况看,各实验学校、各团体会员单位确实有许多新颖的、创新的地方。有了典型的经验,确实需要大家在一起相互学习、共同提高。通过这次纪念大会暨研修班,必将促进大家百尺竿头齐上进。

二、今后工作的几点意见

首先,贯彻好会议精神,办好人民满意的教育。这次纪念大会暨研修班,正值党的十九大召开的日子,可以说是一次学习贯彻十九大精神的会议。在几位领导同志的讲话和专家的讲座中,都要求我们用习近平新时代中国特色社会主义思想武装自己的头脑,做好本职工作。我们学习和实践陶行知教育思想,推进创新型国家建设和教育强国,这正是落实十九大精神的表现。关心教育,就是关心未来,也是关心民生。作为校长和教师,我们应该按照十九大报告的要求,承担起教育在中国特色社会主义新时代的历史使命,以自己的努力,不动摇、不懈怠、扎实工作,加快教育现代化的步伐,把目标落实到办好人民满意的教育上来。

其次,广泛深入地开展学陶师陶活动,发展素质教育。陶行知教育思想具有强大的生命力和针对性,是一种能够统辖教育基本问题的顶层教育理论和教育哲学,是中国化又真正现代化的教育理论,闪耀着时空的智慧光芒。十九大报告提出,要全面贯彻党的教育方针,落实立德树人根本任务,发展素质教育,推进教育公平,培养德智体美全面发展的社会主义现代化事业的建设者和接班人。这是我们教育工作者的使命和职责。实现中华民族伟大复兴的中国梦,基础是发展教育,使中国成为教育强国,这也是陶行知研究会成立的宗旨。陶行知"捧着一颗心来,不带半根草去"的崇高精神,堪为现代教师的楷模和典范;他的教育思想和办学实践,对广大教师是一种激励。

实现教育强国、教育现代化,正是当年陶行知的梦想,也是我们广大教育工作者的梦想。因此,我们要弘扬和践行陶行知的崇高精神和伟大教育思想,谱写推进教育现代化新篇章。通过这次纪念大会暨研修班,我们要进一步掀起学陶师陶的热潮,学好陶行知教育思想,学习先进学校的典型经验,不断深化教育改革,实施和发展素质教育,不断提高教育质量。

再次,充分发挥陶行知教育思想实验学校的示范带头作用,促进我区学陶师陶研陶活动和教育事业的发展。各实验学校要认真总结经验,按照《陶行知教育思想研究实验学校基本要求》进一步规范陶行知教育思想研究实验学校的建设,以充分发挥实验学校的示范作用。

5.14　新时代教师队伍建设刍议[①]

这次广西陶行知研究会 2018 年工作会议暨新时代教师建设研讨会，收获很大，主要有下面几个方面。

首先，加深了对《中共中央、国务院关于全面深化新时代教师队伍建设改革的意见》精神实质的理解。今年元月，中央出台了这个文件，这是党的十九大后中央对全面深化教育改革做出的重大举措。大家认识到，兴国必先强师，通过学习，我们明确了全面深化新时代教师队伍建设改革的重要意义和总体要求。这次会议，是一次学陶师陶研陶活动，也是一次学习党的十九大精神的会议。我们 300 多名代表集中两天时间进行了学习研讨，在第一时间里，认真学习领会以习近平同志为核心的党中央关于全面深化新时代教师队伍建设改革举措的精神实质，进一步领会了习近平总书记对新时期教师提出希望的深远意义，明确了今后的工作方向和任务。这是一个很大的收获。

其次，加强了对各实验学校的指导和各实验学校之间的联系。目前，广西陶行知实验学校已达 230 所。应该说，各实验学校为广西基础教育、学前教育和职业教育的教育改革和提高教育质量方面起到了一个很好的示范作用。这些成绩的取得，是各实验学校努力的结果。广西陶行知研究会在工作中有意识地对各实验学校进行督促检查、帮助扶持、总结提高等，各实验学校也积极开展工作，练好内功，各显特色，创造辉煌。在这次会议中，各实验学校代表利用会议期间进行交流，取长补短，这是好的。2 所学校各有代表在校长论坛上介绍经验；会议分组到南宁市 5 所实验学校进行参观学习。从我随队到南宁市十七中参观的情况来看，的确收获很大。该校教师队伍建设改革突出了"制度管理，人文关怀"的特点，学校办学显得很有特色。从其他四个组汇报的情况来看，大家反响很好，认为所参观的几所学校的先进经验都值得我们学习。各实验学校之间相互进行了交流，磋商探讨，共同提高，这是难得的机会。

再次，认真总结广西陶行知研究会 2017 年的工作经验，明确了 2018 年的工作任务。陈洛会长在会上作了一个很好的工作报告，全面总结了 2017 年的工作，又结合实

[①] 本文系作者 2018 年 3 月 31 日在广西陶行知研究会 2018 年工作会议暨新时代教师建设研讨会的总结讲话（节选）。时任百色学院教授、广西陶行知研究会副会长。

际，提出任务，如如何加强对实验学校的指导、如何进行学陶师陶，对搞好教育科研，评优评职，促进各校全面深化教育改革，提高教育质量提出了工作思路，这就有利于各理事和会员单位工作的开展。

最后，这是一次教师素质提升的会议。这次工作会议暨研讨会，内容丰富，形式多样，有学术报告、工作报告，有论坛、分组讨论，有参观考察，有探究问题等。所以说，它是一次学习培训会，是一次校长、教师素质提升的好机会。

我们这次会议，时间虽然不长，但收获很大。下午，同志们将离会回到自己的学校，投身于教书育人工作中。趁这个机会，提出几点希望，与大家共勉。

第一，贯彻好会议精神，进一步推进学陶师陶研陶活动的开展。这次会议的代表很广泛，在280名代表中，有来自158所实验学校的代表，其中相当多的是各实验学校校长或教师骨干。我们应该形成一个习惯，开了会就要把会议精神进行贯彻落实，消化吸收，与众分享。我们应该把会议精神形成大家的共识，形成新的教育理念，变成新的行动，做出新的成绩。

第二，全面深化新时代教师队伍建设改革，办好人民满意的教育。党的十八大以来，以习近平同志为核心的党中央将教师建设提到突出位置，作出了一系列重大部署；党的十九大提出了加强教育现代化，建设教育强国，办好人民满意的教育的号令。教育和教师的地位和作用就愈发凸显，这就极大地鼓舞了我们广大教师投身于教书育人的事业中。我们一定要按照中央的要求，把全面深化教师队伍建设改革作为一项重大政治任务和根本性民生工程切实抓紧抓好。因此，我们要把学陶师陶研陶活动与这一全面深化教育队伍建设改革的措施紧紧地结合起来。而且，这两者的目标是一致的，是形成一体的。陶行知"捧着一颗心来，不带半根草去"的教育情怀，其教育思想尤其是创造教育理论、生活教育理论、"教学做合一"的理念的学习实践，正是我们今天深化教育改革的内在动力和标杆，我们要让陶行知教育思想在新时代教育改革实践中得到发扬光大。

第三，不断提升教师的素质，为人民教育事业贡献青春才华。新时代对教师素质提出了更高的要求，我们要认真学习习近平新时代中国特色社会主义思想，认真学习习近平总书记对新时代教师提出的成为"四有"教师、"四相统一"、"四个引路人"的要求，不断提高自己的综合素质。要当好一名校长，首先是要当好一名教师。校长是从优秀教师中选拔出来的，是教师和学校的一面旗帜。在这方面，陶行知提出了许多论述，值得我们认真领会和实践。昨天我们到南宁市十七中，张焰校长说了那么一段话：千重要，万重要，让学生身心健康最重要；我们要把心思、精力放在学生身上，成为他们的"保护神"。这话说得好！她当了20多年教师，其中当了10年校长，一心扑在教书育人的岗位上，做出了显著成绩。该校处于城乡接合部，目前有75%学生都是外来务工的子女。可就是这个原来不被人看好的学校，今天竟成为一个先进学校。其办学特色、办学经验是值得学习的。像这样的典型，在座的就有许多。我们要学习先进，做个好教师，当个好校长，既要做经师，更要做人师。

第四，不断提升陶行知实验学校在教育改革中的示范作用。榜样力量是无穷的。这些年来，各实验学校在这方面下了很大的努力，有不少的经验，这是可喜的。在前几次的会议上，我们对各实验学校都提出了更高的要求，希望大家继续努力。一方面，广西陶行知研究会将与各实验学校加强联系，牵针引线，加强指导；另一方面，各实验学校要加强教师队伍建设，激发内生动力，开拓创新，总结好经验，不断提升提高办学水平。希望各实验学校不断创造出新时代特色的新的经验，特别是新时代教师队伍建设改革的经验，真正起到示范作用。

第 6 辑 治学励志篇

治学励志，激励广大青年学生奋发向上，是教育工作者的职责。人只有树立理想、信念，才能看到方向和目标。《让雷锋精神永驻校园》《青年学生要努力谱写人生新篇章——在全校纪念建党八十一周年暨欢送毕业生文艺晚会上的讲话》和在几个会议上的讲话，都是激励青年学生砥砺前行的概文。

6.1 让雷锋精神永驻校园[①]

今天是毛主席等老一辈无产阶级革命家向雷锋同志学习题词40周年纪念日。我们学校在这里举行纪念学习雷锋活动40周年大会，这是很有意义的。

刚才，学校对学雷锋志愿者服务先进集体和先进个人进行了表彰。在这里，我代表学校党委、校行政对他们表示热烈的祝贺！感谢他们为社会、为学校、为他人做了许多有益的事情，为营造良好的校风、净化社会风气注入了阵阵春风。他们是好样的！的确，我们社会上需要千千万万个活雷锋。

雷锋是中华民族涌现的先进典型，是伟大的共产主义战士。雷锋的事迹在青少年中广泛传颂着，雷锋精神是中华民族传统美德的一种积淀，是一种随着时代进步而不断发展的与时俱进的精神。雷锋精神是党和人民在社会主义现代化建设过程中形成的一笔宝贵精神财富，蕴含着深刻的时代内容，激励着一代又一代中国人奋发前行。雷锋精神鼓舞着我们几代人，是引领社会前进的精神财富。"向雷锋同志学习"，这是毛主席的光辉题词。《学习雷锋好榜样》这首脍炙人口的歌曲常唱常新，伴随我们度过了青春岁月。40年来，群众性的学雷锋活动蓬勃开展，一代又一代的新人在茁壮成长。在40年的学雷锋活动中，广大青少年积极响应党中央的号召，组织开展丰富多彩、形式多样的学习雷锋活动。"学雷锋、树新风"，蔚然成风；"学雷锋、见行动"，一浪高过一浪，学习雷锋先进典型在青少年中不断涌现。王杰、张华、张海迪、徐洪刚、李向群等一大批闪光的名字，记录了青年一代学习雷锋的发展历程，展现了青年一代奋发向上的精神风貌，无不闪耀共产主义思想的光芒，这是引领社会进步和发展的典范。

我们学校的学习雷锋活动有着光荣的传统。我们学校是一所有着66年挂着师范牌子的专业学校。何谓师范？意为"可以师法的模范"。模范就是榜样；师者，学也。现代"师范"的意义，是指培养"堪为人师而模范之"的人才。由此可见，"师范"一词的深意，古今无异。一批批的优秀师范毕业生在教育岗位辛勤耕耘，无私奉献；一批批的青年学子自愿到农村去，到边远山区去，到祖国最需要的地方去，建功立业，赢得了社会的尊重。几十年来，右江民族师专毕业生在老少边地区为传播现代文明、

[①] 本文系作者2004年3月5日在学校纪念学习雷锋活动40周年大会上讲话的主要内容。时任校党委副书记。

推进社会进步做出了不可磨灭的贡献。"捧着一颗心来,不带半根草去",我们正是践行着陶行知教育思想的教育者和未来的教育工作者。"到山区去,到农村去,到边疆去,到祖国最需要的地方去"这是一种什么样的精神,这是一种无私奉献的精神,这种精神不正是雷锋精神的写照吗。近年来,我们开展的"建文明校园,做文明学生"活动,涌现出无数的先进班级和个人,净化了校园环境,营造了良好的育人氛围,这就是向先进学习、向英模学习的典范。学雷锋、学先进,这是需要传承的。我们一定要弘扬这些优良传统,学习雷锋精神,并且把它发扬光大。

回顾学习雷锋40年的历程,我们深深体会到,雷锋精神集中体现了中华民族优秀传统道德和伟大的民族精神,反映了社会主义价值观念和行为准则,这种精神是积极向上、引领社会的行为导向。毛主席说过:"一个人做点好事并不难,难的是一辈子做好事。"在市场经济条件下,深入开展学雷锋活动,大力弘扬雷锋精神,倡导全心全意为人民服务,像雷锋那样,爱党爱国爱劳动,艰苦奋斗、勤奋学习、爱岗敬业、乐于助人,具有十分重要的意义。我们深深地体会到,奉献、友爱、互助、进步的现代社会的志愿者精神与雷锋精神是一脉相承的。

开展学雷锋活动并持之以恒,有几点需要与各位同学互学共勉。

首先,向雷锋同志学习,重要的是用马列主义、毛泽东思想、邓小平理论、"三个代表"重要思想武装我们的头脑,树立正确的科学的人生观、世界观和价值观,树立共产主义的崇高理想,坚定走中国特色社会主义道路,增强责任感和使命感,以崭新的精神面貌投入全面建设社会主义小康社会的伟大实践中。这是理想和信仰,这是我们行动的指向。不少人都读过《雷锋日记》,印象一定很深。"我要把有限的生命投入到无限的为人民服务中去",说得多好!该书所记载的正是雷锋的精神世界。雷锋的成长,与他所树立的理想和志向是分不开的,与他学习科学理论是分不开的。雷锋的成长,是社会主义思想、共产主义思想哺育的结果。可见,理想和信念是十分重要的。

其次,积极参加青年志愿者行动,使活动更加广泛、深入地开展起来,突出为困难群众和贫困地区服务,以社会公益为重点,长期与短期相结合,开展丰富多彩且行之有效的活动,形成有效的新机制。开展形式多样的学雷锋活动,推进学雷锋活动常态化、机制化。生命虽然不会永恒,但精神可以永存。把青年志愿者行动不断传承下去,就是雷锋精神的再现,"学雷锋,见行动",应该从日常做起,学习雷锋,从小事做起,从身边的事情做起。"一屋不扫,何以扫天下?"自己能做的事都做不好,何而谈要求别人怎么做呢。

再次,刻苦学习,立志成才。学生的主要任务是学习,作为青年学生,那就是学好本领。没有本领,拿什么建设社会主义现代化国家?拿什么实现个人价值与社会价值的统一?雷锋对知识的渴求执着,对技术的精益求精,对学习所具有的螺丝钉精神,永远激励着我们不断奋发上进。

　　最后，立志成才，报效祖国。任何时代的人们都离不开精神支撑。一个人的价值在哪里？在于为人民做出应有的贡献。这正是雷锋精神的体现。一个人的能力有大小，但只要有这种精神，能经常为他人、为社会做有益的事情，他就是"一个高尚的人，一个纯粹的人，一个有道德的人，一个脱离了低级趣味的人，一个有益于人民的人"。雷锋并非高不可攀，雷锋就在我们身边，雷锋精神终将会引领时代、引领社会前进。榜样的力量是无穷的。"一花独放不是春，百花齐放香满园。"希望全社会的人都积极参与学雷锋活动，让我们大家都来学习雷锋，一起传递和弘扬雷锋精神，让雷锋精神永驻校园，永驻在我们亿万人民的心间！

6.2 青年学生要努力谱写人生新篇章[①]

——在全校纪念建党八十一周年暨欢送毕业生文艺晚会上的讲话

今天晚上，学校在这里隆重举行文艺晚会，热烈庆祝中国共产党成立八十一周年，热烈欢送学有所成，将要走上社会大舞台的二〇〇二届毕业生。在此，我谨代表校党委、校行政向全校共产党员、师生员工表示节日的祝贺，向完成学业，即将走上社会、走上工作岗位的毕业生表示热烈祝贺！向为学生成才而付出辛勤劳动的园丁们表示衷心的感谢！并致以崇高的敬意。

1921 年中国共产党的成立，是中国历史上开天辟地的大事。81 年的历史长河，浩浩荡荡，中国共产党把马列主义普遍真理同中国实际相结合，实现了两次历史性的飞跃，产生了毛泽东思想、邓小平理论两大伟大理论成果，带领中国人民推翻"三座大山"，成立新中国及实行改革开放，建设有中国特色社会主义社会。中国正以其崭新的面貌展示在世界面前。81 年的沧桑巨变，告诉我们一个深刻的道理：没有共产党就没有新中国，有了共产党，中国的面貌就焕然一新。

在党的正确领导下，我校广大共产党员、全体师生员工自强不息、开拓进取，克服种种困难，努力学习和工作，不断推进了学校的改革发展。近几年，我校的办学规模不断扩大、办学水平不断提高。在地委、行署的大力支持下，创建百色学院已经进入实质性阶段，各项创建工作有条不紊地进行，全校教职工信心百倍、精神振奋，对未来充满信心。

在隆重纪念建党 81 周年的喜庆日子里，今年我校 785 名毕业生即将走出校门，走上工作岗位。我们真诚地希望全体毕业生正确认识和对待改革开放带来的机遇与挑战，认清就业形势，转变就业观念，主动自觉地接受国家、人民及社会的选择，到祖国需要的地方去，到基层去，到艰苦困难的地方去，利用自己所学到的知识，为党为祖国为人民建功立业。

今年 5 月 10 日，江泽民同志在纪念建团 80 周年纪念大会上发表了重要讲话，重申

[①] 本文系作者 2002 年 6 月 30 日在全校纪念建党八十一周年暨欢送毕业生文艺晚会上的讲话。时任校党委副书记。原载《右江民族师专校版》2002 年 7 月 10 日第 1 版。

了"四个统一",对青年提出"六点希望",这是青少年学生成长和发展的必由之路,为我们共青团和青年学生指明了健康成长的方向。我们全校在读和即将毕业的同学一定要牢记江泽民同志的殷切教诲,并把它落实在自己的具体行动上,从自己做起,从小事做起,努力把自己培养、锻炼成合格的建设者和接班人。广大共产党员、全体教职工要增强使命感、责任感和危机感,加强师德建设,努力提高教学和科研水平,提高工作和服务质量,为同学们的成长进步创造条件,不断推进学校的改革和发展。

老师们、同学们,让我们紧密团结在以江泽民同志为核心的党中央的周围,高举邓小平理论的伟大旗帜,认真实践"三个代表",树立远大理想,发奋学习,注重锤炼品德,不断开阔视野,同心同德,开拓进取,为实现中华民族的伟大复兴而努力奋斗!

6.3 为党的事业贡献青春才华[①]

党校第 27 期培训班从 3 月 15 日开班,到今天 5 月 24 日顺利结束,历时 2 个多月。本期有 264 名学员参加培训班学习,通过考试考查,全部合格,准予结业,其中有 53 名学员被评为优秀学员。在此,我代表校党委向优秀学员和其他学员表示热烈的祝贺!

一、这期培训的特点

一是人数多。报名参加培训的师生人数多,都是经基层支部推荐、党委审核后定下来的。二是内容丰富。学习内容包括党章、邓小平理论、"三个代表"重要思想、党的基本知识等。三是形式多样。有讲座和其他活动,校党委几位委员都给大家上了党课;还组织参观、观看录像、讨论,个人写了心得体会。四是学习时间较长,同学们勤学好问。五是学习纪律较好。六是写体会文章较多。

二、收获体会

首先,对邓小平理论、"三个代表"重要思想有了新的体会,思想认识和理论水平有了新的提高。通过党校学习,对我们党高举什么旗帜、走什么路、实现什么目标有了进一步的认识。那就是高举马克思列宁主义、毛泽东思想、邓小平理论、"三个代表"重要思想的旗帜,走中国特色社会主义道路,实现小康社会和社会主义现代化目标。其次,初步学习了党的基本理论和基本知识,对党的基本理论和基本知识,对党的章程、党的指导思想、党的奋斗目标、党员权利和义务,有了一定的认识。再次,对如何树立正确的人生观、世界观和价值观有了新的认识。最后,提高了为实现党的奋斗目标,为中华民族伟大复兴而努力学习的自觉性。收获是大的,体会是深的,进步是快的。这从大家的学习心得体会文章中可以看出来。前几天,我抽样看了一些文章,读后我很感动,自己也得到了收获。同学们是好样的!

[①] 本文系作者 2003 年 5 月 24 日在党校第 27 期培训班结业典礼上的讲话。时任校党委副书记。

三、几点希望

为期 70 天的党校第 27 期培训班结束了，通过学习，使我们思想认识有了新的提高，人生观、世界观和价值观都有了新的变化。党校的结业，只是我们学习的新起点；阶段性的学习，是我们打开通向党的大门的金钥匙。如何把握自己，更好地搞好学习和工作，特向同学们提出几点希望：

（一）树立理想、坚定信念

人活着就要有理想、有志气、有追求，没有理想和信念就等于没有灵魂。理想是明亮的现实的灯火，是人生奋斗追求的目标，也是激励人们奋勇前进的巨大推动力量。什么是理想？以社会角度来说，我们的共同理想是建设中国特色社会主义，二十年内建成小康社会，五十年内实现社会主义现代化。我们的目标是远大的、宏大的，但也是分阶段性的。只有一个个的阶段目标都实现了，才能达到最终的目标。我们共产党人的最终目标是实现共产主义，这是要经过几代人、十几代人甚至几十代人的艰苦努力。共产主义社会一定会实现的，这是我们的理想和信念。信仰不能动摇，不是说我们这一两代人看不到，我们就躺倒不干了。当年，革命先烈为了希望和未来，抛头颅、洒热血而在所不惜。好的目标、好的日子不是等来的，也不是从天上掉下来的，要靠我们大家共同努力。毛主席说过："一万年太久，只争朝夕。"邓小平在改革开放之初曾告诫全党："世界上的事情都是干出来的。不干，半点马克思主义也没有。"就我们个人来说，有的同学想当一个人民教师，有的同学想当创业家、作家、管理专家、公务员、技术能手，这样的理想都是无可非议的，这样的个人理想与社会理想也是相统一的。每个人都是社会大厦的一块砖，要靠一块块砖垒起来才能建成大厦。同样的，个人目标也要分阶段实现。如果在校期间在既定的学期、学年目标大都没有实现，那又如何实现我们的个人目标呢？如何实现个人理想呢？如果没有理想、没有目标，学习、工作就没有动力，就没有奋斗方向。理想是靠什么来支撑的？就是靠科学理论，靠脚踏实地的实践。学习科学理论，就是学习马克思列宁主义、毛泽东思想、邓小平理论、"三个代表"重要思想，这些科学理论告诉我们如何奋斗，如何实现社会理想和个人理想的统一，如何实现社会价值和个人价值的统一。用科学理论来搭建我们的精神支柱，指导我们的工作，这是大学生自身健康成长的根本要求。这就是动力，这就是力量源泉。因此，我们要树立远大的理想，不断追求新的目标，不断取得新的成就，当每个阶段的目标和理想都实现了，我们离理想就近了。同学们，没有什么比为自己树立崇高的理想而奋斗更感到欣慰，没有什么能比为实现理想的成功之路不断取得新的成就更自豪。

（二）锲而不舍，发奋学习，立志成长

学生的主要任务是学习，学习就是为了掌握本领，为了提高素质与能力，健康地成长成才。同学们都想干一番事业，这是好的，但如果没有过硬的本领，没有较高的素质，没有能力，不仅不能报效国家，实现自己的理想，就连"饭碗"也找不到。那如何实现自己的理想和抱负呢？如何实现社会价值和个人价值的统一呢？刚才我们谈理想，讲目标，不是讲空话，不是讲套话，而是扎扎实实地干，去实践、去奋斗。列宁曾说："只有用人类创造的全部知识财富来丰富自己的头脑，才能成为共产主义者。"古今中外，凡是有成就的人，对人类有所贡献的人，没有一个不是脚踏实地、艰苦攀登而成功的。爱因斯坦曾经说过："什么叫成功，成功等于艰苦的实践加上正确的方法，再加上少说空话。"在我们的学校里，就涌现出许多先进人物，校友中评上全国、全区、全市、全县的优秀教师和先进工作者的，不乏其人。他们的成功，就是在母校学习时打下了基础。没有付出就没有收获，韩愈说过："业精于勤，荒于嬉；行成于思，毁于随。"学业的精通，是由于勤奋得来的；而它的荒废，则是由不认真学习、终日玩乐所致；学业的成功全靠独立思考，它的失败都在于因循守旧，不动脑筋，勤奋和善于思考能够促进学业，嬉闹和懒惰则会荒废学业。一个人的成功，是靠勤奋、靠艰苦奋斗得到的。作为参加党校学习的积极分子，我们应严格要求自己，做工作的模范，做学习的标兵，在学习工作中不断提高自己，这对自己的成长都是极为有益的。

（三）严于律己，勇往直前

一个人要成才，不严格要求自己是不行的。一个高尚的人，他们的行为规范是日积月累的，谁不愿意做一个有志气有知识有作为的高尚的人呢？学校好似一个排练场，也好似通向社会的一个试验场，或者说是个舞台，如果在这个排练场上节目排练不好，在试验场上产品试验过不了关，我们如何登上舞台，如何拿到市场去推销？那么，如果是一个不合格的毕业班学生，如何到社会上去施展自己的才干呢？我们作为一名参加党校学习的同学，思想上有了进步，认识有了新的提高，行动也应该有长进，应该成为同学们的榜样。我们应该做到严于律己，以自己的言行影响其他同学。当有人利用大好时光去干扰他人学习的时候，当有人违反纪律行为的时候，当有人有了错误缺点的时候，你应该勇敢站出来，指出这些不良的行为，帮助那些需要我们关注的同学。微小细事，无一不在我们生活之中。师范无小事，处处是楷模。从小事做起，从自己身边的事情做起。在学习中，希望你们成为学习的尖兵；在工作中，希望你们成为模范。

我们党之所以叫共产党，之所以成为"三个代表"，集中体现在为人民服务的宗旨中，体现在共产党员的模范行为中。我们希望通过积极分子的努力，通过优秀青年的努力，成为党组织中的一员。党组织的大门是敞开着的，成熟一个，发展一个。我们要不断给党输送新鲜血液，壮大党的力量，在实践中考验一批先进分子，吸收到我们党内来，保持党的青青活力，永葆党的先进性和纯洁性。希望同学们积极上进，奋发努力，以一个共产党员的标准来严格要求自己，在中国特色社会主义的旗帜下，努力学习，积极工作，勇于实践，为实现党的奋斗目标，为全面建设社会主义小康社会，为共产主义事业贡献自己的青春才华。

6.4 赈灾捐资是一种情怀[①]

今天下午，学校在这里举行全体师生员工参加的抗洪赈灾捐资仪式，这是很有意义的。

今年夏天，在我们中华大地上，发生了百年不遇、中华人民共和国成立以来的特大洪水灾害，全国29个省、市、自治区相继受到了不同程度的损失，特别是长江、嫩江、松花江流域的洪魔困扰着我们同胞达三个月之久，一场惊心动魄的抗洪斗争牵动着12亿中国人民。在党中央的坚强领导下，全国军民奋起抗洪，奏响了一曲曲抗洪乐章，谱写了一首首救灾新歌。江泽民同志和其他党和国家领导人亲赴前线，察看实情、鼓舞斗志，各级领导、共产党员身先士卒，100多位将军、18万子弟兵、500多万军民日夜奋斗在三江干堤上，涌现出高建成、胡健成、李向群、吴良珠等英雄人物。正如江泽民同志所说的，在这场斗争中，涌现了许许多多奋不顾身、舍生忘死的英雄人物，这些先人后己、公而忘私的先进人物，这些可歌可泣的事迹再一次向世人昭示，中华民族是不可战胜的！正是有了党的领导，有了优越的社会主义制度，有了人民解放军和武警官兵发挥的突击队的作用，有了亿万军民团结奋战，我们终于战胜洪魔，取得抗洪斗争的伟大胜利，这是我们在世纪末打的一个漂亮仗，是我们在中华大地上谱写的又一曲惊天动地的壮丽凯歌。

为了帮助灾区人民重建家园，全国上下坚决响应党中央、国务院的号召，踊跃向洪涝灾区捐款捐物、献爱心、送温暖，体现了"一方有难，八方支援"的中华传统美德。洪水无情人有情，我们右江民族师专师生与全国人民一道，心系灾区，情系灾民。灾区的困难就是我们的困难，灾区的疾苦就是我们的疾苦。"一方有难，八方支援"，这是我们中华民族的优良传统。连日来，我们学校掀起了赈灾捐资的热潮，从书记、校长到普通职工，从白发鬓斑的老教师到刚入学的新同学，都纷纷慷慨解囊，奉献爱心。这是一种情怀、一种美德、一种精神，这是一种力量。这些行为，这种壮举，这种美德，这种精神，是难能可贵的，任何力量都难以阻挡我们前进的步伐。

---

① 本文系作者1998年9月18日下午在学校操场举行全校师生员工参加的赈灾捐资仪式上代表学校党委、行政的即脱稿讲话内容。时任校党委副书记。

老师们、同学们，让我们高举邓小平理论的伟大旗帜，认真落实党的十五大提出的各项任务，加快学校建设、改革和发展步伐，扎实工作，以我们以实际行动支援灾区重建家园，保证灾区孩子不因灾害而失学或辍学。让我们伸出热情的双手，表示我们的爱心吧，捐上一元两元、十元八元、三五十元；聚少成多，积沙成塔；万众一心，众志成城。只要人人都献出一点爱，世界将变成美好的明天！

伟大的抗洪精神，激励亿万中国人民实现中华民族的伟大复兴，向着光明灿烂的新时代奋勇前进。

6.5　新学期的期望[①]

新学期开学了！昨天，同学们从八桂四方和全国各地风尘仆仆地离开了家乡、离开了亲人，会聚到学校。今天，就要投入紧张的学习中。这种精神是难能可贵的。我们中国人习惯把春节算到正月十五元宵，今天是马年正月十四日，还算未过完年，同学们就回到了学校学习。在这里，给大家拜一个年！祝同学们在新的一年里身体健康，工作顺利，学习进步，一马当先，马到成功！

新学期要有新气象。在新学期到来的时候，谨向同学们提几点希望。

一是要把精力投入到紧张的学习工作中。学生的主要任务是学习。开学了，我们回到学校，就要把原来休闲的心收回来，专心读书，专心做学问，甚至把一天当做两天用，对自己要严格要求。只有投入到有序的学习生活中，严格要求自己，才能真正学到东西。一个人要有理想、有志气、有目标，而理想、志气、目标从哪里来？那就是用科学理论来武装自己的头脑，那就是学习马克思列宁主义、毛泽东思想、邓小平理论，提高自己的思想政治素质，构筑我们的精神支柱；只有又深又广地学习本专业的知识，我们才能打牢业务基础，构建好自己的知识和能力结构。我们学习任务很重，但有目标才会有干劲，有活力才会有动力。就是说，一个人只有真才实学，才能为社会做出更大的贡献。面对着鲜艳的五星红旗，我们总有一种责任感、使命感，总有一种精神、一种力量在支撑着我们。苏霍姆林斯基说过："每一天你的头脑都不要放松，要有新的知识。"我们每一天都应该有所收获。孔子的学生曾子说："吾日三省吾身。"陶行知说，每天四问：你的思想有进步了没有？你的身体有进步了没有？你的头脑有进步了没有？你的知识有进步了没有？这些话语时刻都提醒着我们：我们的大学生活如何度过？我们应该以这些大师的哲语不断地激励自己，努力学习，积极进取，不断进步。

二是加强思想道德修养。2002年是道德建设年，我们要贯彻落实《公民道德纲要》，做一个道德高尚的人。《公民道德纲要》对做一个什么样的人提出了要求，连普

[①] 本文系作者2002年2月25日早晨在全校3 000多名同学参加的新学期开学升国旗仪式上的即席脱稿讲话的主要内容。时任校党委副书记。

通公民都能做到的事，作为一个接受过高等教育的人，作为新时期的大学生，难道我们做不到吗？我们是新世纪、新时代的大学生，理应走在人群队伍中的前面。"大学是引领社会的"，这是著名教育家雷沛鸿先生说过的话。一个人的能力总是有大小，但他的行为应该符合社会的规范，符合社会道德标准，为社会做出应有的贡献。这样的人，才是"一个高尚的人，一个有道德的人，一个脱离了低级趣味的人，一个有益于人民利益的人"。

三是培养多种能力。要积极参加各种有益活动，提高综合素质，提高各方面能力。在寒假里，毕业班就有200多人到南宁参加了双选会，这是好的现象。面向社会，面向市场，让国家与人民挑选自己。不少同学脱颖而出，许多同学已被录用了，你们是好样的！低年级的同学也要认清就业的形势，机遇不是等来的，而是争取来的。我们要善于塑造自己，不断充实自己，这样才会有更大的进步。要提高自己的素质和能力，除了上课认真听讲、学好学科知识外，丰富多彩的社团活动、课外活动、教育实习和社会实践也是我们成才的基础。希望大家多参加一些有益身心健康、提高能力的活动，把自己培养成一个具有创新精神和实践能力的人，成为德智体美等全面发展的人。

四是遵纪守法。"加强纪律性，革命无不胜。"纪律是事业胜利的保证，我们每一个人，都应成为遵守学校规章制度的模范。校有校规，国有国法。如果没有安定的环境，没有正常的秩序，如何有学习的气氛呢？同时，我们应增强安全意识。一个安全文明和谐的校园对我们来说是非常重要的。老师们、同学们，让我们一如既往，为营造一个恬淡的良好的育人环境而努力。

同学们，春天来了，一年之计在于春，春天是播种的季节。一分耕耘一分收获，没有耕耘，哪来收获？只要我们迎着春风，撒下种子，积极地耕耘，就有丰收的希望；只要我们扎实努力，锲而不舍，追求真知，一步一个脚印，我们就能学到更多的东西，我们就能做到每天都有所收获，有新的进步。一花独放不是春，单枪匹马不成气候。只有百花盛开，万马奔腾的气象，才是灿烂的春天！让我们以百倍的热情，去拥抱充满生机的春天吧！

6.6 在先进性教育学习动员阶段学习讨论交流会上的讲话①

刚才，机关三支部、经济政法系支部等10个单位在会上进行了学习讨论经验交流，展示了我校共产党员先进性教育第一阶段特别是先进性大讨论的好做法和取得的成绩。这些经验都是值得互相学习的。利用这个机会，我代表学校先进性教育学习活动领导小组讲几点意见。

一、第一阶段的学习培训和先进性大讨论的特点

自7月6日正式开展教育活动以来，我校始终抓住学习动员阶段的主要环节做工作，在思想发动、学习培训、先进性大讨论等方面下功夫、求实效。主要领导作动员和讲党课，邀请专家作专题辅导，开展革命传统教育、典型教育和警示教育，把学习原著、专题辅导、座谈讨论、交流心得有机结合起来，按照规定的时间、方法、程序和要求，较好地完成了教育学习的全部"规定动作"，并结合实际创造性地进行了一些"自选动作"，增强了学习效果。我校先进性教育学习动员阶段呈现出以下几个明显的特点。

1. 领导带头。在共产党员先进性教育活动中，各级领导干部以身作则、率先垂范。一是带头学习《保持共产党员先进性教育读本》和上级下发的各种文件，撰写心得体会，在中心组学习中积极谈认识、讲体会。二是带头作动员、上党课。吴和培书记亲自作动员报告和上党课，何毛堂校长将作高等教育形势专题辅导报告，各党委委员积极参加支部学习，带头讲心得体会。三是带头深入师生中间，听取意见。

2. 督促检查。为确保先进性教育活动的质量，学校不仅在制订学习培训方案和40小时学习计划上注重了高标准、严要求，同时强化督促检查，以保证学习培训阶段的学习质量。一是通过指导督导组及时到各支部了解学习讨论开展的情况；二是要求各

---

① 本文系作者2005年8月27日下午在我校共产党员先进性教育学习动员阶段学习讨论交流会上的讲话。时任校党委副书记、学校"共产党员先进性教育学习活动"领导小组副组长。

支部将每次的学习讨论情况书面汇报到先进性教育活动办公室；三是落实各项学习培训制度，如学习制度、考评制度，通过制度督促党员干部的学习；四是通过简报的方式刊登各支部的先进经验和做法，起到督促的作用。

3. 边学边改。我校以先进性教育活动为契机，认真实践"三个代表"重要思想，努力解决广大师生关注的突出问题。一是对学生管理制度进行修改。修改后的管理条例更加体现了人文关爱和先进性的要求，将更有利于管理学生。二是为支教点捐书捐款。三是努力为教职员工解决一些实际困难。如我校离休干部黄定宣同志因病住院，学校马上派人到医院看望，并且给了 2 000 元的慰问金。学校职工李某的儿子因车祸伤残，至今工作无着落，学校也给他安排了工作。先进性教育真正体现了"党员受教育，群众得利益"的目的。四是在招生中实施"阳光工程"。学校制定了具体的措施，进一步规范收费行为。

4. 结合实际。现在是我校改革发展最为关键的重要时期。我校的主要任务，就是全力以赴，充分依靠党和政府的关怀与支持，努力创造条件，争取实现升格为百色学院的目标。年底，教育部专家组将对我校进行"升本"评估。因此，我校注意把先进性教育活动与创建百色学院工作结合起来，组织党员职工利用暑期积极投身创建工作，抓好基建项目、环境整治、申报材料修改各项工作，实现学习和工作"两不误""两促进"。

三、共产党员先进性大讨论取得的成果

共产党员先进性大讨论取得的成果，可以从五个方面概括：

1. 提高认识，明确了大讨论的重要性。各支部充分认识到先进性大讨论是先进性教育活动的重要环节，搞好大讨论是进行分析评议、制定整改措施的重要基础。通过学习讨论，全面把握新时期共产党员先进性的具体内涵、基本要求和具体要求，才能把先进性教育活动与本职工作结合起来，才能规范行为，做好工作。

2. 加强学习，把握了先进性的基本要求。党的十六大提出"形成全民学习、终身学习的学习型社会，促进人的全面发展"，并把它作为全面建设小康社会的奋斗目标之一。在大讨论的过程中，各单位组织党员认真学习马克思列宁主义、毛泽东思想、邓小平理论和"三个代表"重要思想，学好党章，学习中央 20 号文件精神和胡锦涛同志重要讲话中提出的新时期保持共产党员先进性"六个坚持"的基本要求，思考和讨论"入党为什么、当党员干什么""当初入党时怎么想怎么做的，现在又是怎么想、怎么做的"，把大讨论作为深化学习教育、增强党员意识和提高思想认识的过程。

3. 联系实际，增强了讨论的针对性。各支部都能联系学校升格发展的实际，联系

党员个人的工作岗位和思想实际，以"培养什么人，怎样培养人"为切入点，重点讨论本单位、本岗位党员先进性具体要求的内容和表现形式，对党员先进性要求的具体内容进行归纳、概括、提炼，形成了党员先进性具体要求的规范条文。

4. 形成共识，在提炼上下了功夫。大讨论采取了"自下而上、上下结合"的方式，按照"党员个人提、支部组织议、群众参与评、党委研究定"的办法，对照典型，查找差距。在党支部讨论的基础上，今天下午我们对大讨论的结果进行了集中交流，我们将总结吸收基层党组织和党员讨论交流的成果，对先进性具体要求进行概括提炼，形成既符合党章要求又体现时代特色和单位特点的条文，为党性分析提供标准和依据。

5. 边整边改，确保大讨论取得实效。通过先进性大讨论，广大党员对共产党员先进性的具体内涵、具体要求有了进一步的认识，明确了今后工作学习的努力方向。从各单位的交流汇报中可以看出，党员的思想认识有了明显提高，工作作风有了明显转变，工作主动多了，与广大师生的心贴得更近了，工作干劲也增强了，将有力推动新学期的各项工作。

三、对下一步工作的意见

1. 继续深化对党员先进性具体要求的大讨论。开展先进性教育活动，是提高党的执政能力、巩固党的执政基础、完成党的执政使命的重要举措。因为党的领导水平和执政水平的提高，要以提高党员队伍素质和加强基层党组织建设为基础；党要团结带领人民群众实现奋斗目标，要靠党员队伍和基层党组织作骨干；党要密切同人民群众的血肉联系，要靠党员队伍和基层党组织来实现。因此，通过在全党开展保持共产党员先进性教育活动，建设高素质的党员队伍和强有力的基层党组织，保证党的路线、方针、政策在全社会各条战线的贯彻落实，这是党的执政能力的重要体现，是党的先进性的重要体现。对党员先进性具体要求的大讨论，我们已经取得了一定的成效，但是还要把讨论引向深入。目前，各支部都初步概括出了符合本单位特点的共产党员先进性具体要求，但是从活动的开展和效果来说，发展还不够平衡，有些单位对先进性具体要求的概括还不够。下一步，要在总结提炼和结合岗位实际上下功夫。

2. 认真开展第一阶段"回头看"活动，为第二阶段的分析评议打好基础。根据学校先进性教育领导小组的安排，这几天，将陆续开展教育动员阶段"回头看"。

（1）要明确"回头看"的主要内容和重点。对学习动员阶段的工作进行"回头看"，主要是看思想发动、学习培训、党员先进性大讨论的环节是否完成，是否取得预期效果。重点是"六看"：看党员参与先进性教育活动的内在动力和自觉性，看学习培训工作的深化，看新时期共产党员先进性大讨论，看边学边改，看履行职责和领导带头示范,看先进性教育活动与改革发展稳定工作是否紧密结合。各单位要按照"回头看"的内容、要求,一条一条对照,一项一项检查,缺什么补什么。

(2) 要把握"回头看"的方法步骤。首先是党员对照要求自己查,查学习的时间、内容和目标是否达到;其次是单位领导查,查每个党员和党支部学习计划的落实情况;最后是学校指导督导组查,了解党组织和党员的学习情况。进行"回头看"要牢牢依靠党员和群众。党要密切同人民群众的血肉联系,要靠党员队伍和基层党组织来实现。所以,通过开展保持共产党员先进性教育活动,建设高素质的党员队伍和强有力的基层党组织,保证党的路线方针政策在全社会各条战线的贯彻落实,这是党的执政能力的重要体现,是党的先进性的重要体现。各单位在"回头看"过程中,要广泛征求党员和群众的意见,真正让群众知道、让群众帮助、让群众评价。可以通过召开座谈会、问卷调查、个别走访、设置意见箱等多种形式来收集群众对我们工作的评价,自觉地接受群众的监督。

(3) 要始终坚持边学边查边改。"回头看"既要肯定成绩,又要找出差距和薄弱环节。要坚持实事求是、全面客观地分析评价,对查到的问题,要做到及时整改。整改范围要具体到每一个单位、每一个党员。要拿出解决问题、改进作风的具体措施和行动,特别是要在为师生办实事、转变师德师风等方面进行整改,从而让广大师生得到实惠。

(4) 要做好学习活动总结。在"回头看"工作基本结束时,要做到层层有总结:一是每个党员都要有参加学习动员阶段活动的小结;二是党支部要有组织开展学习动员阶段工作的总结;三是学校先进性教育领导小组要有组织开展学习动员阶段工作的总结。学习总结包括学习动员阶段的基本情况、主要做法、初步成效、取得的经验、存在的不足及改进措施。支部总结要按时上交学校先进性教育活动办公室。

3. 做好转段的准备工作。目前,第一阶段学习动员已接近尾声,百色市的很多单位和区内部分高校已转入分析评议阶段,我们要着手转段准备工作。先进性教育活动办公室人员要加班加点,准备第一阶段的工作总结、转段报告和起草分析评议阶段工作实施方案。党的十六大提出"形成全民学习、终身学习的学习型社会,促进人的全面发展",并把它作为全面建设小康社会的奋斗目标之一。学习是提高个人素质的必要手段,是社会进步的动因。只有全民学习、终身学习,才能真正带来社会的全面进步,才能全面建设小康社会,构建和谐社会。

我们要利用最后几天的时间深化党员先进性标准大讨论,并认真做好"回头看"工作,做好查缺补漏工作,坚持时间服从质量,认真对照第一阶段的各项工作任务的落实完成情况,未完成的抓紧时间落实,确保按时转段。

6.7　谈弘扬百色精神[①]

在千年之交、世纪之交的时候,百色烘托出"弘扬传统,团结务实,奉献拼搏,争先创新"的百色精神,是富有意义的。

百色是个名片,已经得到了大家的共识。"百色精神"上了《人民日报》,它与井冈山精神、延安精神一样,都是我们党的宝贵财富和革命老区的政治优势。这种革命精神,是我们的传家宝,我们应该大力地弘扬与传承。

百色精神来源于百色起义精神,它既有百色起义精神的内涵,又有时代精神的特征,富有深远的历史和现实的意义。

邓小平、张云逸、韦拔群等老一辈革命家所发动和领导的百色起义,开辟了惊天动地的伟业。在红七军上万名将士中,大多数是壮族子弟。百色起义点燃的火种一直燃烧不断,右江革命坚持20年红旗不倒,直到迎来新中国的诞生。这是一件了不起的事情,这是惊天动地的壮举。

百色精神是中国革命精神的重要组成部分,是一种伟大的革命精神,它有着丰富的科学内涵。

"弘扬传统",就是弘扬百色起义精神,弘扬百色光荣革命传统,把左右江革命老区建设好。新中国成立50年来,百色老区人民弘扬百色起义精神,战天斗地,震撼山河。七万多军民奋战澄碧河水库、百东河水利工地,积极参加边境自卫还击战,开展扶贫攻坚,建设社会主义小康社会,创造了一个个人间奇迹。这是什么精神?这是一种奉献拼搏、艰苦奋斗、勇往直前的精神,这是弘扬百色起义精神的壮举,这是百色精神内涵的呈现,是中国共产党革命精神的一个体现。

"团结务实",是思想路线和行为准则,是思想意识和观念的升华。俗话说,团结就是力量。团结务实的百色起义精神,就是具有团结各民族人民、团结各阶层人士的民主精神,这是百色精神的特色。务实,就是勇于求实,不唯书,不唯上,只唯实,一切从实际出发。求真务实,实事求是,这是毛泽东、邓小平等老一辈无产阶级革命

[①] 本文系作者2000年3月31日在中共百色地委宣传部举行的学习百色精神座谈会上发言的主要部分。时任校党委副书记。

家一贯的工作作风。在百色起义和右江革命根据地建设实践中，邓小平等始终坚持实事求是的原则和灵活的革命策略思想，善于把马克思列宁主义的普遍真理和党的指示与广西斗争实际结合起来。

"奉献拼搏"是人的思想境界，是人民军队和革命志士的不朽英魂。奉献，是一种爱，是对自己事业的不求回报的爱和全身心的付出。奉献，指满怀感情地为他人服务，做出贡献，是不计回报的无偿服务。成功贵在拼搏。有了科学的人生观、价值观，就要有奉献的精神去拼搏。奉献拼搏的精神，就是表现了右江革命根据地军民的奋勇顽强，勇于胜利的英雄气概；就是坚韧不拔、勇往直前的牺牲精神。这是百色精神的根本。

"争先创新"是民族精神和时代精神的融会。什么是争先？争先是争着向前，唯恐落后。什么是创新？争先创新，就是敢为人先，不受旧套套的束缚，敢于走前人没有走过的路。争先创新，是百色精神的核心。争先创新，就是邓小平等创造性地运用马克思主义，把马克思主义的普遍真理与广西革命斗争实际结合起来，以非凡的革命胆略和独特的创造力，在广西创造性地解决了不少艰难复杂的问题。

弘扬百色精神，就是要把中国革命精神与时代精神结合起来。百色精神是百色起义精神与时代精神相结合的高度概括，这种精神起源于百色起义时期，又发展于新的历史时期，不断注入新的元素。这是我们党宝贵的精神财富。精神就是力量。我们开展学习百色精神活动，这是树立理想、坚定信念的问题。当今，有的人不思上进，理想观念淡薄，得过且过，害怕艰苦，等靠要思想严重，面对困难垂头丧气，对学理论不感兴趣，思想观念落后，对竞争时代讲奉献不理解。通过学习和弘扬百色精神活动振奋大家的精神，为改变家乡落后面貌，为脱贫致富做出新贡献，这无疑是有意义的。

弘扬百色精神，就是要把学习百色精神与贯彻落实"科教兴国"战略结合起来。这些年来，百色脱贫致富的步伐很快。江泽民总书记两次到百色视察，重点提出扶贫。扶贫，要精心扶贫，先富帮后富，达到共同富裕。真心实意地帮助扶贫人口脱贫，积极拼搏，团结协作，努力走上富裕道路，这就是一种精神，一种为人民服务的精神，也包含了百色精神的内涵。我们党革命精神的体现，就在于它具有人民性、革命性和先进性。在前进的道路上，总会遇上这样或那样的问题和困难，但只要我们有了这种精神，我们就永远根植于人民群众之中，永远立于不败之地。百色要发展，就需要吸收更多的人才进来。同时，还需要开办一所多科性的本科院校。目前，我校积极进行申本，希望社会各界能予以支持。我们决心把学校办得更好。以百色精神办学育人，已经成为我们教育工作者的精神支柱。

弘扬百色精神，就要我们把学习百色精神和学习英模结合起来，我们熟知的先进人物的典型，诸如韦拔群、陈洪涛、黄治峰、阮殿煊、黄永达等百色起义的英烈，新时期的英模，如李高送、莫文珍、陈开枝等，百色精神与这些人物的先进事迹的内涵是一致的。而且，百色精神是在不断发展光大，这是时代精神和民族精神的融会。我们要通过广播、电视、报纸等新闻媒体积极宣传百色精神，让大家都来学习百色精神，弘扬百色精神，构筑百色精神高地，学习英模，争先创新，不断推动社会主义改革开放事业向前发展。

后　记

经过一段时间的收集整理，在大家的支持和帮助下，《民族教育行与知的实践和探究》与读者见面了，这是值得欣慰的。

四十多年来，我一直从事民族教育教学、科研和管理工作，在百色学院（含前身右江民族师专）学习、工作和生活，伴随着这所学校一同成长与发展。我们生活在中国特色社会主义新时代里，分享了社会主义改革开放事业带来的实惠与快乐。在这里，我度过了我的青年和中年，那是我人生最辉煌、青春最绚丽的时光。从39岁至60岁，即从1994年至2015年，我一直在学校领导岗位上工作，参与了学校改革、建设与发展的全过程，与学校一同呼吸，与事业一同成长，送走了一批又一批的毕业生，见证了一批又一批人才的成长历程，这是幸运的，也是难忘的。

我在花甲之年退出领导岗位后，除了专心致力教学科研工作，还兼任一定的社会工作，也使自己能融入年轻一代的生活中。我下意识将自己的实际年龄减去若干年，让心理年龄年轻些，力求永葆青春。这当然只是一种美好的愿望。

在长期的民族教育教学实践过程中，在行与知的探索中，自己有许多感悟，也有许多随想，而这些感悟和随想都曾与人相言，并在不同的场合与众人分享。这些言谈，有的一闪而过、不留痕迹，有的难以捕捉、瞬间而逝，如果让它流失，这的确是一件遗憾的事情。若能把它捕捉下来、记录下来，的确是一件有意义的事情。

这部书大都是我在各种会议、各种培训班次和各种场合的讲话、发言及教育活动记录。讲话稿或发言的提纲都记在笔记本里，现在整理起来并不难。许多内容是过去的，为保持原样和原貌，我几乎不做过多任何修改，以力求体现其真实性、时代性。

本书所收集的文章和言论共74篇，大都是第一次正式发表。其间，笔者在省级以上学术刊物公开发表的60多篇学术论文和出版的10多本专著的章节内容，均没有重复编入或选入本专集。

源于整理出版这书稿的初衷，是我退出领导岗位后不久，有一天在宁静的校园林荫大道上，遇上了我的高中老师——50多年前毕业于中央民族学院，后来调到我们这所高校一起工作并担任学校图书馆馆长的已近耄耋之年的莫昌楦先生向我提出的建议。

莫先生是长期研究图书资料情报专业的专家,深感图书学的价值。先生说,30年前来到这个学校后,曾多次听过你在各种会议、各种班次上的讲话和发言,我觉得这些讲话和发言的内容是健康向上的,尤其是有关民族教育的见解,是有一定指向和内涵,并且在实践上已经产生了一定的社会效益和教育效益,这是有时代价值和学术价值的,应该花点时间将多年来在各种会议的讲话做些学术梳理而结集,把它保存传递传承下来,还原历史,昭示后人,这于己于人都是有益处的。先生的忠言,还有其他领导、老师、同事和亲友的劝告,也正迎合我的心意。由此,我不得不花一定的时间将这些文稿加以收集和整理。的确,主持、参会和在会上的讲话演讲,这是一个教育工作者和管理者的基本功。有哲人说,参加聚会是成功的基础。到校工作40余年特别是担任学校领导工作20余年来,我参加过大大小小会议有几千次,在会上主持或讲话发言的可能也有上千次之多。这本集子的文章,不及我在各种会上讲话发言内容的二十分之一。

多年来,我除了负责普通高等教育本、专科班的教学,还在学校里负责过党校、干部学院、团校、学生干部学校、班主任与辅导员培训班、中层领导干部培训班、中小学校长与教师培训班的课程和讲座。从2005年起至今,我还曾作为中共百色市委理论宣讲团成员,到各县(区、市)和市直机关单位为各级领导、党员干部进行共产党员先进性教育、党的十八大精神、十九大精神、中国梦、"两学一做"、市第四次党代会精神等内容的理论宣讲。同时,还到校外兼任过一些高教课程。这些讲座的内容,在一定意义上来说,都有一定的思想性、时代性、学术性和学理性。但鉴于这些讲座的有些内容太长,或者说太普通、太通俗,不便收录,只能舍弃。

我平常都有个习惯,从年轻刚参加工作的时候起,凡与会都会带上笔记本,随手而记,凡自己讲话发言都事先写稿或写个提纲或打个腹稿,事后也都会写上日记。当上校级领导后的讲话稿,一般不需要秘书和工作人员代劳,况且自己早年还担任过秘书工作,对讲话稿之类的材料是信手拈来。担任领导工作后,凡自己的讲话,都是自己做准备,或记在笔记本上,或在稿子上写着,一是负责,二是备忘、备查,这已形成了惯例。这是一种科学学习和技能训练的方法。其实,这只是举手之劳的事,随手而已,习惯成自然。这些年来,我竟积累了100多本工作笔记和45本日记,这也是一笔宝贵的精神财富。

把这些未正式发表的讲话、发言和言论精选结集正式出版,是源于这样的考虑:作为一名教育工作者,在教学过程和其他教育活动中,有过许多思考和见解,而这些思考和见解,许多已在后来的实践中被采用,并且有了一定的成效。原来这些一闪而过的思想和观念,是教育实践探索的闪光,是所在的领导班子、教学团队、科研团队、智库团队成员的集体智慧结晶。我知道,这些讲话和言语,不仅代表自己,而且代表我所在组织、机关和团队，代表所在的学校与教育机关，代表我所献身的事业，这不仅是个人的事情，而且是集体的智慧，也是事业发展的见证。如果不能及时汇编提炼，将是一种遗憾。鉴于这样的考虑，我将这些文稿原文原话加以整理，成了这本新作。如果本书的出版，能给后来者提供一些有价值的参考，那我就感到心满意足了。

我觉得，为保持其真实性，文章的原义没有做太大的修改，这也体现出历史性、时代性、真实性的特点。正因为如此，有些篇目的内容可能也有一定的局限性。

书中的观点是有指向的，因演讲、谈话的对象不同，故表明的思想也不同；又因教育对象、演讲对象不同，所涉及的范围、研究的领域、所表达的方式和内容亦不同，故保留了一些原汁原味的东西，尽可能挖掘一些原创的东西，这也是一件有意义的事情。

本书收集的文论，虽然都是第一次正式发表，但已在各种会议、班次、场所进行过演讲和阐述，并且已经付诸实践，出版时又做了润色和整理。书中的有些观点，尽可能保留当时的背景和环境，以方便读者在阅读时参考。

本书的章节，时间跨度比较大，但许多观点并未过时，有的也许还有新意，就权当作是一件工作小结罢了。如果能给后来者起到一些借鉴和启示的作用，那将是一件欣慰的事情。

很幸运，我们所处的新时代，是一个伟大的时代。我们所从事的社会主义现代化事业，是伟大的事业。在这美好的时光里，自己能融入其中并能做些对社会有益的事情，的确是一件非常荣幸的事情。在这当中，我们随着时代的脉搏而跳动，随着时代的发展而思考、探索，从而感悟出一些真知与真谛，把这些过程和真知记录下来，对后人也许能得到一些启示，这是一种责任，把这些真知加以实践，更验证了检验真理的标准和事物发展的规律。

很幸运，在担任学校领导之前，我已经经历了从事文字、演说、办事、教学、科研、管理等方面工作的历练；当上校领导之后，也能经常深入基层、深入思考，因而使这些讲话和言论具有一定的基础性、学理性、前瞻性。

很幸运，四十多年来，我经历了这所学校从师范到师专，从师专到学院，现在义从学院往大学更名的办学发展过程，其实这也是递进的教育模式，实际上却是精英教育向大众教育的发展过程，这也是这几十年来我们高等教育发展历程的一个缩影。在这一过程中，我与我的同事、同仁自然有许多思考、探索和实践。理论是从实践中产生的，经过实践的检验又指导着实践，这就是行与知的关系。当年毛泽东和陶行知的所言所行，是划时代的，是富有深远和现实意义的。

感谢百色学院党委书记唐拥军教授、校长金长义教授、党委副书记徐魁峰教授、副校长罗志发教授和吴先勇教授、胡耀南副教授、曹阿林博士、杨秀富教授、黄翠华副教授、徐艳芬副研究馆员、张如静等老师对本书出版的支持和帮助。

  今天，我们已经走进了中国特色社会主义的新时代，百色学院也走过了80年的风雨历程，当中我就见证了其后阶段43年的光荣历史。我相信，每一位与她有联系或相识相知的人，都会表示自己深切的衷心的祝福，祝愿她的明天更美好。在此，谨以本书献给我亲爱的母校——百色学院80周年校庆！

作 者

2018 年 11 月 24 日